Je parler français

37, rue de Caumartin - 75009 Paris

ISBN : 2-84588-014-6

David SEDARIS

Je parler français

Traduit de l'anglais (États-Unis)
par Georges Monny

présenté par Florent Massot/C.O.L.

DU MÊME AUTEUR

Tout nu
Florent Massot Présente, 1999
J'ai Lu, 2000

À Geneviève DURON.

UN

ALLEZ LA CAROLINE !

Scène banale à la télé. On voit un agent qui frappe à la porte d'un bureau ou d'une maison tout ce qu'il y a de plus ordinaire. Dès qu'elle ouvre la porte, la personne qui tient la poignée est sommée de décliner son identité.

— Je vais vous demander de me suivre, lui dit alors l'agent.

En général, ils affichent un calme remarquable, ces agents. Essayez de leur rétorquer : « Mais pourquoi devrais-je me sentir obligé de vous suivre je ne sais où ? » et d'un air subitement inspiré, ils vont rajuster les manchettes de leur chemise ou épousseter distraitement quelque cheveu sur leur blazer :

— Oh, nous sommes sûrs que vous savez pertinemment pourquoi.

À ce moment-là, le pauvre suspect n'a plus qu'à choisir entre la manière forte et le règlement à l'amiable. Ce genre de scène se termine invariablement par une fusillade ou une courtoise reddition devant une clinquante paire de menottes. Bon, d'accord, je sais qu'il peut y avoir maldonne mais dans la plupart des cas, le suspect sait pourquoi on est venu l'arrêter. Parfois, on a même l'impression qu'il n'attendait que ça car, après tout, personne ne l'avait obligé à jouer sa vie à la roulette. Et le voilà à présent seul devant son destin. On l'aurait dit presque soulagé devant le dénouement fatal bien que je n'aie, personnellement, jamais accordé foi à ce jeu. Il faut le reconnaître : malgré ses à-côtés sans doute piquants, une journée de cavale s'avère vachement plus astreignante, au bout du compte, qu'une journée à l'ombre. En moyenne, du moins. La preuve, qui remporte la palme de l'imbécillité ? Le type qui a fait le choix de la manière forte se retrouve toujours en mauvaise posture.

L'agent s'est présentée devant ma porte au beau milieu d'un cours de géographie. Elle a fait irruption dans la salle de classe et adressé un signe de tête à la prof qui, les sourcils froncés, examinait une carte de l'Europe. Mes soupçons se sont précisés bien plus tard puisqu'ils avaient dû monter leur coup de toutes pièces. Ils avaient soigneusement prévu de procéder à mon arrestation ce jeudi après-midi, à 14 h 30 précises. Comme prévu, l'agent portait pour l'occasion un blazer caca d'oie par-dessus un tricot rouge à col roulé et des talons plats, au cas où le suspect aurait été tenté de se faire la belle.

— David, m'a dit la prof, je te présente mademoiselle Samson. Mademoiselle Samson aimerait que tu l'accompagnes sur-le-champ.

Pourquoi moi et pas les autres ?

Sans tergiverser, j'ai récapitulé une liste de forfaits dont je me serais rendu coupable dans le passé proche. Entre autres preuves susceptibles de m'enfoncer, je disposais d'un choix large : l'incendie d'un costume d'Halloween réputé ignifuge, le vol à l'étalage d'un jeu de pinces à barbecue dans un patio désert, sans oublier des menues retouches au mot *jouer* dans le règlement intérieur affiché sur la porte du gymnase ; j'étais mal barré. Je n'allais pas m'en tirer facilement.

— Tu devrais peut-être emmener tes livres, m'a conseillé la prof. Ta veste aussi. Il se pourrait que tu ne reviennes pas avant la sonnerie.

Quoiqu'elle nous eût paru plus âgée, l'agent était pourtant fraîche émoulue de la fac. Elle m'a emboîté le pas en commençant par une question qui, d'emblée, m'a semblé à la fois puérile et hors de propos :

— Alors dis-moi laquelle de ces deux équipes tu préfères ? La State ou bien la Carolina ?

Elle faisait allusion à la fameuse rivalité entre les deux premières universités du Triangle[1]. Malheureusement, les gens préoccupés par ce genre de trucs avaient un goût marqué pour le bleu clair aveuglant ou le rouge sang-de-bœuf, deux couleurs qui ne pouvaient aller à personne. L'équipe qu'on supportait était le sujet de discussion bateau dans cette région de la Caroline du Nord, dont la réponse pouvait s'avérer déterminante par rapport à l'idée qu'on voulait donner de soi-même ou qu'on se faisait de son avenir. Or ni le football américain ni le basket ne comptaient parmi mes centres d'intérêt, mais j'avais déjà appris à ne jamais le proclamer haut et fort. Par exemple, lorsqu'un garçon se foutait éperdument de la saveur du poulet au barbecue ou des chips, la réaction des gens était simple : c'était une question de goûts personnels. « Pourquoi pas, il faut de tout pour faire un monde », disait-on. Le gars aurait eu beau dénigrer le président des États-Unis, cracher sur le Coca ou blasphémer, l'opprobre de nos concitoyens restait réservé uniquement à ceux qui détestaient le sport, et à eux seuls. Aussi, j'avais mis au point une stratégie : je retournais la question à mon interlocuteur avant de m'émerveiller :

— Ah bon ? Moi aussi !

C'est ainsi que j'ai deviné la réponse à la question de l'agent : grâce à son col roulé rouge. Sûr, elle supportait la State.

— La State, à la vie comme à la mort.

J'allais passer de longues années à regretter ma réponse.

— La State, tu dis ? s'est exclamée l'agent.

— Bien sûr, la State. C'est les meilleurs.

— Je vois.

Sur ses talons, j'ai dû me résoudre à franchir une porte anonyme à côté du bureau du proviseur et nous avons jeté

1. En effet, c'est un triangle ainsi dénommé car délimité par les villes de Raleigh, Durham, Chapel Hill. *(N.d.T.)*

l'ancre dans une minuscule pièce dépourvue de fenêtres et meublée de deux tables placées face à face, le genre de salles destinée à cuisiner les gens jusqu'à leur arracher des aveux entrecoupés de sanglots, et sur les murs desquelles, après coup, on repassait couche sur couche de peinture afin d'éliminer toute trace de sang. D'un geste de la main, elle m'a indiqué le siège qui serait dorénavant le mien, puis elle a repris le fil de son interrogatoire.

— Dis-moi. La State et la Carolina. Quel nom leur donne-t-on exactement ?

— C'est des facs ou des universités, non ?

Elle a ouvert un dossier posé sur sa table :

— Exact. Tes réponses sont effectivement bonnes mais c'est ta façon de les prononcer qui est incorrecte. Tu essaies de me dire que *f*'est des facs ou des *v*univer*f*ités alors que *c*'est des facs ou, comme tu le dis à ju*s*te titre, *c*'est des univer*s*ités. En réalité, tu prononces *f* au lieu de *s*. Est-*c*e que tu *s*aisi*s* la différen*c*e entre *c*es deux *s*ons ?

J'ai acquiescé de la tête.

— Je te prie de bien vouloir répondre clairement à ma question. Tu n'as pas entendu ?

— Han-han !

— Han-han ne veut rien dire.

— Compris.

— Qu'est-ce que tu as compris ?

— Mais, lui ai-je répété, j'ai compris. Je comprends, quoi.

— Qu'est-*c*e que tu comprends ? La di*s*tinc*t*ion, ou le contra*s*te entre les deux ?

— Vous l'avez dit.

C'était pour moi le début d'une guerre de tranchées contre les *s* et, en prévision, j'étais farouchement déterminé à crapahuter sans relâche jusqu'à la nuit tombée. Aux dires de l'agent Samson, « orthophoni*s*te diplômée d'État, spé*c*iali*s*ée et a*ss*ermentée », mes *s* avaient tendance à chuinter. Une manière de dire que j'avais un cheveu sur la langue. Pourtant, les faits en cause n'étaient pas nouveaux.

— Notre travail, m'a déclaré l'agent Samson, con*s*i*s*te à te faire pratiquer *s*uffisamment d'e*x*er*c*i*c*es pour que tu parviennes à t'e*x*primer correctement.

À force d'insister sur ses *s* retentissants et soulignés à dessein, elle ne réussissait qu'à me jeter dans une profonde irritation.

— *C*e que je m'effor*c*e de faire, a-t-elle poursuivi, *c'*est de t'apporter mon aide. Alors *s*i tu per*s*i*s*tes à jouer à *c*e petit jeu-là avec moi, nous ri*s*quons de perdre notre temps.

La femme traînait un grossier accent du nord-ouest de la Caroline, dont j'ai pris prétexte pour jeter le discrédit sur son autorité. Et dire qu'en articulant cette personne n'était même pas fichue de distinguer entre un mot d'une syllabe et un mot de deux syllabes. De nos jours, ses concitoyens en étaient sûrement encore à boire dans des jarres en terre cuite et beugler devant l'imminence du danger. Comment de tels gens osaient-ils me prodiguer des conseils sur quoi que ce soit ? En fait, ce n'est que bien des années plus tard que j'ai découvert la brèche dans la carapace des orthophonistes chargés de corriger chez moi ce que mademoiselle Samson a diagnostiqué, un peu hâtivement, comme la « paresse chronique » de ma langue.

— *C'*est *s*on *s*eul problème, concluait-elle. *S*a langue est tout *s*implement pare*ss*eu*s*e.

À l'époque, Amy et Gretchen, mes sœurs, suivaient déjà un traitement contre la paresse de leurs yeux tandis que Lisa, ma grande sœur, traînait dès le berceau une jambe tellement paresseuse qu'elle se refusait à grandir au même rythme que l'autre. Deux années durant, elle avait dû porter une armature orthopédique et, à chaque fois qu'elle se déplaçait, elle creusait des sillons révélateurs sur le fragile parquet de pin. Je jubilais à l'idée qu'un membre de mon corps puisse être tenu, non pas pour irréfléchi ou méchant, mais plutôt pour paresseux ou, à tout le moins, réfractaire à la poursuite de l'intérêt général de l'ensemble. Par exemple, mon père reprochait souvent sa paresse d'esprit à ma mère, qui lui rappelait aussitôt la paresse chronique de son doigt incapable de composer le numéro de téléphone de la maison alors qu'il savait pertinemment qu'il rentrerait tard.

Mes séances de thérapie avaient lieu tous les jeudis à 14 h 30 et, à l'exception de ma mère, je n'en parlais à personne. Le mot de *thérapie* avait déjà à mes oreilles de fortes connotations d'échec cuisant. Seuls les malades mentaux suivaient une thérapie. Les gens normaux n'en avaient pas besoin. Par conséquent, ces séances ne pouvaient compter parmi les choses dont j'aurais tiré orgueil aux yeux de tous mais, comme aimait à le dire ma prof, « il faut de tout pour faire un monde ». Je n'avais qu'une idée en tête : garder le secret autour de mes séances. Pendant ce temps, elle s'évertuait à tenir notre classe constamment informée. À 14 h 25, je me levais de ma chaise.

— Assieds-toi, David, disait-elle. Il te reste encore cinq minutes avant ta séance de thérapie.

Mais si par malheur, à 14 h 27, j'étais encore assis, elle me rappelait aussitôt :

— David, n'oublie pas que tu as une séance de thérapie à 14 h 30.

Les jours où j'étais absent, je n'avais aucune peine à l'imaginer debout devant ses élèves : « David n'est pas là aujourd'hui, autrement il serait en ce moment même en train de nous quitter pour sa séance de thérapie. »

Mes séances variaient de semaine en semaine. Parfois, je passais une longue demi-heure à répéter comme un perroquet tout ce que l'agent Samson jugeait bon de m'imposer. De temps à autre, il nous arrivait de consacrer notre temps à étudier des monographies sur l'art de mouvoir la langue ou à lire des comptines surchargées de *s* qui ressassaient les aventures d'une souris appelée Sissi ou d'un singe dénommé Samuel. Mais le pire était encore à venir car un jour, elle finit par sortir un magnéto pour m'obliger à constater de mes propres oreilles les progrès que je m'abstenais d'accomplir.

— Mon orthophoni*s*te *s'*appelle mademoi*s*elle Chri*ss*y *S*am*s*on, articulait-elle.

Elle m'a ensuite passé le micro et s'est calée dans son fauteuil, les bras croisés.

— Allon*s*-y. E*ss*aie de me répéter *ç*a. Fais-moi écouter comment tu prononces *c*e *s*on.

De toute évidence, elle était amoureuse de son nom et ne pouvait se lasser de l'entendre. Du coup, elle devait ressentir mon défaut de prononciation comme une injure personnelle. À l'en croire, j'étais absolument libre de passer le restant de mes jours à m'appeler David Fedarif — après tout, pourquoi pas ? — *mais* seulement, il y avait un hic : elle tenait à con*s*erver *s*on nom, mademoi*s*elle Chri*ss*y *S*am*s*on. En fin de compte, si son nom ne portait pas de lettres *s*, elle n'aurait sûrement pas choisi la profession d'orthophoniste. Elle aurait plutôt consacré sa vie à arracher des molaires en parfait état ou à pratiquer des clitoridectomies forcées sur des écolières africaines. Ça lui ressemblait.

— Mais enfin, arrête, quoi ! s'insurgeait ma mère. Elle n'est sûrement pas aussi vacharde que ça. Pourquoi lui en vouloir ? La pauvre petite essaie simplement de faire son boulot, c'est tout.

Un jour, j'étais en avance de quelques minutes. À mon arrivée, l'agent Samson s'occupait laborieusement de Garth Barclay, un garçon frêle et coquet que je connaissais depuis l'année précédente.

— Tu vas t'a*ss*eoir dans *c*e couloir et attendre *s*agement ton tour, m'a-t-elle dit.

Puis la semaine suivante, je crois, ma séance a été interrompue par l'arrivée inopinée d'un gars assez efféminé, Steve Bixler, qui a passé la tête par la porte entrebâillée pour lui annoncer que ses parents l'emmenaient en week-end et que sa séance hebdomadaire du vendredi était fichue.

— J'en fuis finfèrement navré, s'est-il excusé.

Depuis lors, je me suis mis à surveiller la porte de la salle de thérapie pour observer attentivement les faits et gestes de tous ceux qui allaient et venaient. Si parmi eux je pouvais voir au moins un élève populaire au lycée, j'aurais fini par croire à ce que prétendait ma mère et à considérer mon zozotement comme le genre de défaut qui pouvait affecter n'importe qui. Malheureusement, il n'y en avait pas un seul. Que ce soit Chuck Coggins, Sam Shelton ou Louis Delucca, on avait en commun des *s* qui chuintaient et un désintérêt total pour les matchs opposant la State et la Carolina.

Pas une fille n'assistait aux séances de thérapie. On n'y voyait que des garçons comme moi, qui collectionnaient des portraits de stars de cinéma et cousaient eux-mêmes les rideaux de leur chambre.

— Tu ne vas tout de même pas faire ça ! s'écriaient les hommes de nos familles. Laisse les filles s'en charger !

Rien ne trouvait grâce à leurs yeux : cuire au four des petits pains au lait et des cakes pour le concierge de l'école, suivre le feuilleton *Guiding Light* à la télé avec nos mères ou ramasser des pétales de roses à sécher pour parfumer nos affaires, tout ce qui avait nos faveurs était exclusivement réservé aux filles. Alors, on a été très vite acculés au double jeu. Par-dessus nos piles de *Cosmopolitan*, on prenait soin de poser désormais en évidence une édition de *Boys' Life* ou de *Sports Illustrated*, qu'on n'avait même pas daigné feuilleter, et de dissimuler nos collages sous l'équipement sportif que l'on n'avait jamais voulu et que les gens persistaient à nous offrir tous les jours. À la question : « Qu'est-ce que tu vas faire quand tu seras grand ? », on était tenus de contourner prudemment l'obstacle en citant fièrement des métiers pour hommes, les hommes de nos rêves, ceux qui nous rendaient fous : « Policier ! Non, pompier ! Ou, tiens, un de ces messieurs-là qui travaillent sur les lignes à haute tension ! » On n'arrêtait pas de tomber inopinément malades. De toute façon, nos mères étaient toujours prêtes à nous rédiger un mot d'excuse pour nos absences aux tournois interclasses de base-ball. Comme par hasard, Brian avait constamment des ennuis gastriques et Ted souffrait du virus de vingt-quatre heures qui sévissait dans la contrée.

— Un jour, il faudra que je me dé*c*ide à afficher un averti*s*-*s*ement *s*ur cette *s*atanée porte, menaçait l'agent Samson.

Elle faisait sûrement référence à une inscription du genre LABORATOIRE D'ORTHOPHONIE, alors qu'il eût été nettement plus approprié de l'appeler PROGRAMME HOMOSEXUEL AMÉRICAIN. On avait beau se tuer à la tâche, on n'arrivait pas à rentrer dans le rang. Nos langues ne cessaient de fourcher. Peu après la rentrée, alors que nous nous félicitions d'avoir réussi à passer pour des gens parfaitement normaux, l'agent Samson s'est mise à relever des noms tandis que, à tour de rôle, nos profs rassemblés levaient le doigt en disant : « J'en ai un dans ma classe principale » ; ou bien : « J'en ai compté deux dans mon cours de maths », comme s'ils avaient assez de flair pour détecter également les futurs poivrots ou les dépressifs. Qu'espéraient-ils donc ? Qu'ils parviendraient, en nous débarrassant de notre zézaiement, à nous aiguiller vers une voie différente ? Peut-être avaient-ils l'intention de nous orienter vers le théâtre ou la chanson, allez donc savoir.

Les instructions de mademoiselle Samson étaient formelles : pour former un *s*, il me fallait placer le bout de ma langue à l'arrière de mes dents supérieures, juste au point de jonction avec les gencives. L'effet ainsi produit n'aurait plus rien de comparable au bruit d'un pneu crevé. Pourtant, non seulement cet acte me paraissait bizarre et incongru, mais il risquait de susciter plus de curiosité que mon ancien zozotement. Fort de cette constatation, je me suis refusé à considérer cet *s* sifflant comme une solution à mon problème et j'ai continué à m'exprimer comme à l'accoutumée, surtout à la maison, où la paresse de ma langue trouvait écho auprès d'oreilles tout aussi paresseuses. Quant au lycée, où un espion pouvait se dissimuler derrière le premier prof venu, je me suis juré d'éviter de prononcer le moindre *s* à l'intérieur de son enceinte. Au lieu de répondre « super » ou « c'est sûr », je me contentais d'un « parfait » ou même, plus militaire encore, « affirmatif ». Peu à peu, mon « s'il vous plaît » s'est ainsi transformé en un « avec votre aimable accord » et, de fil en aiguille, je me suis surpris à supplier à chaque fois que je devais me borner à poser une question. Au bout de quelques semaines de « harcèlement incessant » — aux dires de ma mère — et d'« insistance à peine répétée » — selon mes propres termes —, elle a consenti à m'acheter un dictionnaire de synonymes, en édition de poche, dans lequel j'ai pu piocher à foison dans toutes les alternatives possibles aux mots comprenant des *s*. Que ce soit à la maison dans ma chambre ou au centre d'apprentissage de routine que les gens s'obstinaient à appeler notre école, je ne cessais de consulter ce manuel. L'agent Samson, apprenant un jour que j'avais trouvé plus judicieux de l'appeler désormais ma déléguée technique articulatoire interne, n'a pas eu l'air d'apprécier mon sens de la formule. En revanche, la majorité des profs étaient éblouis.

— Ce vocabulaire, quelle richesse ! s'écriaient-ils. Et ces termes recherchés ? Dieu du ciel !

Mais c'est surtout les liaisons qui me faisaient baver. J'essayais de contourner l'obstacle des pluriels avec le plus grand soin. « Les étangs » par exemple se réduisaient à « un étang ou deux » ou « nombre d'étangs ». Les possessifs me mettaient au supplice et je préférais carrément me taire que de signaler par exemple que Janet venait de perdre *son* gant, qu'elle portait à *sa* main droite ou à *sa* main gauche. D'ailleurs, après tous les compliments que m'avait valus la soudaine qualité de mon vocabulaire, la sagesse voulait que je file doux et que je ferme ma gueule. Je n'avais aucune envie de m'entendre traiter de chouchou des profs.

Au début de mes séances de thérapie, j'étais terrorisé à l'idée de passer pour l'unique élève auprès de qui les méthodes de l'agent Samson se seraient révélées inefficaces alors que les autres garçons, surmontant l'écueil de leur langue paresseuse, verraient leurs vies transformées, m'abandonnant seul dans la panade. Fort heureusement, mes craintes s'avérèrent infondées. Malgré ses remarquables efforts, cette bonne femme n'a pu obtenir la moindre amélioration significative, hormis un changement à peine notable : nous nous retenions désormais de parler. Grâce au magnéto de l'agent Samson, j'avais pu me faire, comme tous les autres élèves de son programme, une opinion précise sur les intonations réelles de ma voix. Bien entendu, j'avais pu constater de mon propre chef mon zozotement, mais ce qui me troublait en définitive, c'étaient les intonations mêmes de ma voix criarde et constamment surexcitée ; on aurait dit une voix de fille. À entendre ma propre voix commander mon déjeuner à la cantine, mon estomac se retournait. Comment pouvait-on supporter le voisinage d'une telle calamité ? Les autres pourraient se destiner tranquillement à une belle carrière d'avocat ou de star de cinéma, tandis que moi, j'étais condamné à faire vœu de silence et à finir ainsi ma vie dans un monastère. Mes anciens camarades de classe, pour avoir de mes nouvelles, décrocheraient alors le téléphone pour appeler l'abbaye.

— Mais je ne peux pas vous le passer, c'est impossible ! leur rétorquerait le curé. Vous ne savez pas que le frère David n'a parlé à personne depuis vingt-cinq ans ?

« Ne t'en fais pas, va, me conseillait ma mère. Ta voix finira bien par muer.

— Et si elle ne muait pas ? »

Elle a eu un frisson. « Toi alors, t'es vraiment macabre, tu sais ? »

Au bout du compte, on a compris que l'agent Samson n'était qu'une sorte d'orthophoniste itinérante. Après avoir passé quatre mois dans notre école, elle a poursuivi son chemin. Notre dernier rendez-vous a eu lieu la veille des congés de Noël. Les salles de classe avaient été entièrement décorées, les couloirs également. Seul son bureau demeurait aussi nu qu'à l'ordinaire. Je m'attendais à subir la corvée habituelle des aventures de Sissi la souris quand, tout éberlué, je l'ai vue ranger son magnéto.

— Je me *s*uis dit que *c*et après-midi on *s*e repo*s*e un peu et on *s'*amuse en*s*emble, toi et moi. Qu'est-*c*e que tu en pen*s*es, hein? a-t-elle attaqué en tendant la main vers le tiroir de son bureau pour prendre une somptueuse boîte de cookies. Tiens, *s*ers-toi. Je le*s* ai préparés moi-même, à la bonne franquette. Et lai*ss*e-moi te dire une cho*s*e, mon garçon: *c'*était pas de la tarte! Est-*c*e que tu *s*ais faire des cookies?

J'ai préféré mentir: non, je n'en avais jamais fait.

— *C'*est a*ss*ez diffi*c*ile, tu *s*ais, a-t-elle poursuivi. *S*urtout quand on ne di*s*po*s*e pas d'un mi*x*er.

L'agent Samson n'avait pas pour habitude de s'exprimer aussi simplement. Aussi, incapable d'entretenir une conversation normale avec elle, j'étais mal à aise dans cette petite pièce surchauffée.

— *C'*est parfait, a-t-elle dit. Et maintenant, dis-moi *c*e que tu vas faire pendant *c*es vacan*c*es.

— Eh bien, à vrai dire, je ne bouge pas. J'attends le moment d'ouvrir mon cadeau.

— Tu n'en auras qu'un seul?

— Peut-être huit ou neuf.

— Pas *s*ix ou *s*ept, n'est-*c*e pas?

— Jamais.

— Et que comptes-tu faire le *s*oir de *c*e réveillon, le 31 décembre?

— Le dernier jour de l'année, on va démonter l'arbre de Noël du living.

— T'as l'air vraiment déterminé à éviter ces *s*, toi. Non, je dois te l'accorder: t'es vachement plus vi*c*ieux que je ne le pen*s*ais.

J'ai cru un moment qu'elle continuerait à me tendre des pièges mais subitement, elle s'est mise à parler de ses vacances:

— *C'*est très dur par*c*e que mon fian*c*é *s'*est engagé et *s*e trouve au Viêt-nam. L'an dernier, nou*s* avons pa*ss*é les fêtes de Noël avec *s*a famille à Roanoke. Mais *c*ette année, je *s*erai *s*eule chez ma grand-mère du côté d'Asheville. Mes parents *s*eront *s*ans doute avec nous, et nous ferons notre po*ss*ible pour *s*avourer de*s* heures déli*c*ieu*s*es. Je dégu*s*terai *c*ette bonne dinde avant de me rendre à la me*ss*e. Le lendemain, j'irai avec une amie à Jack*s*onville pour a*ss*i*s*ter au match entre la Floride et le Tenne*ss*ee. *C'*est le trophée du Gator Bowl.

Je n'aurais jamais pu imaginer quelque chose de pire : descendre jusqu'en Floride pour assister à un match de football américain ! J'ai décidé de me montrer extrêmement impressionné.

— Waoh ! Un match qu'on n'oubliera pas bientôt !

— Je me trouvais sur les gradins à Memphi*s* l'année dernière lor*s*que l'équipe de la N*C* *S*tate a ma*ss*acré *c*elle de la Géorgie par quatorze à *s*ept. *C'*était pour le trophée du Liberty Bowl. Et l'année prochaine, quelles que *s*oient le*s* équipes qualifiées, je vais ré*s*erver ma place au premier rang de la tribune *c*entrale. *C*e sera le trophée du Tangerine Bowl. Est-*c*e que tu es déjà allé à Orlando ? *C'*est un endroit *s*uper *s*ympa. *S*i mon futur mari est *s*ollicité pour un travail dans *s*on domaine, nou*s* y emménagerons *c*ertainement dan*s* un an ou deux. La vie en Floride, tu te rends compte ? *C*e *s*era le vrai bonheur, n'est-*c*e pas ?

Je ne savais vraiment pas quoi lui répondre. Je me demandais pourquoi diable une fille comme elle, dingue du base-ball universitaire, sans une thune pour s'acheter un mixer et avec un fiancé mobilisé au Viêt-nam, avait mis si longtemps à se dévoiler. Alors que je la prenais pour un agent prêt à exécuter les ordres de sang-froid, elle n'était finalement qu'une petite orthophoniste de rien du tout, inexpérimentée et, par-dessus le marché, un tantinet débile. Au fond, elle n'était pas méchante, mademoiselle Samson, elle avait seulement fait son temps. Elle aurait dû se montrer coopérative dès le début de l'année au lieu d'attendre jusque-là. Il ne me restait plus qu'à la plaindre.

— J'ai essayé de vous aider de mon mieux, que ce soit toi ou les autres. Seulement, il arrive parfois que les efforts, aussi méritoires soient-ils, s'avèrent inefficaces.

Elle a repris un cookie et l'a tripoté longuement de ses deux mains.

— Je tenais tellement à réaliser cet exploit, tu sais : transformer le destin de tous ces gosses, mais c'est si dur de réussir dans son travail quand on se heurte à pareille résistance. Je ne suis pas aimée de mes élèves. C'est ainsi que va la vie. Du moins, je le suppose. Comme si je pouvais y changer quoi que ce soit. Non, en tant qu'orthophoniste, je suis le symbole même du fiasco.

Elle a caché son visage derrière ses mains et j'ai eu peur qu'elle n'éclate en sanglots.

— Ah non, écoutez ! me suis-je écrié précipitamment. Ve fuis finfèrement dévolé.

— Ha ha ha ! Je t'ai eu !

Elle est partie d'un énorme éclat de rire interminable et n'en revenait toujours pas quand il a fallu signer mon formulaire d'inscription aux prochaines séances de thérapie.

— Finfèrement dévolé ! À qui le dis-tu ! Tu sais, il te reste encore pas mal de pain sur la planche, mon pauvre vieux !

Lorsque j'ai rapporté l'anecdote à ma mère, elle était écroulée.

— Non mais y faut vraiment reconnaître que des imbéciles comme toi, le monde n'en verra jamais deux, a-t-elle conclu.

Je partageais son opinion. Mais je préférais quand même le mot *crétin*.

RÊVES GRANDIOSES POUR TALENTS MODESTES

Mon père adorait le jazz. Le type possédait une imposante collection de disques et de cassettes dont il se délectait le soir après le bureau. Même les soirs où il rentrait la mine renfrognée, son stress s'évaporait instantanément après un bon Dexter Gordon accompagné d'un martini-vodka, et tout redevenait alors, selon ses propres termes, « sublime, mon petit, absolument sublime ». L'aiguille à peine posée sur le vinyle, il desserrait la cravate et adieu l'ingénieur d'IBM au profil bas et à la poche bourrée de crayons ostensiblement gravés à la devise de la compagnie : THINK.

— Bon sang de bonsoir, vise-moi un peu les bajoues de ce type ! Tu sais que j'ai été le voir une fois au Blue Note ? Mince, son saxo a failli me souffler carrément de ma chaise ! Non, je te jure, de toute ta vie tu pourras jamais en voir deux, des talents comme ça. Un miracle authentique ! ! ! Et dire que j'étais assis ce jour-là juste au premier rang, moi, en personne et en chair et en os ! Tu te rends compte ?

— Ça alors ! Je parie que ç'a dû être complètement démentiel !

J'avais eu tort de m'évertuer à partager son émotion. J'étais visiblement foutu dedans puisque je n'ai réussi qu'à l'exciter davantage :

— Passionnant ? Mais t'es vachement loin du compte, mon pauvre vieux ! C'est vraiment quelque chose, tu peux pas t'imaginer ! Les gens seraient allés chercher une hachette pour trancher sauvagement les lèvres de ce mec et les arracher de son visage que ça n'y aurait rien changé : il aurait toujours battu tous les gars de son époque, et d'une bonne tête ! Ma parole, ce type-là était vraiment trop fort !

Je me suis contenté d'opiner du bonnet en essayant de me représenter les deux lèvres sanguinolentes du saxophoniste tombées sur le parquet des vestiaires d'une boîte de nuit. Pour tout avouer, je guettais l'occasion propice pour battre discrètement en retraite vers le couloir de la cuisine sans qu'il ne découvre mon manège et se mette à gueuler :

— Ah non ! Tu vas pas me faire ça, quand même ! Reviens par ici et assieds-toi, rien qu'une minute, et t'écoutes ça. Je dis bien *écoute*, d'accord ? Tends l'oreille et écoute le morceau qui va suivre !

Mes sœurs et moi avions été bercés par le jazz depuis notre tendre enfance, et j'étais enclin à croire que n'avions guère d'efforts à fournir pour l'apprécier. Pourtant, bien que nos goûts nous portassent plutôt vers cette musique que vers les genres affectionnés par nos amis, nous n'arrivions jamais à convaincre notre père de notre sincère vénération. À moins que, munis nous-mêmes d'un instrument, nous ne reprenions l'air depuis le début, il ne nous restait pas un seul moyen de prouver qu'on l'avait bien écouté. Tout se passait comme si, après les dernières notes de chaque morceau, nous allions automatiquement changer de race.

Grâce à son ouïe fine et ce sens de la discipline qu'il cultivait jusqu'à la manie, j'étais persuadé que mon père aurait pu faire un excellent musicien. S'il n'était pas né de parents immigrés aux yeux de qui le simple fait de détenir du haschisch passait déjà pour une extravagance, il aurait pu vouer sa vie au saxophone. Quant à eux, ils n'écoutaient que de la musique grecque, une totale aberration aux oreilles du monde entier. À preuve : essayez de coincer la queue d'un chat de gouttière dans la portière de la camionnette du laitier et vous verrez ; il vous entonnera aussitôt une chanson assurée de battre les records de ventes du côté de Sparte ou de Thessalonique. Dans ces conditions, rien d'étonnant à ce que le jazz fût pour mon père la seule et unique voie de rébellion possible. Mon père l'appréciait d'autant plus qu'il était strictement interdit de l'écouter chez eux, et il y mettait la jubilation du chercheur qui vient de faire une découverte capitale. Adolescent, il planquait ses 78-tours sous le canapé-lit et, de temps à autre, il filait discrètement à New York écumer les boîtes et s'encanailler avec des Noirs. Le grand pied, quoi. Seulement, les bonnes choses ne durant toujours qu'un temps, à l'approche de la quarantaine, la compagnie a décidé un jour de le muter en Caroline du Nord.

— Quoi quoi quoi ? Vous voulez m'envoyer *où*, vous dites ? s'était-il écrié.

Bien que les hivers de Raleigh lui eussent témoigné leur hospitalité, le type n'aurait pas hésité à troquer son climat tempéré contre une chaîne de radio digne de ce nom. Forcé de s'en tenir à sa collection de disques et de cassettes, il s'était plu alors à rêver que sa famille comble enfin ce manque en montant un orchestre de jazz.

Son projet prit finalement forme une nuit, à la sortie d'un concert de Dave Brubeck où il nous avait invités, Lisa, Gretchen et moi. Accompagné de ses fils, la grande star était en tournée dans la région et donnait un concert au campus de la State. Dès l'arrivée sur scène du quartette, le public était tellement déchaîné que j'avais dû me recaler dans mon siège en fermant les yeux comme si leurs applaudissements m'étaient destinés. Après tout, pour avoir droit à de tels égards, il fallait un numéro capable de déménager au quart de tour des foules entières et, justement, j'avais travaillé en secret un truc que je songeais déjà à présenter en *live*. En effet, dans mon numéro, je déboulais sur scène sapé en chemise-cravate et j'attaquais sans préambule un pot-pourri de *jingles* publicitaires, parodiant Billie Holiday, l'une des chanteuses préférées de mon père. Pour mon concert à Raleigh, j'avais par exemple prévu de chauffer la salle avec un numéro de promotion sur le plus vieux centre commercial de la ville. Après un signe de tête à mon accompagnateur, j'allais entonner *The Excitement of Cameron Village will carry you away*[1]. Mais surtout, ce qui ferait tout le charme de mon interprétation, ce ne serait pas tant le bonheur d'y aller que le regret d'avoir osé lui préférer ceux d'Ellisburg ou de J.C. Penney. Viendraient ensuite de grands succès populaires comme *Winston tastes good like a cigarette should*[2] ou la nouvelle pub racoleuse de Coca, *I'd like to teach the world to sing*[3].

Submergé par mes fantasmes, j'avais complètement oublié Dave Brubeck lorsque soudain, du coude, papa a failli me défoncer une côte :

— Eh, t'as *entendu* ça ? T'as entendu ce qui vient de se passer ? Pas possible ! Ils vont finir par nous exploser la baraque, je t'assure !

Tandis que la salle écoutait en silence, papa, la tête courbée en signe de recueillement comme à l'église, ne cessait de claquer des doigts. Les gens ne tardèrent pas à le montrer du doigt. Hélas, nous avions déjà aggravé notre cas en le suppliant de se redresser et d'adopter une attitude plus sage ; or le type avait réagi en mettant aussitôt ses mains en coupe devant la bouche pour gueuler d'une voix tonitruante :

— *Blue Rondo à la turque* ! ! ! *Blue Rondo à la turque* ! ! !

Ce soir-là, tout le long du trajet de retour du concert, il n'avait pas arrêté de tambouriner contre le volant.

— Vous avez bien *entendu* ça ? Ce gars-là n'arrête pas, c'est pas croyable, il est de plus en plus fort ! Vous l'avez vu sur scène là-haut, avec ses gosses et tout ? Mais ils te font un de ces bœufs du tonnerre ! Seigneur Jésus, que ne donnerais-je pas pour avoir

1. Littéralement : « La folie de Cameron Village vous conduira loin. » *(N.d.T.)*
2. « Une Winston, pour le vrai goût de la cigarette. » *(N.d.T.)*
3. « Le monde entier apprendra à chanter avec moi. » *(N.d.T.)*

des enfants comme ça ! Non, vous devez absolument monter quelque chose ensemble !

Ma sœur, qui sirotait alors un jus de raisin, a avalé de travers.

— Non mais je vous assure ! a-t-il poursuivi. Tout ce qu'il vous faudrait c'est suivre quelques leçons et vous procurer des instruments ! Nom d'un chien, mais vous allez faire un tabac !

Nous caressions l'espoir qu'il s'agissait encore d'une de ses idées lumineuses intermittentes mais, arrivés à la maison, nous avions dû nous rendre à l'évidence : ses yeux brillaient toujours de mille feux.

— Mais oui, l'idée est là ! D'ailleurs, je commence à me demander pourquoi diable je n'y avais pas pensé plus tôt !

Dès le lendemain soir, il achetait un demi-queue. C'était un modèle d'occasion, aux formes imposantes et qui marquait le lino rustique de notre parquet. À tour de rôle, nous nous sommes amusés à enfoncer les touches et massacrer quelques notes au hasard mais une fois notre curiosité assouvie, nous avons fini par empiler des coussins de canapé par-dessus, qui ont tôt fait de lui donner un air de forteresse au beau milieu du salon. Le piano est donc resté là, négligé au sens littéral du terme, jusqu'au jour où mon père s'en est allé inscrire Gretchen à des leçons particulières. Bien qu'elle n'eût à aucun moment exprimé le moindre intérêt pour cet objet, le choix de mon père s'était néanmoins porté sur elle parce qu'à l'âge de dix ans elle possédait, à ses dires, les mains d'artiste les plus incontestables du monde. Pour sa part, Lisa a écopé d'une flûte et quant à moi, rentrant un soir d'un rassemblement de scouts, j'ai découvert mon instrument appuyé contre l'aquarium de ma chambre.

— T'as intérêt à t'accrocher ! m'a prévenu mon père. Voilà enfin la guitare que tu réclamais depuis si longtemps !

Il m'avait sûrement confondu avec quelqu'un d'autre. D'accord, j'avais fréquemment insisté auprès de lui pour avoir à ma disposition un aspirateur de grande marque mais à mon souvenir il n'avait jamais été question d'une guitare entre nous.

Je n'éprouvais aucune attirance pour cet instrument, encore moins du point de vue esthétique. Du reste, la décoration de ma chambre, dont le thème général s'ordonnait autour du monde marin, ne laissaient aucune place à une guitare. Une ancre sans doute, oui. Mais une guitare, pas question. Il voulait nous voir faire un tabac ? Eh bien, Monsieur serait servi : son concert du siècle aurait lieu au fin fond d'un de mes placards, où la guitare s'était trouvée reléguée aussitôt. Jusqu'au jour où il s'en est allé m'inscrire à des cours particuliers. On en donnait dans un magasin de musique situé au rez-de-chaussée du nouveau centre commercial de North Hills. J'y ai opposé une farouche résistance, jusqu'à me faire porter pâle le jour où il me déposa à la première séance.

— Mais je te répète que je suis mal fichu, moi ! ai-je protesté avec virulence en le voyant reprendre résolument la route vers la sortie du parking. Non seulement je dois me traîner ce virus, mais tu veux en plus m'obliger à me coltiner un instrument de musique. Tu ne comprends donc *jamais rien à rien* ?

Comme il ne voulait manifestement pas revenir sur sa décision, j'ai trimballé à contrecœur ma guitare à l'intérieur du magasin. Le gérant m'a conduit à mon prof. C'était un nain aux membres parfaitement constitués. Il m'a dit de l'appeler monsieur Mancini. J'avais douze ans à l'époque et, quoique petit pour mon âge, je fus quelque peu désemparé de me retrouver enfermé dans une pièce sans issue avec un homme qui m'arrivait à peine à hauteur de la poitrine. Que je sois plus grand que mon prof me paraissait déjà assez dingue comme ça. Comment aurais-je pu faire bonne contenance ! Je me suis donc mis à le supplier avec ferveur :

— C'est mon père qui m'a emmené ici. C'était son idée, je n'y suis pour rien.

Comme tous ceux qui galéraient pour trouver leur style, coincé dans un patelin peu préoccupé par l'élégance vestimentaire de sa population, monsieur Mancini arborait des habits que j'avais parfois aperçus au rayon jeunes messieurs de chez Hudson Belk. Certains soirs, il paradait en chemise à col boutonné et cravate à clip. Mais il m'arrivait également de rester interdit devant ses pantalons à pattes d'éph, ses pulls à col roulé cintrés et sa kyrielle de colliers de pacotille autour du cou. Il avait des bras virils, couverts d'une épaisse toison noire, et une voix étrangement aiguë, comme si elle avait été enregistrée et rediffusée ensuite en rembobinage rapide.

Sans être un véritable nain, c'était indiscutablement un nabot. Aussi la fascination qu'il exerçait sur moi était-elle naturelle mais cependant incommodante, bien qu'il n'y eût là rien de nouveau par rapport à ce qu'il avait dû subir des millions de fois. Il ne m'a pas serré la main. Il s'est contenté d'allumer une cigarette et de tendre la main vers la conque qui lui servait de cendrier. Comme papa, monsieur Mancini jurait que la guitare était un simple jeu d'enfant. Il lui avait suffi d'un été pour en jouer à la perfection.

— C'était à Hotlanta, en G.

Il voulait sûrement parler d'Atlanta, en Géorgie.

— *Sans déconner*, a-t-il poursuivi. J'ai jamais vu un coin aussi classe.

Il a attrapé sa guitare et s'est mis à l'accorder, l'oreille collée contre les cordes.

— Oui, mon bon petit monsieur, les poules du côté de Peachtree, j'aime autant te dire qu'elles en sont pas encore remises.

Il s'est mis à pérorer sur une certaine Beth.

— Le genre de meuf, j'te dis pas. Après l'avoir sculptée, le bon Dieu a dû balancer le moule n'importe où et fermer boutique à jamais, j'sais pas si tu vois.

J'ai acquiescé de la tête, incapable de deviner ce qu'il essayait de me faire comprendre.

— Bon d'accord, sur le plan cuisine et tout le bazar, elle était pas terrible, j'sais ; seulement, c'est grâce à elle que j'ai fini par piger pourquoi Dieu avait créé les plateaux-télé.

À ces mots, il a hurlé de rire, répétant à tue-tête sa blague sur les repas de surgelés comme s'il comptait l'insérer dans un numéro comique.

— Et Dieu créa les plateaux-télé, et Dieu vit que cela était bon. Hi hi hi !

Puis il m'a expliqué qu'il avait choisi d'appeler aussi sa guitare Beth, en mémoire de l'autre, la vraie.

— Et depuis, rien qu'à la regarder, les mains m'en démangent. Cela dit, pour en revenir aux choses sérieuses, il vaut mieux toujours désigner son instrument par un nom. Comment tu vas appeler le tien, hein ?

— Je vais peut-être l'appeler Oliver, lui ai-je répondu.

C'était le nom de mon hamster, le seul qui me soit venu à l'esprit à ce moment-là. Non, peut-être pas le seul — enfin, disons que je n'en suis plus si sûr.

— Oliver ! ?

Monsieur Mancini a posé ma guitare à ses pieds :

— Oliver ? Nom de Dieu mais qu'est-ce que c'est que ce nom-là ? Si t'es vraiment décidé à te mettre à la guitare, tu devrais au moins lui donner un nom de fille, pas un nom de garçon !

— Ah oui, c'est vrai. Joan. Je vais l'appeler… euh… Joan.

— Bon. Maintenant, parle-moi un peu de cette Joan. Qu'est-ce qu'elle a de si spécial, hein ?

Joan était le nom d'une de mes cousines mais il valait sans doute mieux, pour l'heure, éviter de lui livrer cette information.

— Eh bien, lui ai-je répondu, disons que Joan est vachement… euh… magnifique. Elle est grande et…

Mais soudain embarrassé d'avoir employé le mot *grande* devant lui, je me suis repris aussitôt :

— … elle est petite, avec des cheveux châtains et tout et tout.

— Et côté balcon, il y a du monde ?

Je n'avais jamais prêté attention aux seins de ma cousine. D'ailleurs, je venais de me rendre compte que je n'avais jamais prêté attention aux seins de personne, à moins qu'ils ne soient, comme ceux de notre femme de ménage, si volumineux que je les trouvais quasiment bizarres.

— Du monde? Au balcon? Mais oui, c'est ça! me suis-je écrié. Il y a même foule là-haut.

J'avais peur qu'il n'exige une description plus détaillée. Je me suis senti soulagé lorsqu'il a traversé la salle pour aller sortir Beth de son étui. Puis il m'a expliqué que les cours de guitare réclamaient beaucoup de discipline. C'était bien gentil d'avoir du talent au départ, mais l'expérience lui avait appris que le talent ne courait pas les rues.

— Moi par exemple, du talent, j'en ai à revendre, a-t-il ajouté. Mais y faut reconnaître que c'est un don inné chez moi, un don du ciel, et les gens qui le possèdent sont vraiment des êtres totalement à part.

Il avait l'air d'avoir deviné que je n'étais pas un être à part mais plutôt un type des plus ordinaires, un autre petit garçon dont le papa se baladait la tête dans les nuages.

— Dis-moi, t'as au moins du *feeling* pour la guitare? Est-ce que tu t'imagines un peu ce que cette petite est capable de te faire faire?

Sans attendre ma réponse, il a grimpé sur sa chaise et s'est mis à jouer *Light my Fire*.

— Nous allons dédier cette chanson à Joan, a-t-il dit.

You know that I would be untrue

You know that I would be a liar,

a-t-il fredonné. Son interprétation la plus récente, on la devait à José Feliciano, un non-voyant dont la voix pathétique avait su davantage servir la mélodie que Jim Morrison qui, selon moi, la chantait avec un timbre plus rauque et suffisant. Il y avait donc la version de José Feliciano et celle de Jim Morrison. À présent, je découvrais celle de monsieur Mancini qui, bien que jouant à merveille, chantait *Light my Fire* avec la grâce d'un scout demandant sa main au père de sa dulcinée. Quand il eut fini son numéro d'ouverture, il a salué mes applaudissements de la tête et a immédiatement enchaîné avec son interprétation unique, inénarrable et inédite de *The Girl from Ipanema*[1] et de *Little Green Apples*[2] tandis que, piégé sur ma chaise, je m'acharnais à conserver un sourire forcé qui m'en coûtait tellement que mes mâchoires étaient comme anesthésiées.

Mes ongles avaient grandi de huit bons centimètres avant qu'il n'égrène son dernier accord et me demande d'approcher pour jeter un œil sur quelques notes de base. Puis à la fin de la leçon, j'ai eu droit à une demi-douzaine de polycopiés violets, dont nous savions parfaitement tous les deux qu'ils ne me seraient d'aucune utilité.

De retour à la maison, ma mère m'a réchauffé mon dîner dans le four. Du salon me parvenaient les chuintements erratiques de la flûte de Lisa. Ils évoquaient à s'y méprendre le sifflement du vent dans une canette de Coca vide. Au vacarme qui nous parvenait du sous-sol, on aurait juré que Gretchen pratiquait son piano ou bien — hypothèse autrement plus plausible — un chat pourchassait un papillon autour d'un trousseau de clés. Maman, qui regardait la télé dans la cuisine, a décidé de contre-attaquer en augmentant le volume tandis que papa, après m'avoir arraché mon assiette, posait Joan sur ma cuisse et m'ordonnait de jouer :

— Écoutez, c'est pas chouette, ça ? Une maison pleine de musique ! Bon sang, mais c'est le paradis !

À force d'écouter papa lancer de telles exclamations, on était assez mal fondés à le soupçonner de tiédeur. Seulement, en dépit de cet enthousiasme confinant à l'obsession, il ne parvenait toujours pas à nous transmettre le goût de la musique. Nos heures de pratique à domicile étaient consacrées à nous empiffrer de chips, nos regards méchamment braqués sur ces

1. Tube de renommée mondiale, composé par Antonio Carlos Jobim, standard indémodable. *(N.d.T.)*
2. Autre grand succès, chanté par Bobby Goldsboro. *(N.d.T.)*

instruments tant honnis pendant qu'on se perdait en conjectures, mes sœurs et moi, sur la vie privée de nos profs. Quoiqu'on leur eût trouvé à tous quelque chose de bizarre, mon nain remportait sans conteste la palme de la bizarrerie. J'avais peine à m'imaginer à quoi ressemblait la maison de monsieur Mancini. Qui appellerait-il à son secours en cas d'urgence ? Grimpait-il sur une chaise pour se raser ? Ou peut-être la conception de sa maison était-elle adaptée à ses besoins personnels ? En pensée, je passais même au peigne fin le panier à linge et la glacière, car monsieur Mancini serait parfaitement capable, s'il était acculé, de se terrer n'importe où. Toutefois, même si je n'arrivais pas à le chasser de mes pensées, le moindre prétexte pour m'épargner le contact avec ma guitare restait le bienvenu.

— J'ai procédé exactement comme vous me l'avez demandé, lui expliquais-je au début de chaque leçon, mais il y a un problème, c'est que j'arrive pas à assimiler, c'est tout. Peut-être que mes doigts sont trop cou… euh… non, trop pe… non, je veux dire… je manque sans doute de coordination, quoi.

Il redressait alors Joan sur ma cuisse, tendait la main vers Beth et me demandait de l'accompagner.

— Dis-toi que t'as affaire à une femme, une vraie, me conseillait-il. Il suffit de la choper par la peau du cou et tu verras, elle va se mettre à couiner toute seule.

Il faut reconnaître que monsieur Mancini excellait dans l'art de me jeter dans l'embarras. Il m'obligeait à aborder des questions que je préférais éviter d'ordinaire, telles que le sexe de ma guitare, par exemple. Car honnêtement, que dans ma vie j'aie posé ou non la main sur une femme impliquait-il automatiquement que je sois doué pour la guitare ? Après tout, le prof de Gretchen ne lui avait jamais demandé de donner un nom de garçon à son piano. Le prof de Lisa non plus, bien que dans le cas d'espèce, l'analogie avec la flûte parût plutôt évidente. Du reste, si par le plus grand des hasards ce critère d'attirance sexuelle pour l'instrument s'avérait concluant, alors il valait mieux me tenir à distance respectable de la flûte de Lisa, de crainte d'être très vite épinglé comme un enfant prodige. Donc, il ne me restait qu'une solution : me lancer dans la chanson, et laisser ainsi le soin aux autres de jouer de leurs instruments. Un chanteur-compositeur, ouais, ce serait super chouette !

Un après-midi, je me promenais avec ma mère au centre commercial lorsque j'ai soudain repéré monsieur Mancini. Il se dressait sur la pointe des pieds pour commander un hamburger au Scotty's Chuck Wagon, un fast-food qui se trouvait à deux pas du magasin de musique. Il m'avait parlé, de loin en loin et à mots couverts, d'une vendeuse de la bijouterie Jolly's Jewelers avec laquelle il allait souvent déjeuner. « Un canon », m'avait-il assuré. Mais ce jour-là, se retrouvant seul, il était obligé de se dresser ainsi pour commander son hamburger et, malgré tout, sa tête n'arrivait toujours pas à hauteur du comptoir. Alors que les adultes détournaient poliment leurs regards, leurs gamins étaient nettement moins discrets. Un marmot qui tentait ses premiers pas, les jambes en cerceau et les mains barbouillées de ketchup, s'est approché de lui en se dandinant et a tenté de le serrer dans ses bras tandis qu'une foule d'écoliers médusés assistaient à la scène sans mot dire. Mais le pire était encore à venir avec le groupe d'adolescents de mon âge qui traînaient là, assis autour d'une grande table.

— Eh toi, l'avorton, rentre donc chez toi à Oz ! a lancé l'un d'eux tandis que les autres se tordaient de rire.

Tenant son plateau à bout de bras, monsieur Mancini est allé s'asseoir comme si de rien n'était. Seulement, n'importe qui pouvait deviner, sans que les garnements élèvent de nouveau la voix, qu'ils étaient en train de se foutre de sa gueule. J'étais outré :

— Franchement, maman, comment les gens peuvent-ils être aussi monstrueux ?

En vérité, mon indignation dissimulait mal ma possessivité et la colère noire que je sentais monter en moi contre ces garçons qui osaient s'en prendre au nain que je considérais comme ma propriété privée. D'ailleurs, que savaient-ils de la vie de cet homme, hein ? C'était moi qui étais toujours là pour lui donner du feu quand il sortait sa clope, c'était moi qui subissais lorsqu'il se mettait à décrier la réussite de tous ces soi-disant bellâtres, les Glen Campbell, Bobby Goldsboro et autres stars, et encore moi qui avais dû me taper six semaines infernales de cours de guitare avec lui sans réussir une seule note de *Blowing in the Wind*. Par conséquent, s'il fallait que quelqu'un lui fasse payer le prix fort, il me semblait logique que je me retrouve en pole position.

Jusque-là, je ne voyais en monsieur Mancini qu'un branleur, un play-boy de pacotille mais, à le regarder ainsi tremper son hamburger dans un misérable doigt de mayonnaise, j'ai dû réviser mon opinion. J'ai soudain découvert en lui le petit marginal à la présence dérangeante, banni du monde parce qu'il ne laissait guère de choix aux autres. Il y avait en lui un personnage dont je me croyais naturellement prédisposé à jouer le rôle : l'empêcheur de tourner en rond, le rebelle. Je me suis alors rendu compte que, à l'exception de la guitare, nous avions pas mal de choses en commun. Nous étions l'un et l'autre des adultes piégés dans des corps d'enfant. De même, nous avions du talent chacun à notre manière, comme nous avions horreur des garçons de douze ans, une catégorie de la population à la méchanceté sans pareille. Rien ne m'empêchait de le traiter non en professeur, mais en artiste frère. Ainsi, nous pourrions peut-être lever l'hypothèque de Joan et nous mettre enfin au boulot. Du reste, si mes prévisions venaient à se réaliser, je ne manquerais pas, à l'avenir, de signaler dans mes interviews que mon accompagnateur était non seulement mon meilleur ami, mais *en plus*, un nain.

Je suis arrivé en cravate au cours suivant et, à la question de savoir si j'avais fait des exercices pratiques, j'ai simplement répondu la vérité. D'une voix neutre, je lui ai dit que je n'avais pas touché à ma guitare depuis notre dernière séance. Puis je lui ai révélé que ma cousine ne s'appelait pas Joan et que, pour le reste, je n'étais pas près de savoir si elle avait du monde au balcon ou non.

— Bon, ça va, ça va, a conclu monsieur Mancini. Ta guitare, tu peux l'appeler comme tu veux. L'essentiel, c'est que tu pratiques, d'accord ?

D'une voix tremblotante, je lui ai expliqué que la guitare n'avait vraiment pour moi aucun intérêt. En fait, tout ce dont j'avais envie, c'était d'apprendre à chanter comme Billie Holiday. « Surtout des *jingles*, vous voyez, mais pas de pubs pour banques ou pour concessionnaires auto parce qu'en général ils ajoutent des chœurs aux arrangements. »

Le sang a instantanément reflué du visage de mon prof.

Je lui ai déclaré que je travaillais sur un numéro qui prévoyait un léger accompagnement. Avait-il par exemple entendu parler du *jingle* de la dernière pub de Sara Lee ?

— Comment ?

Il était survolté. « Tu veux que je fasse quoi ? »

Il n'avait pas l'air vexé. Simplement troublé. Quelque chose me disait qu'il mentait en prétendant ignorer cet air. De surcroît, il avait l'habitude de clamer son ignorance sur tout : les chewing-gums Doublemint, les crackers Ritz, les Alka-Seltzer, jusqu'aux appareils ménagers Kenmore. Mais même si cela devait sembler étrange d'entonner une chanson devant un public qui se réduisait à une seule personne, j'étais prêt à surmonter haut la main mon embarras, uniquement dans l'espoir que monsieur Mancini puisse reconnaître en moi ce que je tenais personnellement pour un talent authentique, le seul don musical que je fusse capable d'exprimer. Sans plus attendre, j'ai donc attaqué une interprétation *a capella* de la dernière pub d'Oscar Meyer, persuadé qu'il n'allait pas tarder à se joindre à moi une fois emporté par le mouvement. Bien que cela eût semblé bête et méchant de ma part, je devais absolument, pour entrer dans le ton, faire fi de sa présence et chanter comme j'avais coutume de le faire une fois seul dans ma chambre à la maison, les yeux totalement fermés et balançant mes mains comme des gants vides et inutiles.

Le nom de ma bolognaise c'est : O-S-C-A-R
C'te bolognaise a pour prénom : M-E-Y-E-R
Ouïlle, ouïlle ouïlle j'en mange tous les jours
Et si tu m'demandes pourquoi
Parc'que l'Oscar Mayer
Y sait vachement y faire
Avec la bo-lo-gnai-se.

J'ai terminé la chanson en me disant qu'il saisirait peut-être l'occasion pour m'applaudir ou même se répandre en excuses pour m'avoir sous-estimé. Je me serais au moins contenté d'une simple réaction d'amusement de sa part. Mais il a levé les bras en l'air comme s'il tentait de stopper une bagnole qui lui fonçait dessus.

— Eh, mec, écoute. N'en remets pas, s'il te plaît ; je jouerai pas à ce p'tit jeu-là.

Un jeu ? Quel jeu ? Pour une fois que j'essayais de faire un truc sérieux dans ma vie !

« Il y avait plein de mecs encore plus tapés que toi à l'époque, à Atlanta. Seulement, c'était pas du tout mon genre, moi. J'sais pas si tu vois. Bon, je comprends parfaitement que ce soit ça ton "truc", mais je n'ai rien à voir avec ça. » Il a tendu la main vers la conque qui lui servait de cendrier et y a écrasé sa cigarette. « Il faut que t'arrêtes de débloquer, d'accord ? Tu dois te ressaisir, mon garçon, pour l'amour du ciel ! »

C'est à ce moment-là que j'ai compris pourquoi je n'avais jamais chanté devant personne. Ne parlons même pas de monsieur Mancini. C'est à dessein qu'il s'était servi du mot *tapé*. Je savais parfaitement ce qu'il voulait dire puisque j'aurais dû appeler ma guitare Doug, ou Brian, ou — ce qui eût été bien plus naturel — m'adonner à la flûte. Car une fois définitivement établi le choix de nos désirs, il ne nous restait plus qu'à passer notre vie à en assumer les déconvenues.

Nous avons dû ensuite attendre la fin du cours, jetant par intermittence des coups d'œil embarrassés à nos montres en faisant semblant d'accorder nos guitares.

Quand je lui ai annoncé que je ne retournerais pas aux cours de guitare, papa a eu l'air déçu.

— Il m'a dit que ça ne valait pas la peine d'insister. Il paraît que la forme de mes doigts ne s'y prête pas.

Devant l'efficacité de mon stratagème, mes sœurs ont à leur tour inventé moult histoires du même tonneau et, en fin de compte, nous n'avons pas tardé à annoncer sur la place publique la séparation du Trio Sedaris, nonobstant le dévouement de papa, qui est allé jusqu'à nous proposer des professeurs plus brillants, quitte à abandonner nos instruments respectifs pour des choix plus adéquats.

— J'sais pas, moi. La trompette ? Le saxo ? Ou bien — hé, ça te dirait par exemple de jouer du vibraphone ?

D'un air farouchement déterminé, il a avancé une main en direction d'un disque de Lionel Hampton : « Écoutez-moi ça. Asseyez-vous une minute, juste une petite minute, et tendez bien l'oreille, le temps d'apprécier le son de ce mec, et vous allez me dire si vous n'y voyez pas la preuve vivante de l'inspiration. »

D'accord, il y avait des jours où, convaincu d'être la star au programme d'une boîte new-yorkaise huppée, j'étais d'humeur à souffrir cette musique, mais on l'aura compris, ce n'était que fantasmes. Ceux-ci servent surtout à nous sortir d'emblée de notre misère noire pour nous transporter sans escale aux sommets de la gloire. Mon solo fini, il ne me restait plus qu'à poursuivre ma progression sur des voies tout aussi incertaines vers la célébrité. J'ai alors tâté de toutes les formes d'art possibles mais, à chaque déception, je devais me faire violence pour oublier l'allure de monsieur Mancini s'exclamant, sa conque-cendrier à la main : « Pour l'amour du ciel, mon garçon, il faut te ressaisir ! »

À l'unanimité, nous avons donc opposé une fin de non-recevoir à notre père : cela ne lui servait à rien de se tuer à nous faire écouter ses disques. Seulement, le bougre persistait et signait.

— Je vous assure que cet album va transformer votre vie ! De toute façon, si je me trompe, je suis prêt à vous filer un billet de cinq dollars à chacun. Qu'est-ce que vous en pensez, hein ?

L'affaire était plus que tentante : cinq dollars pour écouter simplement un disque de Lionel Hampton ! Une offre presque trop tentante ! Seulement, le problème restait entier, même dans l'hypothèse où nous pourrions effectivement toucher cet argent. Il puait le traquenard à plein nez à cause de la contrepartie qu'il supposait assurément. Nous nous sommes concertés du regard, mes sœurs et moi, avant d'évacuer les lieux sans un mot, en dépit de ses cris de protestation : « Hé mais où croyez-vous donc aller comme ça ? Revenez ici tout de suite, on va écouter ça ! »

Nous sommes allés rejoindre maman devant sa télé sans un regard de regret. Il n'avait qu'à faire de la musique la grande passion de sa vie, ce n'était pas notre tasse de thé. En réalité, nous avions au moins appris une chose durant nos leçons particulières : sans passion, le mieux qu'on pouvait espérer en guise de carrière musicale était mince : animer de temps à autre un mariage de hippies où, la chance aidant, les invités seraient trop stoned pour se rendre compte à quel point on était mauvais. Cette nuit-là, comme à son accoutumée, notre père s'est endormi devant sa chaîne stéréo tandis que le disque continuait son manège silencieux et insensé et lui, affalé sur les coussins du canapé, rêvait paisiblement.

LE GÉNIE GÉNÉTIQUE

Mon père avait des dons inimaginables. C'était le genre de type qui, si le sort n'en avait décidé autrement, aurait pu par exemple inventer le four à micro-ondes ou le poste à transistors. S'il valait mieux éviter de lui demander conseil sur les menus problèmes de tous les jours, il s'avérait plus efficace, en revanche, pour les lave-vaisselle en panne ou bien les W.-C. bouchés par une perruque négligemment balancée au fond de la cuvette. Déjà tout petits, nous nourrissions une foi indéfectible en ses ressources polyvalentes, mais sans pour autant oublier de nous tenir à distance respectable lorsqu'il se mettait au travail. En effet, le plaisir que nous procurait à chaque fois ce spectacle se voyait gâché par ses interminables dissertations sur la méthode utilisée par le fabricant pour assembler le moindre objet. De toute façon, nous savions qu'aux questions les plus passionnantes la science avait tendance à apporter les réponses les plus ennuyeuses au monde. Que l'air soit naturellement enrichi d'ions n'empêchait nullement ces derniers de se traîner lamentablement lorsqu'il s'agissait d'enrichir notre imagination — du moins la mienne. En conséquence, j'ai toujours préféré croire qu'à l'intérieur du poste de télévision vivait une peuplade d'acteurs pas plus gros que le pouce qui, prêts à endosser n'importe quel rôle, se trémoussaient sans arrêt, mimant le charmant présentateur du journal télévisé ou la femme du millionnaire échouée dans une île déserte. Quant à la météo, elle était contrôlée par des gnomes capricieux et l'air conditionné, nous le devions simplement à un détachement d'écureuils qui, des glaçons plein les joues, s'activaient ainsi à la manière d'une soufflerie.

Un jour, en fourgonnant dans la remise, j'étais tombé sur une vieille pub d'IBM. L'affiche représentait un gigantesque ordinateur de la taille d'un réfrigérateur. Un ingénieur trônait devant le panneau de commandes, scrutant d'un air absorbé un listing à peine plus large qu'un reçu de l'épicerie du quartier. Il n'y avait aucun doute possible : c'était papa, bien que plus jeune sur la photo. À ma question intriguée, il m'avait répondu qu'à l'époque il coordonnait les travaux d'une équipe chargée de mettre au point une puce dotée d'une mémoire assez puissante pour emmagasiner jusqu'à quinze pages en sortie imprimante. Puis sans transition, un carnet et un crayon avaient surgi de nulle part et, des heures d'affilée, le piège s'était resserré autour de moi pendant que, point par point, il m'apportait des réponses sans jamais pour autant aborder les seules questions qui m'importaient : est-ce qu'ils l'avaient maquillé ? Peut-être qu'ils avaient dû tenter plusieurs poses, non ? Ou bien la photo était-elle bonne au premier essai ?

En tout état de cause, le mystère le plus impénétrable de la science resterait toujours à mes yeux celui-là : comment un homme avait pu procréer six gosses qui ne partageaient pas un seul centre d'intérêt avec lui. Pourtant une chose demeurait tout aussi certaine : nous manifestions un enthousiasme flagrant pour les péchés mignons de ma mère, des cigarettes aux romans de Sidney Sheldon en passant par les petites siestes. (Il y avait de quoi car maman, sommée d'expliquer comment fonctionnait un poste de radio, se contentait de lâcher la réponse la plus lapidaire : « Tu tournes le bouton et tu tires cette saloperie d'antenne, un point, c'est tout ! ») Rien d'étonnant à ce que j'en sois sorti le cœur immensément soulagé le jour où je suis allé voir mon père au bureau : là-bas au moins, il ne manquait pas à qui parler. À vrai dire, ma sœur Amy et moi avions fait un pari. Elle était persuadée que la secrétaire de papa portait un menton pointu, en galoche, et de longs cheveux blonds, à quoi je lui avais opposé qu'elle devait plutôt ressembler à une tortue, le menton fuyant, le nez crochu et la peau du cou, flasque et plissée. La vérité se situait à mi-chemin entre les deux. J'avais raison en ce qui concernait le nez et le cou ; quant à Amy, elle avait bien vu le menton et la couleur de cheveux. Le pari à l'origine de notre visite a finalement dégénéré en supplice sous la forme d'une intarissable promenade à travers les bureaux A, jusqu'aux bureaux D. Après ce que nous avions dû endurer, nous avons appris à ne plus jamais manifester une quelconque curiosité pour le bureau de papa.

Certes, mon intérêt pour la science avait fini par s'éveiller, mais j'avais été suffisamment échaudé pour garder secrètes mes expérimentations délirantes. Et même le jour où papa découvrit un bouillon de culture de limaces dans le congélateur du sous-sol, je restai muet, fermement résolu à ne pas lui livrer mes théories complexes sur la suspension temporaire de la vie animée.

Mais alors pourquoi diable passais-je mon temps à verser de la vodka dans l'auge de mon hamster ? « Bof, j'en sais rien, moi. » D'ailleurs, si mon expérience venait à faire chou blanc et que le hamster succombait à son éthylisme chronique, je n'aurais qu'à le ranger aux côtés des limaces dans le bac du congélateur réservé à cet effet. Au bout de quelques mois de repos bien mérité dans la glace, une fois décongelé et complètement réanimé, il ne se souviendrait même pas de sa précédente vie d'alcoolique. J'avais également pris le pli de bricoler mon tourne-disque, sidéré par ma propre ingéniosité à y parvenir en dix minutes à peine, jusqu'à ce que l'élastique lâche ou bien que les pièces de monnaie collées sur le bras de lecture dégringolent, plantant de nouveau le satané engin.

Durant la première semaine de septembre, mes parents avaient coutume de louer une maison de plage à Ocean Isle, une étroite bande de terre avançant dans l'océan, sur les côtes du nord de la Caroline. En tant qu'enfants, nous étions autorisés à prendre part aux activités de plage habituelles, ce qui nous comblait de bonheur. Un bonheur qui durait jusqu'à l'arrivée de papa. Le type avait le chic de nuire systématiquement à notre plaisir. Le golf miniature nous rebutait aussitôt terminée sa sempiternelle dissertation sur l'impact de la balle et sa trajectoire, sans oublier la vitesse du vent ; nos châteaux de sable s'effondraient sous une époustouflante étude critique qui finissait par un cours magistral sur la dynamique des toits en forme de voûte. La natation a cessé d'être notre passion le jour où il nous a expliqué le mystère des marées et que, dans notre esprit, l'océan ne représentait plus qu'un gigantesque cloaque empli d'eau salée dont les chasses étaient actionnées naturellement, selon une cadence monotone, lugubre et parfaitement prévisible.

Avant d'atteindre l'adolescence, nous étions morts de lassitude. Dissuadés par l'eau de mer, nous nous sommes tournés vers le drap de plage, suivant l'exemple de notre mère, et nous avons décidé de nous consacrer désormais à un art plus noble, celui du bronzage. Sur ses conseils judicieux, nous avons ainsi appris par quelles lotions il fallait commencer, découvert celles qui s'adaptaient à un moment ou un autre de la journée et par quel temps les utiliser ou non. Selon elle, il suffirait de mêler une dose certaine de témérité à un climat tropical hawaiien pour obtenir à coup sûr un teint rouge atroce, désagréable à l'œil, qui risquait de nous retirer des points décisifs la veille du retour à la maison, lors de l'élection annuelle de Miss Crème solaire. Le jury était composé pour l'essentiel de maman, et au bronzage le plus foncé était attribués une couronne, une écharpe et un sceptre.

Sous l'angle purement technique, le prix pouvait parfaitement revenir à un garçon, bien que l'écharpe portât l'inscription MISS CRÈME SOLAIRE, signe que les jeux étaient faits à l'avance car ma sœur Gretchen l'emportait chaque année. Dans son cas, le bronzage s'était transformé en un véritable dysfonctionnement d'ordre pathologique. On l'avait surnommée la bronzorexique, car elle ne pouvait plus s'en passer. D'année en année, on la voyait arriver sur la plage avec un teint auquel nous autres rêvions uniquement d'aboutir en dernière extrémité. Partagés entre l'horreur et la jalousie, nous la regardions rôtir à point, étendue sur son drap en aluminium. Son bronzage se voyait même entre les orteils, sur les paumes des mains et derrière le lobe de l'oreille. Pour parvenir à ce résultat, elle se servait notamment de crème pour bébé, adoptant pour ce faire une série de poses qui provoquaient des attroupements tandis que les mères tentaient de soustraire leur progéniture au spectacle.

Comme j'étais par nature incapable de tenir en place plus de vingt minutes d'affilée, j'interrompais fréquemment mes séances de bronzage pour aller jusqu'à la jetée. Au cours d'une de ces balades, je suis tombé sur mon père. Il était debout, immobile, à un jet de pierre d'un groupe de pêcheurs qui démêlaient les nœuds d'un filet aussi large qu'une tente de cirque. Une vie entière de dur labeur sous le soleil de la côte les avait marqués de ce que nous avions nommé, mes sœurs et moi, le « syndrome de Samsonite », par allusion à leur teint qui, au demeurant enviable, avait pris au fil des années la texture de cuir de la valise dans laquelle maman stockait nos photos d'enfants. Les hommes descendaient à même le goulot des litres de Mountain Dew, s'arrêtant de temps à autre pour observer papa. Immobile au bord de l'eau, un bâton à la main, il était en contemplation devant la côte qui s'étendait à perte de vue.

Je m'efforçais de passer mon chemin à pas de loup pour ne pas attirer son attention quand il m'a stoppé net : je tombais à point nommé, j'étais justement le gars qu'il cherchait.

— Peux-tu me dire précisément le nombre de grains de sable que l'on peut compter sur la terre ? m'a-t-il demandé.

Je ne m'étais jamais posé pareille question. Je me serais par exemple demandé combien d'œufs de saumure pourraient germer dans une jarre ou combien de cerveaux humains suffiraient à contrebalancer le poids d'une télé portative, mais son problème mathématique méritait sans faute, à mes yeux, le qualificatif de *giganplexe*, un terme que je l'avais entendu utiliser deux ou trois fois par le passé. Après tout, ce nombre, on ne pouvait que s'en faire une *idée* et, si vous voulez mon avis, il n'était pas d'intérêt général.

Un jour à l'école, on nous avait posé une colle : imaginons qu'un oiseau se voie contraint de transporter, grain par grain, le sable de toute la côte est des Amériques à la côte ouest de l'Afrique ; cette entreprise lui prendrait — dommage, je n'ai pas eu le temps de noter la réponse exacte, tout préoccupé que j'étais du sort du pauvre volatile désigné pour accomplir cette tâche ingrate. D'ailleurs, il y avait sûrement quelque chose d'injuste là-dessous parce que, contrairement aux chevaux et aux chiens d'aveugle, la gloire de l'oiseau repose essentiellement sur le fait que personne ne saurait le mettre à contribution. Bon, d'accord, les oiseaux sont obligés de chercher des miettes à picorer ou de construire leurs nids. N'empêche que leur temps de loisir, ils l'occupent comme bon leur semble. Je m'imaginais la tête hilare de l'oiseau qui, perché sur une branche, rétorquait : « Comment ? Vous voulez que je fasse quoi ? » avant de s'envoler à tire-d'aile, pensant à la bonne blague qu'il allait pouvoir raconter à ses amis. Combien de grains de sable y a-t-il sur terre ? Il y en a plein. Fais pas chier.

Du bout de son bâton, papa a commencé à rédiger son équation à même le sable. Comme d'habitude, elle croulait sous le poids d'innombrables *x* et *y* enchevêtrés les uns aux autres par-dessus des matelas de tirets. Quant aux lettres, multipliées par des symboles, elles se retrouvaient coincées à l'intérieur de parenthèses, assiégés par des chiffres nains gribouillés selon des angles bizarroïdes. Mais l'équation a pris du corps, passant de deux à quatre mètres de longueur, avant d'attaquer sa deuxième ligne. C'est à ce moment-là que les pêcheurs ont commencé à s'intéresser à la scène. Peu à peu, je les voyais se détourner de leur filet, et j'ai pu admirer au passage leur habileté sans pareille à fumer une cigarette entière sans la retirer une seule fois de la bouche, un art que ma mère maîtrisait à la perfection et qui, jusqu'alors, continue à m'échapper. Consubstantiellement, il nécessite une symbiose totale entre le fumeur et le vent. Le fumeur se doit d'être capable d'anticiper : comment pivoter la tête et quand la tourner, pour éviter que la fumée ne lui brûle les yeux.

L'un des hommes a demandé à mon père s'il était conseiller fiscal.

— Non, je suis ingénieur.

Il avait affaire à de pauvres gens qui ne pouvaient plus s'offrir le luxe d'habiter au bord de l'océan et qui, bien des années auparavant, avaient dû vendre leurs maisonnettes à un étage pour libérer le sable des plages qui valait déjà son pesant d'or. On avait jeté à bas les murs de leurs maisonnettes pour construire en lieu et place des hôtels hors de prix et des cottages aux toits en pente loués jusqu'à mille dollars la semaine en haute saison.

— Eh m'sieur, j'peux vous poser une question ? l'a apostrophé un autre en crachant le mégot de sa cigarette dans les vagues. Imaginons qu'on m'ait payé en 1962 douze mille dollars le lopin de terre de deux mille mètres carrés en bordure de mer. À combien vous pouvez l'estimer compte tenu du prix du grain de sable aujourd'hui ?

— Ah ça, mon cher ami, lui a répondu papa, c'est une question très intéressante.

Il s'est éloigné de quelques pas avant d'attaquer une nouvelle équation. L'assistance était totalement captivée par ses démonstrations intarissables. Chaque symbole ne faisait qu'ajouter à la complexité de l'affaire.

— Mais m'sieur, est intervenu un troisième, quand vous dites *pie*, vous voulez parler d'une vraie pie vivante et tout et tout, ou bien vous faites allusion à ces dessins en forme de pie qu'on nous passe souvent au journal télévisé pour nous montrer quelle part de notre fric les fonctionnaires des impôts nous bouffent ?

Papa a répondu patiemment à toutes leurs questions. Pendant ce temps, ils n'ont cessé de l'écouter, attentivement. Dire que ces hommes avaient coutume de démêler leurs filets en soufflant la fumée de leur clope dans le vent ! Le dos voûté, complètement édentés, ils buvaient chacune de ses paroles tandis que moi, le pied dans l'écume indolente, je ne cessais de penser aux élections prochaines en me demandant si la lumière du soleil reflétée dans l'eau pourrait me bronzer les parois internes des narines et le bas du menton.

DOUZE SCÈNES DE LA VIE D'UN ARTISTE

Scène 1 : Dès son plus jeune âge, ma sœur Gretchen déploya un remarquable talent pour le dessin et la peinture. Nos murs croulaient sous ses aquarelles de champignons mouchetés et de jeunes filles en bonnet, réparties avec soin dans le salon de mes parents, lesquels jugèrent bon d'encourager son savoir-faire par des leçons particulières et des escapades estivales dans des stages de peinture. Née avec ce que maman se plaisait à nommer « un tempérament d'artiste », Gretchen voletait de fleur en fleur sur un nuage de grâce et de béatitude. Le regard méditatif constamment perdu dans le ciel, elle ne ratait pas une occasion pour trébucher sur les troncs d'arbres et se précipiter sous les roues des bicyclettes lancées à toute vitesse. Le jour où on lui plâtra les bras et les jambes, elle y ajouta aussitôt sa griffe personnelle, au marqueur, esquisse de pâquerettes et de nuages moutonnants. Sur le plan physique, si elle subissait plus de points de suture qu'elle n'en avait sur la carcasse d'origine, sur le plan mental en revanche, rien ne semblait l'affecter. On pouvait sans crainte confier le secret le plus sordide à Gretchen. Cinq minutes plus tard, elle ne se souvenait plus que des ombres qui folâtraient sur le visage de son interlocuteur. Rien d'autre. Comme si vous aviez affaire à un étudiant étranger, inopinément débarqué chez vous dans le cadre d'un échange universitaire. Quoi qu'on puisse dire ou faire, rien ne paraissait entamer son flegme : elle semblait obéir aux us et coutumes d'un pays exotique où les indigènes semaient en terre leurs huiles pour récolter des pastels aux branches des arbustes rachitiques de la région. Sans prendre exemple sur personne, elle avait fondé son propre tempérament. Aux dons artistiques qu'il recelait, je préférais de loin les à-côtés déroutants.

Le jour où les professeurs de Gretchen finirent par saluer unanimement son talent, mes parents se précipitèrent du même pas pour en revendiquer chacun les origines. Dès son jeune âge, maman avait manifesté un net penchant pour le dessin et la sculpture sur argile et, pour nous distraire, elle exécutait avec une extrême célérité des modelages d'un pivert, héros d'un célèbre dessin animé. Alors, pour prouver à son tour qu'il tenait son talent de naissance, papa s'en est allé acheter une boîte de peinture acrylique. Il a installé son chevalet devant la télé du sous-sol et a résolument attaqué des copies fidèles de Renoir, avec des cafés et des moines espagnols choyant leurs rejetons à l'abri dans leurs imposantes soutanes à capuche. Il s'est mis à peindre des scènes de rues à New York, des paysages infinis avec, sous des crépuscules rougeoyants, des diligences s'éloignant à l'horizon. Puis un beau jour, une fois les murs du sous-sol encombrés par les fruits de ses efforts, il cessa de peindre aussi mystérieusement qu'il avait commencé. Mais j'avais eu le temps de réfléchir car, si mon père pouvait être considéré comme un artiste authentique, alors qui ne le serait pas? Fort de cette idée, j'ai donc confisqué sa palette et ses brosses. C'est ainsi que je me suis retrouvé, à quatorze ans, cloîtré dans ma chambre. J'avais décidé de consacrer une interminable phase de ma vie à une pénitence noire.

Scène 2: La peinture s'étant avérée par trop compliquée, je me suis rabattu sur une option plus facile : concevoir des bandes dessinées sur du papier à base de pelure d'oignon. En fait, je demeurais persuadé que j'aurais suivi d'une manière ou d'une autre les pas de Mère Nature si je n'étais pas venu au monde quelques années trop tard. Il m'aurait suffi de rester concentré et de garder des idées claires sur certains objectifs simplement réalisables. Contrairement à papa qui barbouillait à l'aveuglette ses toiles l'une après l'autre, j'avais des convictions bien arrêtées sur mon destin d'artiste. Assis devant mon chevalet, un béret de grand maître flamand chevillé à la tête comme un prépuce à son gland, je me projetais dans le monde imaginaire des livres d'art empruntés à la bibliothèque. Je ne cessais de tourner et de retourner les pages, béat d'admiration devant les tableaux et les photographies des peintres assis dans leur mansarde, la blouse dépenaillée et les sourcils froncés devant les corps nus de leurs modèles. Passer toutes mes journées en compagnie d'hommes nus — oh non, assez ! Je ne pouvais guère rêver mieux. « Dites, Jean-Claude, pourriez-vous vous tourner légèrement vers la gauche ? Là, c'est parfait. Il me faut absolument immortaliser le galbe provocant de votre paire de fesses. »

Je me voyais déjà submergé par une noria de conservateurs tenant le siège devant ma porte pour me supplier de consentir à une exposition supplémentaire au Louvre ou au Metropolitan. Après une substantielle collation composée de côtelettes aussi succulentes que des langues de bœuf et largement arrosées de vin blanc, nous nous repliions discrètement vers un salon particulier, réservé strictement à ces messieurs, pour parler argent. Enfin, je voyais de mes propres yeux le fruit de mon dur labeur : longues écharpes en satin, couvertures des magazines. Normal. Malheureusement, c'est le travail artistique en tant que tel qui faisait défaut. Je n'arrivais tout bonnement pas à me le représenter. En outre, là où le bât blessait cruellement, c'est que je n'avais tout simplement aucun talent. J'en ai eu la confirmation définitive le jour même où j'ai choisi de m'inscrire en fac d'arts plastiques. Quand on nous demandait de peindre une coupe pleine de raisins, mon travail ressemblait plutôt à un amoncellement de cailloux tournoyant au-dessus d'un pneu à flanc blanc. Pendant ce temps, les tableaux de ma sœur s'accumulaient sur les murs de la salle de classe et, chaque fois que le prof abordait les questions de perspective ou de couleur, il ne tarissait pas d'éloges à son endroit. Elle figurait en permanence au programme de toutes les expositions en ville et dans la contrée, alors qu'elle n'accordait vraisemblablement aucune importance aux multiples prix d'excellence mentionnés sur ses cartes d'invitation. Elle aurait dû au moins s'en vanter ; ainsi, j'aurais sans peine trouvé une raison pour la détester. Mais devant une telle situation, elle ne me laissait que le choix entre ma pusillanimité et ma jalousie incontrôlable. Je n'avais aucune intention de la tuer, mais je caressais le secret espoir que quelqu'un s'en chargerait volontiers.

Scène 3 : Après avoir mis une bonne distance entre ma famille et moi pour échapper à la comparaison inévitable avec Gretchen, j'étais allé de nouveau m'inscrire en arts plastiques, mais dans une fac connue pour son centre d'études vétérinaires. La veille de mon premier cours de dessin figuratif, je restai éveillé toute la nuit, terrorisé à l'idée de ne pouvoir contenir mon excitation devant la nudité des modèles. Vous vous rendez compte ! Le corps d'un futur vétérinaire ! Ces formes robustes, ces peaux bronzées et ces muscles saillants devant un parterre d'étudiants qui, à l'exception de votre humble serviteur, n'y auraient vu qu'une immonde masse de chair et d'os ! Non, d'ici à ce que le prof remarque mes yeux exorbités, ou me fasse des réflexions sur le filet de bave dégoulinant telle la ligne d'un pêcheur aux commissures de ma bouche… ! Quoique… si au moins je pouvais oublier mes mains tremblotantes et mes jambes flageolantes pour me concentrer uniquement sur les seules parties de son corps qui me passionnaient ! D'ailleurs, pourquoi serais-je obligé de représenter le tout, hein ?

Seulement, mes craintes, quoique fondées, s'avérèrent déplacées car le modèle, bien que découplé et viril, était une femme. J'avais beau y mettre la meilleure volonté, ça ne passait pas et, du reste, j'étais trop occupé à copier sur mon voisin. Le prof a commencé sa tournée d'inspection de chevalet à chevalet tandis que, du coin de l'œil, je surveillais avec panique sa progression inexorable dans ma direction. Même s'il ne connaissait pas ma sœur, sa classe comptait pas mal d'autres talents avec lesquels je pouvais me mesurer.

Déçu par le dessin, je me suis tourné vers le département de typographie, où j'ai perdu mon temps à renverser d'énormes seaux d'encre. Après m'être essayé à la sculpture, j'ai tâté aussi de la poterie. Après les examens, le prof prenait mon dernier exploit, le levait bien haut tandis que, horrifié, je laissais errer mon regard sur les muscles de ses bras. Ils étaient si tendus qu'ils risquaient de rompre sous le poids. Avec leurs pieds lourdauds et maladroits, mes vases pesaient au moins deux kilos et demi la pièce. Couleur de boue, ils avaient des contours grossiers et hideux. Pris d'un accès de générosité, je suis allé jusqu'à en offrir une paire à maman pour Noël, qu'elle a acceptée avec gratitude, heureuse d'avoir enfin déniché des bols parfaits pour nos animaux de compagnie. Traînant sur le sol de la cuisine, ils sont restés ignorés jusqu'au jour où le chat s'y est cassé une dent et a immédiatement entamé une grève de la faim.

Scène 4: On m'a alors transféré dans une autre fac, où j'ai revécu par le menu un long processus d'humiliation. Après avoir abandonné la lithographie pour la sculpture sur argile, j'avais carrément cessé de fréquenter les cours. Désormais, je préférais user toutes mes forces dans un diplôme que nous avions choisi d'appeler, mon camarade de chambre et moi, «le DESS de la défonce». Mes yeux constamment cernés de rouge picotant comme des épines derrière des binocles de hiboux flambant neufs, j'étais fin prêt à rallier une bande de cinéastes bons à rien, des forts en gueule qui passaient leur temps à dilapider leurs cachets dans de spectaculaires blocs de hasch, collants comme la glu. C'est en leur compagnie que j'ai découvert les charmes du cinéma noir et blanc. On y voyait des malabars au long cou ridé avancer péniblement sur des plages de rochers, leurs poings vengeurs levés vers les mouettes. De toute évidence, ils les enviaient pour la chance qu'elles avaient de pouvoir planer sans entraves. Puis la caméra coupait brutalement pour se tourner vers un champ assiégé par un vol de corneilles à bout de souffle, avant d'exécuter un gros plan sur les taches de rousseur d'une femme assise sous les rayons de soleil, le regard rivé sur les jointures de ses doigts. En définitive, je luttais de toutes mes forces contre le sommeil en attendant la fin du film pour ensuite me glisser hors de la salle, à la suite des autres détenteurs de tickets qui semblaient déprimer. Soit dit entre nous, j'étais frappé par leur ressemblance troublante avec les personnages atrabilaires dont je venais de voir les visages trembloter sur l'écran. Mais l'art authentique étant fondé sur le désespoir, l'essentiel consistait à afficher la tristesse la plus noire pour la faire partager autour de soi. Je tenais le bon bout : je manquais sans doute de talent en peinture ou en sculpture, mais il y avait un domaine où j'étais sûr d'exceller : déprimer les gens. Cependant la fac n'avait pas reçu d'habilitation pour un diplôme de déprime, et j'ai dû laisser tomber, plus démoralisé que jamais.

Scène 5 : Ma sœur Gretchen partait pour la Rhode Island School of Design quand je suis rentré à Raleigh. Après avoir passé des mois dans le sous-sol de mes parents, j'ai emménagé dans un appartement proche du campus universitaire où j'ai découvert dans la foulée les vertus de l'art conceptuel, surtout quand il se fondait aux cristaux d'amphétamine. L'un s'étant révélé aussi dangereux que les autres, l'on imagine aisément que le mélange des deux soit en mesure de saborder des civilisations entières. Dès ma première rencontre avec un sniff brûlant, j'ai compris que c'était la drogue dont je rêvais. En effet, les amphés présentaient l'avantage d'éliminer radicalement le doute. Devant des questions telles que : « Suis-je assez intelligent ? »,

« les gens m'apprécient-ils ? » ou bien « cette salopette me va-t-elle à merveille ? », les consommateurs invétérés de marijuana ne se sentaient que rassurés. Alors qu'un accro aux amphés, lui, savait de source sûre que tout ce qu'il faisait ou disait ne pouvait être que génial au plus haut point, la nouveauté dans le principe résidant en ce que, ayant à la fois éradiqué le besoin de nourriture et celui de sommeil, il disposait totalement des vingt-quatre heures de sa journée pour étaler son charme et son talent.

— Bonté divine, s'écriait papa, mais il est 4 heures du matin. Pourquoi ce coup de fil, pour l'amour du ciel ?

J'appelais tout simplement parce que le reste de mes amis s'étaient mis à débrancher leur téléphone après 22 heures. Impensable ! Des gens que j'avais connus depuis la fac ! De voir à quel point nous n'avions rien en commun, j'étais affreusement déçu. Ils continuaient à discuter béatement de portraits à la plume ou à l'encre sans comprendre mon projet de traverser la forêt en tirant à bout de bras une volumineuse caisse-enregistreuse. À la vérité, je ne l'avais *pas encore* fait mais sur le moment, cela me semblait une idée géniale. Ces gens restaient accrochés au passé, tenant encore de minables stands à la foire d'art du coin, convaincus de leur succès parce qu'ils étaient parvenus à vendre un écran de soie représentant une empreinte de pied sur le sable. D'une certaine façon, cela me déprimait. Quand je les voyais comme ça, s'acharner à faire de l'art tandis que, sans le moindre effort, *ma vie en soi était déjà de l'art...*

Mes chaussettes roulées en boule sur le parquet en bois dur en disaient plus long que tous leurs ânonnements ineptes festonnés de cadres méticuleusement marouflés et leurs énormes signatures en boucle en bas à gauche du tableau. Ils ne lisaient pas les magazines ou quoi ? Les artistes de la nouvelle génération ne voulaient rien avoir à faire avec la conception que se faisaient de la beauté des gens comme ma sœur. Nous avions quand même affaire ici à des gens qui osaient vivre dans des tentes peu sûres et dormir en position fœtale face à nos monuments nationaux. Tenez, un type s'était même rendu célèbre en persuadant un de ses potes de lui tirer une balle dans l'épaule. Voilà le milieu artistique dont je rêvais, moi, et au sein duquel le talent que Dieu nous avait donné était considéré comme un avantage injuste, et un regard de sang-froid avait plus de mérite que la capacité à représenter le corps humain. Tout autour de moi, il n'y avait que de l'art, des traces de sang dans ma baignoire jusqu'à la lame de rasoir, en passant par la paille coupée dont je me servais pour me taper mes amphés. Enfin, je pouvais affronter l'existence le cœur serein, l'esprit clair et avec une juste perspective de l'énorme talent que j'avais.

— Ne bouge pas, disait papa, je vais te passer ta mère. Elle a bu quelques verres et je crois qu'elle sera mieux placée pour comprendre de quoi diable tu veux nous parler.

Scène 6: Je me ravitaillais en drogue auprès d'une typographe frétillante de nervosité, aux yeux globuleux, dont la chevelure maladive, précocement blanchie, avait subi une permanente qui évoquait en moi, chaque fois que je la voyais, une fleur de pissenlit éclose à l'arrière-saison. Nos transactions au sujet de la drogue ne lui posaient aucune espèce de problème. En revanche, à écouter mes réflexions de plus en plus morbides et mes prises de position délirantes, la pression lui devenait dure à supporter au jour le jour.

— Je suis en train de songer à morceler mon cerveau en petites parcelles, lui ai-je déclaré un jour. Je ne parle pas d'une opération chirurgicale, bien entendu. Je veux juste le diviser en plusieurs lopins, afin de les mettre en location. Ainsi, les gens pourraient dire par exemple: « Je possède une maison à Raleigh, un cottage à Myrtle Beach et un petit pied-à-terre dans la tête d'un artiste. »

À son air extrêmement préoccupé, je m'étais mis à douter de la valeur réelle de mon portefeuille immobilier mental. Les amphés avaient comme défaut de toucher le cerveau à la vitesse grand V, et la bouche ne cessait ensuite de mâchouiller dans le vide comme si elle tétait une pipe consumée. Je me répandais alors en bavardages jusqu'à ce que ma langue commence à saigner tandis que mes mâchoires priaient grâce et ma gorge s'irritait en signe de protestation.

Dans l'espoir de se débarrasser de moi, ma dealeuse a fini par me présenter une demi-douzaine d'autres preneurs de tête hyperactifs qui partageaient avec moi un goût prononcé pour les amphétamines et un amour immodéré pour le mot *manifeste*. Enfin, j'avais trouvé mon bonheur. Lors de notre première réunion, il y avait de l'électricité dans l'air. Pour briser la glace, j'ai sorti quelques lignes en déplorant le mobilier pour le moins sommaire chez le maître de céans, qui se réduisait alors à un gigantesque nid de cheveux humains en guise de décoration. Selon toute vraisemblance, il écumait deux fois par semaine les salons de coiffures hommes et femmes de la contrée pour entasser leurs rebuts dans sa bagnole. Ensuite, il s'attachait à les arranger fibre par fibre avec la méticulosité d'un troglodyte.

— Six mois bientôt que je... euh... construis ce nid, a-t-il marmonné. Venez, asseyez-vous donc.

Au point où on en était...

Déjà certains membres du groupe avaient la curieuse manie de conserver leurs fluides corporels dans des petits pots pour bébés; d'autres écrivaient des messages ésotériques sur de petits quartiers de steak emballés. Ils disaient des «pièces» pour parler de leurs œuvres d'art, une expression que je venais de découvrir avec ravissement. «Jolie pièce!» m'exclamais-je désormais. Dans mon empressement à leur plaire, je me suis extasié devant les plinthes massacrées et les ballots de linge sale à emporter à la laverie. À y voir de plus près, ils méritaient tous la dénomination de «pièces». Défoncée aux amphés, toute la bande est partie faire un tour sur le périph', béant d'admiration devant les cônes de signalisation et les ralentisseurs orange fluorescent. Nous étions de purs esprits. L'art vivant nous revenait de droit.

Inspiré par mes amis, j'ai donc entrepris quelques pièces à ma façon. Mon premier projet consistait en une série de cageots à légumes dans lesquels je balançais systématiquement mes ordures ménagères. Seulement, comme je ne mangeais pratiquement plus rien, on n'avait guère à s'inquiéter de l'odeur de pourriture des restes. Les mégots de cigarettes, les boîtes d'aspirine, les grappes de cheveux crades et les Kleenex souillés de sang y pourvoyaient. Je tenais enfin mes pièces. Il ne me restait qu'à enregistrer scrupuleusement chaque entrée à l'encre. J'avais réussi à en fabriquer à partir de cadavres de moustiques et de tiques pilés.

2 h 17 du matin : quatre rognures d'ongles de pied.

3 h 48 du matin : un cil retrouvé à côté du lavabo. Une mite.

Une fois les deux premiers cageots pleins, je les ai descendus pour les coltiner jusqu'au musée d'art dans la perspective du concours de la biennale prochaine. Lorsqu'on m'a annoncé que mon œuvre avait été retenue, j'ai téléphoné bêtement à mes amis pour transmettre la bonne nouvelle. Tous leurs projets, qu'il s'agisse de foutre le feu à l'escalier monumental ou de sculpter la tête du gouverneur avec des excréments humains, avaient été catégoriquement rejetés. En réalité, cela ne servait qu'à les conforter dans leur statut de marginaux et moi, par la même occasion, d'ennemi de l'avant-garde. La réunion suivante du groupe fut houleuse : quelqu'un insinua que mon œuvre avait été acceptée par le musée pour son côté décoratif et facile à digérer, c'est tout. Mes amis auraient pu également tirer leur épingle du jeu s'ils avaient consenti à se compromettre. Heureusement, il existait encore de par le monde des gens d'une certaine intégrité.

Nous avons élaboré un projet d'événement alternatif, et je me suis retrouvé seul au vernissage de l'expo au musée, chaperonné par ma mère et ma dealeuse qui, entre-temps, avait perdu tant de cheveux et de poids que son épiderme d'un gris terreux accentuait désormais sa ressemblance avec un oignon de cocktail piqué au bout d'un cure-dents. Il faut dire qu'elles faisaient la paire toutes les deux, pillant la buvette et échangeant à haute et intelligible voix leurs opinions réticentes avec la première personne à portée d'oreille. Un minuscule orchestre de jazz jouait discrètement dans un coin et les serveurs ne cessaient d'aller et venir avec des plateaux débordant de crevettes géantes et de champignons farcis. J'ai pris le temps d'observer la foule assemblée autour de mes cageots dans l'espoir que je pourrais saisir des bribes de conversations. Mais il me paraissait plus urgent de surveiller les faits et les gestes de ma mère. À un moment donné, j'ai jeté un coup d'œil dans sa direction et je l'ai aperçue, l'air éméché, agrippée au bras du conservateur et bafouillant à haute voix :

— Je viens de voir une dame dans les toilettes et je lui ai posé la question : « Mais pourquoi s'emmerder à tirer la chasse d'eau ? Il suffit de porter le tout dans la pièce voisine et ils se chargeront de l'exposer sur un piédestal ! »

Scène 7 : J'ai expliqué à mes amis que j'avais détesté chaque moment de la réception au musée, ce qui était du reste quasiment la vérité. L'exposition a marché pendant deux mois et quand son intérêt est retombé, j'ai dû rembarquer mes cageots en direction d'un terrain vague et y foutre un bon feu en guise de pénitence pour mon succès immérité. J'avais payé pour ma folie et, en signe de pardon, on m'a invité à participer à la création du chef-d'œuvre du constructeur de nid. Mais bien que le scénario fût parfaitement balisé, je tenais à obtenir des assurances quant à mon rôle :

— Écoute, à la page dix-sept, il faut que je bêle, c'est bien ça ? Mais tu veux que je me contente de bêler ou tu préfères que je me laisse aller et que je fasse « bê-bê ! » ? Moi je suis absolument prêt à faire « bê-bê » comme tu veux, mais il y a un problème :

imaginons que la mère destructrice ait la même idée que moi — c'est-à-dire emprunter le canal de sortie du bébé —, il ne faudrait pas que je lui vole la vedette ! Je ne sais pas si tu comprends ce que je veux dire ?

Il avait compris. Mais hélas, ma plus grande peur était bien là : que quelqu'un me comprenne. Et c'est à ce moment-là que j'ai compris, à juste titre, que ce coup de théâtre constituait en tant que tel une pièce tout entière. Une pièce sans jeu de scène, sans dialogue ni personnages variés. Ça marchait comme ça. J'étais aux anges.

Si l'on cantonnait les acteurs dans un espace brut, je n'aurais eu aucune peine à laisser les mots s'écouler de ma bouche et, ma foi, ça n'aurait pas été désagréable.

J'ai couru annoncer la bonne nouvelle à mes amis :

— Nous avons déniché un espace brut pour la pièce. C'est une fabrique de tabac désaffectée, sans eau courante ni électricité. Il nous fallait absolument un lieu comme ça ! La température au sol atteint cinquante degrés minimum ! Venez jeter un coup d'œil à l'intérieur et vous verrez. Il y a des tonnes de puces ! Ça va être super.

Mes parents étaient venus à la première. Ils étaient restés là, les jambes croisées et les yeux fixés sur leurs sacs de couchage éparpillés telles des îles à même le sol de béton armé crado. Par la suite, à la question de savoir si elle avait aimé le spectacle, ma mère s'était massé les genoux en montrant les crocs :

— Dites donc, vous voulez me punir ou quoi ?

Dans le journal du soir, il y avait eu un article intitulé : UN GROUPE LOCAL MET LA MAIN À LA PÂTE EN FAISANT LE MÉNAGE DANS UN HANGAR. Malheureusement, leur soutien n'a pas favorisé les ventes des billets d'entrée. Les chiffres ne dépassaient pas les quelques dizaines à la deuxième représentation. Pour un spectacle qui devait durer une semaine ! Quant au bouche à oreille, ses retombées étaient encore plus néfastes. Dieu merci, nous nous sommes consolés en faisant porter le chapeau à la population, convaincus qu'elle était si lobotomisée par la télé qu'elle était devenue incapable de suivre deux heures et demie de spectacle sans râler ni se plaindre de crampes aux jambes. Sans doute étions-nous largement en avance sur notre époque. Néanmoins, nous restions persuadés que les braves gens de la Caroline du Nord, avec la bénédiction des drogues, parviendraient, dans un délai relativement court, à se mettre à niveau.

Scène 8 : Le jour où le nouveau faiseur de nid nous a fait part de ses projets de spectacle, le groupe s'est disloqué :

— Pourquoi *toujours ta pièce* ? lui avons-nous demandé.

En tant que maître à penser, il méritait qu'on lui crache dessus pour les mêmes raisons qui nous avaient poussés à adorer l'autre. Son charisme, son engagement authentique, et même son nid — tout nous était devenu suspect. En nous donnant la chance de créer nos propres rôles, il n'avait réussi qu'à aggraver notre colère. Qui était-il donc, *lui*, pour nous donner des ordres et décider de nos délais ? D'accord, nous étions parfaitement incapables de penser par nous-mêmes, mais c'était notre droit. Voilà pourquoi nous lui en voulions de nous forcer à le reconnaître. Il s'était ensuivi une joute oratoire épique, au cours de laquelle nous avions réussi à séparer le bon grain de l'ivraie avant de repartir à zéro.

— On n'est ni tes pantins ni tes chiens de garde prêts au doigt et à l'œil à mourir sur le bûcher. Pourquoi ? Pour tes beaux yeux ? Quand même, tu nous prends pour des pantins ou quoi ? Pour toi, nous ne sommes que des pantins, c'est ça ? Écoute, mec, on n'est ni des pantins ni des chiens couchants, et on ne va jamais passer l'épreuve du feu pour le maître-chien, c'est-à-dire toi ! Ah ouais, tu sais, on est au courant que t'es parfaitement capable de dresser des chiens. Seulement, fous voir ton doigt à l'intérieur du trou de balle d'un pantin, et tu verras s'il acceptera de faire n'importe quoi pour toi. Non, mec, on va plus marcher dans ce jeu-là avec toi, monsieur le maître-chien facho de mes deux. On en a ras-le-bol de marcher à la baguette, et t'as intérêt à te trouver quelqu'un d'autre vite fait bien fait.

J'avais nourri l'espoir que le groupe resterait uni à jamais, mais au bout de quelques minutes c'était fini. Terminé. Chacun d'entre nous n'avait plus qu'une seule envie : rouler pour soi. Les semaines qui suivirent, je passai mon temps à peaufiner inlassablement une discussion, hanté par l'idée d'un petit chien pourchassant un pantin dans les coins et recoins d'un hangar abandonné. Comment avais-je pu être assez idiot pour laisser passer la seule chance qui me restait ?

Un jour, je me tournais les pouces à la maison lorsque le musée a subitement téléphoné pour me proposer de participer au Mois des dimanches, leur nouvelle formule de spectacles. J'aurais dû leur tenir la dragée haute, mais après un long silence embarrassé, je me suis rendu à leurs arguments. Pour des « raisons politiques ». J'avais besoin de ce fric. La dope.

Scène 9 : Devant les réalisations de mes anciens collègues, l'idée m'est venue d'imaginer, une fois qu'on en aurait réuni toutes les conditions requises, une pièce qui jaillirait toute seule de l'esprit. Cette idée géniale pouvait tenir vingt minutes au moins de spectacle authentique, une fois montée en mayonnaise et agrémentée avec minutie. Il ne restait qu'à créer une atmosphère de psychose traumatique pour y plonger le public et l'y maintenir pendant qu'on manipulait une variété d'objets incompatibles. Le rôle de l'artiste consistait à découvrir les objets adéquats, et celui de l'assistance à décrypter la symbolique de la scène. Quoi qu'il en fût, l'échec de la pièce ne pouvait retomber que sur le public et non sur nous.

C'est ainsi qu'à la recherche de l'objet rare j'ai fini par échouer dans un magasin d'accessoires d'occasion. Une brassée de singes en chiffons serrés contre la poitrine, je me suis penché vers la caissière :

— Je prépare une pièce en ce moment. Vous savez, un spectacle organisé par le musée. Je suis artiste.

— Ah ça par exemple ! s'est exclamée la dame avant de poignarder de son mégot le contenu d'un pot de terre, ma nièce aussi ! Justement, c'est elle qui fabrique ces singes en chiffons.

— Ah ouais ? lui ai-je retourné. Mais moi je suis un artiste *authentique*, voyez-vous ?

Quoique prise de court, la dame n'a pas eu l'air offensée.

— Vous savez, ma nièce habite à Winston-Salem.

Elle l'a déclaré comme si habiter à Winston-Salem impliquait nécessairement une sensibilité artistique sûre. « Une grande fille blonde. Elle vient d'accoucher de jumelles. Tout le monde ici l'appelle la Dame aux chiffons. C'est à cause de ces singes. Une fille vraiment solide, très mignonne, et en plus, bourrée de talent comme pas permis. »

Je l'ai regardée droit dans les yeux. Ses bajoues pendouillaient, flasques comme des sacoches des deux côtés de la selle d'une bicyclette. Je l'ai imaginée un court instant nue comme un ver, vautrée dans un bain luxurieux d'huile d'arachide. Si elle avait au moins gagné mes bonnes grâces, elle m'aurait servi de support vivant pour mon œuvre. À l'inverse, j'aurais été l'incarnation même de ce qui lui serait arrivé de mieux dans sa morne vie. Dommage, elle était trop conne pour saisir sa chance. De toute façon, je me déciderais sans doute un jour à exécuter cette pièce complète dont je rêvais et qui aurait pour thème : l'imbécillité. Entre-temps, je devais me contenter de collectionner des singes en chiffons, de sniffer des amphés ou de parachever les derniers détails d'un gilet pare-balles que j'avais mis au point à l'aide de piles de lampe de poche usagées.

Scène 10: Le jour du spectacle, la foule se pressait à l'intérieur du musée. Je suis d'abord resté un long moment debout sur la scène, priant du fond du cœur pour que toute la salle soit aussi défoncée que moi. Je piquais du nez depuis presque trois jours et j'avais tellement abusé des amphés que je distinguais à l'œil nu, un à un, les atomes qui s'acharnaient à modifier la forme des fauteuils. *Qu'est-ce qu'ils ont tous à me regarder comme ça ?* me demandais-je. *N'ont-ils rien d'autre à faire ?* Je me suis senti gagner par la parano, puis je me suis soudain souvenu qu'il y avait une raison évidente à ce qu'ils me regardent comme ça : je me trouvais sur scène, et eux faisaient partie du public. C'était donc parfaitement naturel qu'ils attendent de moi quelque chose de palpitant. Or, le spectacle n'était pas encore terminé. Loin s'en fallait. Il venait à peine de commencer. Je me suis donc secoué pour me rappeler à l'ordre. D'ailleurs, il me suffisait d'ouvrir ma boîte à accessoires, et la suite de la représentation roulerait toute seule. J'ai récapitulé :

Bon, je m'en vais couper tout de suite cet ananas. Ensuite, je vais déchiqueter ces singes en chiffons et vider leur rembourrage à l'intérieur de ces énormes bottes en caoutchouc. Parfait, c'est très bien. Personne n'arrive à transvaser le rembourrage comme tu le fais, mon coco. Et maintenant, dès que je tranche mes cheveux d'un coup de sécateur, je place des capsules de bouteille sur mes yeux, et le tour est joué.

Je me suis avancé au-devant des spectateurs. J'étais sur le point de m'agenouiller dans l'angle, le sécateur levé au-dessus de ma tête, lorsqu'une voix m'a subitement mis en garde :

— Ouais mais t'en coupes juste un peu sur les côtés et à l'arrière.

C'était mon père. Il criait dans l'oreille de sa voisine.

— Hé, vieux frère ! répétait-il. Combien tu prends pour une coupe au bol ?

L'assistance est partie d'un énorme éclat de rire. Les gens commençaient à se poiler.

— Y a rien à faire, ce garçon va finir par nous ouvrir un salon de coiffure parce que le show-biz c'est pas son truc, c'est sûr.

Encore *lui* ! Et l'assistance qui n'arrêtait pas de se gondoler. Il restait tranquillement là, à me lancer des piques alors que je remuais ciel et terre pour parvenir à me concentrer. Toutefois, je ne pouvais cacher ma stupéfaction : *Au fait, n'a-t-il donc pas aperçu le Botticelli sur le mur derrière moi ? N'a-t-il donc pas la moindre idée de la manière dont on doit se comporter dans un endroit tel que celui-ci, un musée ? Mais putain, il s'agissait de mon boulot, merde ! C'était mon gagne-pain et lui était là, à me traiter comme une sorte de rigolo. À compter de ce jour, Lou Sedaris, t'es un homme mort. Et j'y veillerai personnellement jusqu'à ce que ton heure arrive.*

Le spectacle à peine terminé, une petite foule de gens s'est rassemblée autour de papa afin de le complimenter pour sa prestation et son sens comique.

— Quelle lumineuse idée tu as eue d'inclure ton père dans le spectacle ! m'a félicité le conservateur en me tendant mon chèque. Ta pièce a pris une envergure tout à fait différente à partir du moment où tu t'es laissé aller et tu t'es mis à te foutre de ta propre gueule.

Mais le pire était à venir car non seulement mon père a eu le culot de venir me réclamer sa part de la recette, mais il s'est cru autorisé à me faire ses suggestions pour les pièces suivantes.

— Hein, qu'est-ce que t'en penses ? On pourrait par exemple développer une approche symbolique autour de l'inhumanité des hommes en réchauffant des soldats de plastique dans une poêle chauffée à blanc !

C'était l'idée la plus conne que j'eusse entendue de ma vie. Et je le lui ai dit sans mâcher mes mots. Je l'ai prévenu : il ferait mieux d'arrêter de m'appeler pour m'emmerder avec des suggestions aussi ineptes. « Tu te rends compte ! Mais je suis un artiste, moi, ai-je gueulé. C'est *moi* qui trouve les idées, pas *toi*. Et on n'est pas là pour rigoler, t'entends ? On est là pour bosser. Et le boulot pour moi, c'est sérieux. Donc je préfère me coller une balle dans la tête que de rester là à t'écouter délirer, merde à la fin ! »

Il a observé un long silence avant de se décider à me répondre :

— Le petit passage sur le flingue pourrait certainement faire l'affaire. Écoute, tu veux pas me donner le temps d'y réfléchir un peu avant de te dire mon sentiment ?

Scène 11 : Ma carrière sur scène a effectivement pris fin le jour où ma dealeuse a déménagé pour la Géorgie, où elle était attendue dans un centre de désintoxication. Depuis le spectacle au musée, une galerie exposait une de mes pièces et j'en avais une autre en préparation pour la State. J'étais foutu.

— Mais tu ne peux tout de même pas me faire une chose pareille ! Tu ne peux pas me laisser tomber comme ça, du moins, pas maintenant ! Tu te rends compte un peu de tout le fric que tu m'as fait claquer ? Et tu crois que je n'aurais pas mérité au moins un préavis d'une semaine ? D'ailleurs, qu'est-ce que tu peux bien aller foutre dans un centre de désintoxication, hein ? Les gens t'aiment bien telle que tu es, quoi. Qu'est-ce qui te prend soudain à vouloir changer ? Suis mon conseil : il suffit de lever un peu le pied, et tout ira à merveille. Je t'en supplie, tu ne vas pas me faire ça ! J'ai une pièce à terminer, moi, putain de merde. Je suis un artiste et je mets un point d'honneur à choisir chez qui j'achète ma dope, quoi !

Mais j'avais eu beau insister, je n'ai pu venir à bout de sa détermination. J'ai été obligé de toucher un bon d'épargne hérité de ma grand-mère afin de me ravitailler jusqu'à la fin du le mois. Du moins, c'est ce que je croyais. En une dizaine de jours, tout était parti en fumée et, par la même occasion, ma capacité à faire quoi que ce soit. Il ne me restait plus qu'à me rouler par terre en chialant. Bon, d'accord, je reconnais que le sujet aurait fait une bonne pièce en tant que tel, mais à l'époque, je n'étais pas d'humeur à y penser.

La défonce au speed est si massive qu'elle est généralement suivie d'une dépression suicidaire écrasante. Vient alors le temps de payer au centuple le plaisir recherché, alors que tout paraissait si simple au départ : recommencer et recommencer, encore et encore. J'ai failli me défenestrer plus d'une fois mais j'habitais au premier et, pour tout avouer, il ne me restait même plus suffisamment de forces pour monter l'escalier qui donnait sur le toit. J'avais mal partout et, bien que privé de speed, je n'en dormais pas mieux. Persuadé d'avoir laissé tomber par inadvertance un caillou ou deux quelque part, j'ai passé l'appartement au peigne fin, aspirant à la paille les coins et recoins. C'est ainsi que j'ai dû ingurgiter quantité de peaux mortes, de grains de poussière, jusqu'à la poudre de la litière du chat. Tout y est passé, tout ce qui avait été transbahuté là grâce aux semelles des chaussures. Au fond de ma narine !

Une semaine après la rupture de stocks, j'ai enfin abandonné mon lit pour aller donner une représentation à la fac, déterminé à supprimer cette fois deux scènes : le coup du donut et le défilé des jouets en peluche sans tête. En revanche, j'avais décidé de mettre à frire des soldats en plastique dans une poêle en me barbouillant de milk-shake. Tout de même, à chaque nuit suffisait sa peine.

Certains vieux potes ont pointé le bout du nez durant la représentation. Manifestement aussi pitoyables que moi, ils suaient sang et eau. À la fin de la pièce, ils se sont invités à mon appartement où je les ai accueillis les bras ouverts. J'espérais vaguement qu'il y aurait au moins parmi eux celui que j'attendais, celui qui viendrait me sauver grâce à la dope. Mais j'ai vu fondre mes espoirs bien vite car de leur côté, ils étaient dans la même expectative. Nous avons passé un long moment à discuter de tout et de rien, chacun guettant du coin de l'œil les faits et gestes de l'autre. Chaque fois qu'on voyait quelqu'un plonger la main dans la poche, on se dressait aussitôt sur ses gardes. Jusqu'à ce que la main resurgisse au grand jour avec… une cigarette. Rien qu'une malheureuse cigarette. La honte que je ressentais alors n'avait d'égale que celle qui m'étreignait chaque fois que j'étais victime du gag du dé à coudre ou du pistolet à eau chargé de mayonnaise. Mes cheveux auraient pris feu que je ne saurais toujours pas vous donner la bonne mesure du bordel incroyable qui régnait à l'époque dans ma vie.

J'ai songé sérieusement à me faire interner ; seulement, j'en savais assez long sur les manies des infirmières et, de toute façon, j'avais horreur de partager ma chambre. À force de travailler d'arrache-pied, j'aurais pu sans doute en venir à bout, car peut-être fallait-il simplement que je m'assagisse et mette tant soit peu d'ordre dans ma vie pour repartir sur de nouvelles bases puisque je ne pouvais plus me bercer d'illusions : je n'avais aucun talent artistique. Pourtant, je me devais d'assumer cette situation et m'orienter vers autre chose pour changer le cours de mon existence, apprendre un métier pour pouvoir gagner honnêtement ma vie en recouvrant habilement les toits de bardeaux ou en rafistolant des bagnoles. Après tout, il n'y avait pas de honte, que je sache, à exercer un métier manuel et à rentrer très tard le soir pour se délecter d'un grand verre d'eau glacée avec la satisfaction d'avoir transformé l'après-midi d'un quidam grâce à un pare-chocs retapé avec brio. Des tas de gens faisaient des trucs comme ça. D'accord, on ne voyait pas toujours leurs noms à la une des magazines, mais ils étaient à pied d'œuvre jour après jour, prêts à donner le meilleur d'eux-mêmes. J'ai même décidé de faire mieux encore : à vingt-sept ans, je suis retourné à l'école. Là-bas au moins, ce n'était pas la drogue qui manquait.

Scène 12 : Je me suis assis à même le sol en béton froid pour assister au spectacle. Une femme d'âge mûr était agenouillée devant un autel en caramel mou. Sans desserrer les dents, elle venait d'expédier en un clin d'œil une cabane en pain d'épices, deux demi-litres de crème glacée et une couvée entière de poussins en marshmallows. L'effet ainsi produit confinait à l'atrocité. Mais je n'avais qu'à m'en prendre à moi-même puisque je tenais à me rendre souvent à ce type de représentation, un peu comme certains de mes amis s'étaient mis à fréquenter les réunions des Alcooliques anonymes. Certes, il m'arrive encore, jusque-là, de faire des choses extrêmement vilaines et égoïstes. Mais je ne suis jamais tombé bas au point de m'administrer des lavements au chocolat chaud devant un parterre d'invités. Cela aurait pu paraître bénin, ils n'en demeurait pas moins un spectacle rare aux yeux du commun des mortels.

La femme en action était arrivée sur scène d'un pas mal assuré, perchée sur des échasses fabriquées à l'aide de boîtes de conserve Slim-Fast vides. Elle avait contracté son problème nutritionnel à un moment quelconque de son parcours existentiel et s'était mise à démêler ses cheveux à la crème fouettée puis peu à peu, remplacer ses bigoudis avec des saucisses plus grosses que les doigts. J'étais persuadé qu'elle en avait fini avec tous ses accessoires et qu'elle allait amorcer la dernière partie du spectacle lorsque tout à trac, elle a sorti de je ne sais où une pièce montée dont le glaçage évoquait le buste de Vénus. En jetant un coup d'œil discret alentour, j'ai remarqué que le public commençait à examiner d'un air absorbé ses ongles en louchant du côté du panneau marqué SORTIE. Comme moi, ils devaient se demander ce qu'ils allaient bien pouvoir retenir de positif dans ce spectacle après que l'artiste se serait postée devant la sortie pour les remercier. De toute évidence, leurs commentaires prendraient forcément la forme d'une question : « Mais bonté divine, quel démon a bien pu la pousser à commettre de tels actes et comment se fait-il que personne ne se soit interposé pour l'en empêcher ? » Ce n'était pas mon style de jouer les rabat-joie, mais le détail en valait la peine car, le moment venu, je serais effectivement obligé de serrer sa main poisseuse. Mais ce dont j'avais surtout envie, c'était de lui demander comment elle s'arrangeait pour obtenir un glaçage aussi dur à fondre. Naturellement, cela ne portait pas à conséquence, ni dans un sens ni dans l'autre. N'empêche que ma question aurait de fortes chances de me servir comme mot de passe pour franchir le seuil de la porte, la porte vers la liberté et la rue. Je pourrais alors y recouvrer ma joie de vivre avec une conscience renouvelée de ma délivrance. Liberté chérie! L'image d'une fille accroupie devant l'entrée du traiteur, laçant posément sa chaussure. Plus bas dans la rue, un homme aux cheveux blancs, balançant une carte de visite dans une poubelle. Et moi qui, me retournant un instant au couinement de l'alarme d'une voiture, continue mon chemin sans encombre. Non, personne n'attend de moi des applaudissements, personne ne s'étonne du lien qui pourrait exister entre une fille qui lace sa chaussure et un homme aux cheveux blancs. L'alarme de la voiture n'est pas une métaphore, c'est juste une nuisance non prévue au programme. Enfin un monde tout nouveau, resplendissant, dans lequel je suis heureux de trouver ma place, d'arpenter les rues en bénissant la grâce qui m'a été donnée de marcher et de courir.

L'HOMME QUI TUERA LE ROQUET N'EST PAS ENCORE NÉ

J'étais encore tout petit lorsque la compagnie décida d'affecter mon père à Raleigh. De l'ouest de l'État de New York où nous vivions, ma famille a déménagé en Caroline du Nord. IBM avait ainsi délocalisé la majorité de son personnel originaire du Nord-Ouest et notre passe-temps favori consistait à nous foutre de la gueule de nos nouveaux voisins à cause de leurs mœurs attardées et obscurantistes. D'après une rumeur qui courait, les indigènes entretenaient même à l'abri des regards des distilleries clandestines dans leurs cabanes à outils et, sans se gêner le moins du monde, proclamaient haut et fort qu'ils « appréciaient la chair succulente » des chats du voisinage. La réaction de nos parents ne se fit pas attendre : ils nous interdirent catégoriquement de prononcer le mot « m'dame » ou « m'sieur » en nous adressant à l'institutrice ou à l'épicier. Quant au tabac, il pouvait être toléré sous leur toit, mais uniquement sous forme de cigarette, et au cas où il prendrait l'envie à l'un d'entre nous de chiquer ou de priser, le contrevenant courait le risque d'être impitoyablement déshérité. Dans la foulée, le Mountain Dew fut banni de la maison, et l'accent de Raleigh déclaré hors la loi. Pour faire bonne mesure, il fut également défendu d'employer le terme « vous aut' », à moins d'avoir une folle envie de se retrouver roulant des pelles à un cabri, les quatre fers en l'air, sous une meule de foin. Hormis le gruau d'avoine et les beignets, cette forme contractée du « vous autres » devenait le choix le plus dangereux qui risquait de nous précipiter, à notre insu, à l'intérieur du troupeau des brebis égarées de l'Église baptiste. Nous ne comptions pas parmi les plus grosses fortunes de la ville, mais une chose au moins était sûre et certaine : nous n'étions pas comme *eux*.

Notre famille réussit à éviter tout contact avec l'extérieur jusqu'en 1968, année où maman finit par donner naissance à mon frère Paul, un natif de Caroline du Nord qui, au fil du temps, devint en vieillissant le meilleur allié de mon père en même temps que son pire cauchemar. À peine en cours élémentaire, le pauvre garçon parlait déjà à la manière des pêcheurs édentés qu'on voyait souvent jeter leurs filets dans le détroit de l'Albemarle ! On imagine aisément qu'aujourd'hui adulte il soit le seul qui ose téléphoner à papa pour lui déclarer :

— Eh, tête de nœud, tu t'rends compte depuis j'sais pas combien de temps j'me suis pas niqué une bonne chatte bien fraîche ? Oh putain de merde, j'vas te la tringler jusqu'à ce qu'elle se mette à crier grâce !

Comme la mienne, la voix de mon frère était extrêmement perçante, une véritable voix de fille. Il arrivait assez fréquemment que les démarcheurs par téléphone nous suggèrent de bien vouloir leur passer notre mari ou notre mère. Mais à une nuance près car, avec l'accent mélodieux et bien rythmé de Raleigh, mon frère était parvenu à un mélange plus complexe, né à la fois de sa fréquentation assidue du rap hard et de ses relations professionnelles avec des équipes d'ouvriers de l'arrière-pays, des hommes du cru décidément forts en gueule. Le résultat était incontestablement unique : il parlait avec un débit si rapide que ses copains étaient obligés de fournir des efforts inimaginables pour le comprendre. On avait l'impression d'écouter un étranger qui, de temps à autre, nous accordait un répit dans notre travail de décryptage de sa langue en glissant çà et là des « merde », « enculé de ta mère » et autres « fils de pute » dans son charabia avec, revenant en boucle, une seule et unique phrase intelligible : « L'homme qui tuera le Roquet n'est pas encore né. »

Car un beau jour, Paul a simplement décidé de se surnommer « le Roquet ». C'est ainsi qu'il s'appelait chaque fois qu'il se sentait menacé. À la question de savoir d'où lui était venue cette idée, il se contentait de répondre :

— Y a une certaine catégorie de fils de pute qui croivent vraiment qu'y peuvent m'enculer en beauté avec leurs saloperies de merde mais attention, mec : l'homme qui tuera le Roquet n'est pas encore né, tu m'étonnes ! D'accord, y s'pourrait que j'me fasse entuber de temps à aut' mais j'te dis, l'homme qui tuera le Roquet n'est pas encore né, putain de bordel de merde. T'as toujours pas pigé ou quoi, sacré nom de Dieu ?

Je me disais souvent que mon frère et moi avions certainement été élevé aux antipodes l'un de l'autre et dans des familles aux usages complètement opposés. Ce garçon avait onze ans de moins que moi et, avant qu'il n'entre au lycée, les autres gosses de mes parents avaient déjà quitté le domicile familial. Quand j'étais petit, nous n'avions même pas le droit de dire à quelqu'un : « Tais-toi ! » Pourtant, le Roquet avait à peine l'âge de la puberté qu'on tolérait déjà sous notre toit des injonctions telles que « tu vas la boucler, ta putain de grande gueule ! ». De même, les lois sur la drogue avaient été amendées. L'interdiction de « fumer du hasch » avait été sensiblement réformée en interdiction de « fumer du hasch à l'intérieur de la maison » avant de se réduire finalement en un simple « interdit, s'il vous plaît, de fumer tous les jours du hasch dans le salon ».

La plupart du temps, maman était satisfaite de mon frère, tout en le considérant avec la curiosité perplexe d'une mère poule qui découvrait qu'elle avait donné naissance à une espèce totalement inconnue jusqu'alors. « Il est d'une délicatesse, ce Paul, regardez donc le vase qu'il m'a offert ! » avait-elle déclaré un jour ravie, arrangeant un bouquet de fleurs des champs dans la pipe à cannabis que mon frère venait d'oublier sur la table de la salle à manger. « Ça sort tellement de l'ordinaire, mais tout le monde connaît le Roquet, n'est-ce pas ? Il a les idées si ouvertes et c'est une chance inestimable pour nous de l'avoir ici à la maison. »

Comme la majorité des gosses de notre banlieue résidentielle, nous étions promis à un certain standing de vie. Papa tenait à me voir fréquenter une université tout ce qu'il y a de plus huppé sur la côte est, dont je sortirais major de ma promotion et où je m'adonnerais au football américain et j'occuperais mes heures de loisir à gratter de la guitare dans l'orchestre de jazz. Malheureusement, ma capacité à lancer un ballon de football n'avait d'égale que mon incapacité à maîtriser la guitare. Quant à mes notes, elles étaient dans le meilleur des cas moyennes et, en fin de compte, j'ai dû m'accommoder de la déception de mon père. D'ailleurs, il avait six enfants et je n'avais guère de difficultés à me fondre dans la foule. C'est ainsi que mes sœurs et moi parvenions à nous faufiler discrètement entre les mailles du filet tendu par ses ambitions, quoique constamment préoccupés par le sort de notre frère, qui portait désormais sur ses frêles épaules le poids du dernier espoir de la famille.

Dès l'âge de dix ans, on avait coutume d'habiller Paul en costume Brooks Brothers et minuscule cravate à clip style VRP. Il avait dû endurer des leçons particulières de trompette, des entraînements de football, des tournois de basket-ball sponsorisés par l'Église, sans compter des cours du soir à la maison, dispensés par des répétiteurs pleins de bonnes intentions qui changeaient poliment de sujet de conversation quand on leur demandait s'il y avait des chances que le Roquet puisse être admis à Princeton. Paul, qui était véloce et savait coordonner ses mouvements, appréciait les sports sans pour autant les prendre au sérieux. Mais si l'école ne parvint jamais à retenir son attention, nos voisins durent en revanche souffler un bon coup lorsqu'il se résigna à laisser tomber la trompette. Devant les exigences impossibles et incessantes de papa, sa réaction tenait désormais en une phrase, une sorte de mantra : « Me casse pas les couilles, enculé de ta mère, j'en ai rien à branler de toute cette merde. »

Pourtant, mon frère donnait aisément du « m'sieur » ou « m'dame » aux inconnus. Rien ne justifiait qu'il apostrophât indifféremment ses amis et sa famille, son père y compris, par des « vieille pétasse » ou « enculé de ta mère ». Au demeurant, ses amis étaient consternés par son attitude vis-à-vis de son seul parent vivant. Un jour, ils étaient venus à New York pour nous rendre visite, Amy et moi. Nous avions alors organisé un dîner pour fêter l'événement. Quand papa s'était plaint d'avoir mal au pieds, le Roquet avait aussitôt reposé son magnum de Mountain Dew sur la table, arraché de sa bouche une poignée de côtelettes de premier choix avant de s'enflammer :

— Tu m'étonnes, putain ! Tu sais ce qu'y te faut, espèce d'emmanché ? Je vais te dire ce qu'y te faut, moi. Y suffit que tu te fasses couper tes saloperies d'oignons, c'est tout. Et comme tu peux rien y faire au moment où je te cause, t'as plus qu'à la boucler et tu restes tranquille, d'accord ?

Tous les regards s'étaient tournés vers mon père, qui s'était contenté de ricaner en disant :

— Dans le fond, je crois que tu n'as pas tout à fait tort.

Aux yeux d'un étranger, le langage de mon frère aurait pu raisonnablement passer pour un manque de respect et la réponse de mon père, pour une sorte de reddition honteuse. Mais cela n'aurait pas rendu compte de la ravissante subtilité de leurs rapports.

Papa était du genre qui, mis au défi de réciter un jour un poème burlesque et quelque peu grivois, avait commencé par dire :

« *J'ai rencontré une dame*
Elle n'y va pas
Avec le dos de la cuiller
Cette bonne dame a posé
Un piège à ours
Dans son — enfin, vous voyez ce que je veux dire… euh…

vous savez, le mot le plus vulgaire, le plus cru… pour parler du vagin. » Il n'avait pas son pareil pour couper le meilleur effet à une bonne blague. Et dire que, poussé dans ses retranchements, cet homme gueulait : « Couille molle ! » aux emmerdeurs ou injuriait copieusement les chauffeurs de taxi en leur adressant des bras d'honneur : « Va te faire foutre ! » Bien que je ne l'eusse jamais personnellement surpris en train de jurer, il semblait avoir trouvé avec mon frère un langage commun, un jargon qui nous échappait à tous.

Papa adorait parler argent. Il répugnait à la dépense, et cela s'est accentué avec l'âge, mais il aimait l'argent en tant que concept et employait souvent des expressions comme « annuité » ou « fiduciaire », des formules qui n'avaient pas la moindre chance de figurer un jour dans le dictionnaire des insouciants. Du reste, il ne réussissait qu'à m'endormir alors que je mettais toujours un point d'honneur à faire semblant de l'écouter puisque, après tout, c'était le seul moyen qui me restait pour lui prouver ma maturité. Seulement, quand papa se mettait à parler finances devant Paul, mon frère l'interrompait sans ménagement :

— Lâche-moi les baskets avec ton baratin sur la Bourse, mon p'tit vieux, on s'en bat les couilles, merde, quoi ! Putain mais tu me vois en train d'investir dans des plans foireux comme ça, moi ?

Évidemment, une telle scène se terminait rarement par un cours magistral d'économie, mais mon frère engrangeait des points supplémentaires pour avoir osé clamer effrontément son désintérêt pour le sujet, exactement comme mon père aurait réagi si d'aventure quelqu'un s'avisait de l'acculer dans un coin pour lui parler du bouddhisme ou du retour de la mode des sabots. Ils parlaient l'un comme l'autre d'une façon incroyablement directe. D'ailleurs, c'était une qualité que mon père admirait au point d'oublier complètement le caractère grossier des propos tenus.

— Ce Paul, je ne vous dis pas. En *voilà au moins* un qui sait ce que c'est que de communiquer ! concluait-il d'un air comblé.

Quand les mots venaient à lui manquer, le Roquet avait la réputation de s'exprimer avec ses poings, lesquels, bien que solides et rapides, avaient le défaut de ne pas être plus gros qu'une paire de clémentines. Avec son mètre cinquante-huit, il était plus petit que moi et, quoique râblé, il n'était pas exactement ce qu'on aurait pu considérer comme un gabarit intimidant. L'année de ses trente ans, nous avions fêté Noël chez Lisa, ma grande sœur. Paul était arrivé avec plusieurs heures de retard, des écorchures aux mains et un œil au beurre noir. Une rencontre fortuite avait eu lieu dans un bar. Malheureusement les détails, sans doute pleins de sel, nous furent distribués chichement :

— Tu te rends compte ? Une espèce d'empaffé qui ose me dire d'aller m'faire enculer ? Quel emmanché, putain de bordel ! Alors moi j'y ai dit : « C'est toi qui vas t'faire endoffer, tête de con. »

— Et ensuite ?

— Ensuite ? Y s'est détourné et quand j'y ai vu qui s'tirait, je l'ai pécho par le colback et j'y ai balancé une torgnole dans sa sale nuque de fils de pute.

— Mais qu'est-ce qui s'est passé alors ?

— Mais qu'est-ce que tu crois qu'y devait s'passer, putain de bordel de merde ? Mais j'ai giclé de là vite fait bien fait avant que ce trouduc y m'rattrape dans ce parking de merde. Tu parles, mec ! Cet enculé-là, putain, un mauvais ! Il était salement remonté contre moi et tout et tout. En plus, je t'assure que ce trouduc, y devait sûrement adorer voir couler le raisiné. Sans déc', putain. Le type a failli m'faire la peau.

— D'accord mais qu'est-ce qui l'a arrêté, hein ?

Mon frère avait tambouriné sur la table du bout des doigts avant de répondre au bout d'un long moment :

— J'sais pas, putain ; je m'dis qu'il a dû s'arrêter quand il en a eu foutrement assez de me tabasser, c'est tout, quoi.

Une fois oubliée la douleur physique, Paul restait néanmoins très préoccupé par sa « gueule de travers, complètement foutue », qu'il risquait de « trimballer pendant toutes ces chieries de vacances ». Il s'était enfermé dans la salle de bains avec le nécessaire à maquillage d'Amy, notre sœur, et quand il était revenu s'asseoir à table, il portait deux yeux au beurre noir, le second dessiné artificiellement au mascara. Il avait l'air plutôt rasséréné et, toute la soirée, il avait dardé sur nous ses deux yeux pochés et parfaitement assortis.

— Vise-moi un peu ce faux œil au beurre noir, s'exclamait papa. Non, ce môme a un métier tout trouvé : il faut qu'il aille maquiller les stars de cinéma. C'est un artiste authentique, ça.

Contrairement à nous autres, le Roquet avait toujours été sensible aux compliments de papa, ainsi qu'à son soutien et ses encouragements. Le grand rêve de l'université désormais mort et enterré, ce dernier avait envoyé mon frère dans un IUT, avec le secret espoir qu'il pourrait y développer un intérêt pour les ordinateurs. Trois semaines après la rentrée, Paul avait jeté l'éponge et papa, cette fois persuadé que son fils possédait une habileté à tondre la pelouse qui confinait au génie, l'avait aidé à se lancer dans le paysagisme.

— Je l'ai vu à l'œuvre, de mes yeux vu ! Il est capable de te dessiner des plans en un tournemain et crois-moi, quand le petit s'y met ensuite, je te dis pas !

En fin de compte, mon frère avait terminé son parcours dans le sablage des planchers. Bien que ce fût un dur métier, lui y trouvait plaisir : la satisfaction du travail bien fait pour une salle de jeux. À dessein, il avait choisi d'attribuer la dénomination de « P. Zozo & Cie, parquets en bois dur » à sa société, « Zozo P. » étant le nom de scène qu'il s'était choisi comme star du rap. En fait, lorsque papa lui fit observer que le mot « zozo » risquait de décourager quelques-uns de ses clients un peu collet monté, Paul lui donna raison, jetant cette fois son dévolu sur « P. Zozo & putain de Cie, parquets en bois dur ». Ce boulot le mettait en contact permanent avec des plombiers et des charpentiers de petits bleds perdus comme Bunn ou encore Clayton, des hommes habitués à passer des petites annonces mentionnant entre autres : « En âge de saigner, en âge de mettre bas. »

— En âge de quoi ? s'écriait papa. Pour l'amour du ciel, Paul, ces gens-là ne sont pas des gens avec qui tu devrais traiter des affaires. Je me demande ce que tu peux bien faire avec des pedzouilles pareils. N'oublie pas que tu dois progresser dans ta vie. Fréquente des intellectuels, au moins ! Lis des livres !

Les années passaient, et mon père n'avait toujours pas compris que nous, ses enfants, avions une curieuse prédisposition à graviter uniquement autour des gens dont il nous avait formellement déconseillé la compagnie. La plupart d'entre nous avions définitivement quitté la ville, mais mon frère avait préféré rester à Raleigh. C'est lui qui était d'ailleurs là le jour où maman était morte et, depuis, il n'avait cessé de consoler papa dans son chagrin :

— Le passé est bel et bien mort et enterré, mon p'tit vieux. Ce qu'y t'faut maintenant là, c'est une bonne partie de jambes en l'air, et puis c'est tout !

Tandis que mes sœurs et moi, à distance, lui passions de loin en loin des coups de fil de sympathie, Paul persistait à débarquer à la maison pour Thanksgiving et à lui préparer des plats grecs à sa façon. Un jour il finit par lui présenter un plateau de *spanakopita* cuisiné sans façon à la margarine en bombe. Cela dit, il avait au moins le mérite d'essayer.

Le jour où un ouragan dévasta la maison de papa, seul mon frère se précipita chez lui équipé d'un barbecue à gaz, de trois glacières pleines de bière à ras bord et d'un énorme seau en plastique rempli de sucettes et de barres chocolatées. « Quand t'es dans la merde jusqu'au cou, lui avait-il expliqué, t'as qu'à dire "fais chier" et puis t'oublies en te tapant des tas de bonbons de merde, un point c'est tout ! » Pendant près d'une semaine, ils furent privés d'électricité. Les arbres de la cour étaient presque tous à terre et la pluie s'engouffrait dans les douzaines de trous béants dans la toiture. Ils vécurent des moments extrêmement durs, mais ils tinrent bon tous les deux, la petite main constellée de cicatrices de mon frère posée sur l'épaule de mon père tandis qu'il lui conseillait :

— Écoute-moi bien, fils de pute, si j'suis ici c'est pour t'enfoncer un truc dans la tronche : ça va aller, mec, ça va aller, tu verras. On va pas rester dans cette merde, pigé ? Alors t'as qu'à laisser le temps au temps, d'accord, tête de lard ?

LES DIGNES FILS DU SOLEIL LEVANT

Au début des années soixante, une époque que maman avait rebaptisée « les derniers jours du règne de Lassie », quelqu'un avait eu l'idée d'offrir à mes parents deux colleys qu'ils nommèrent Rastus et Duchesse. Nous vivions alors en pleine campagne, dans l'État de New York, et les chiens s'ébattaient comme des fous dans la forêt. Ils faisaient la sieste dans les prés et batifolaient les pieds dans l'eau telles les vedettes d'une pub d'aliments pour chiens. Aux dires de papa, ils vivaient une histoire d'amour, ça crevait les yeux.

Un soir dans le garage, Duchesse gisait sur une couverture lorsqu'elle mit bas, en pleine nuit, une portée de chiots à peine plus gros qu'une patate. Mais comme l'un d'eux semblait mort, maman s'en était emparée et l'avait posé dans un plat avant de l'enfourner comme la sorcière de *Hansel et Gretel*.

— Oh, pas la peine de vous déshabiller, dit-elle. Je n'ai réglé le four qu'à quatre-vingt-dix degrés. Alors n'allez surtout pas vous imaginer que j'ai la moindre intention de rôtir qui que ce soit, je voudrais juste le réchauffer un peu, c'est tout.

La chaleur avait réussi à ramener le chiot malade à la vie et, à partir de ce jour-là, nous fûmes persuadés que maman était capable de ressusciter les morts.

Confrontés aux responsabilités de père de famille, Rastus n'avait pas trouvé d'autre solution que de se barrer en vitesse.

En fin de compte, on avait offert les chiots çà et là avant de déménager pour le Sud, où la chaleur et l'humidité soumettaient à rude épreuve la santé des colleys, même les plus vigoureux. Le pelage de Duchesse, si magnifique jadis, pendouillait à présent par grappes. Avec l'âge, elle se mit à errer dans la maison en claudiquant, vidant les pièces de leurs occupants en les asphyxiant de ses flatulences. Enfin, elle expira un beau jour, le ventre grouillant de vers, à la suite d'une chute dans le ravin d'à côté. À ce stade-là, nous commençâmes à mettre en doute les dons thérapeutiques de maman. De toute façon, le monde animal échappait à son domaine de compétence, et les seuls morts qu'elle réussissait à ressusciter comptaient parmi les espèces extrêmement petites et délicates.

Le coup du four, qui avait réussi chez une demi-douzaine de hamsters, trouva le moyen de foirer lamentablement chez mon premier cochon d'Inde, qui rendit l'âme après avoir dévoré deux ou trois cigarettes et une boîte d'allumettes neuve.

— Ne le prends pas au tragique, quand même! m'avait rembarré ma mère en retirant ses gants isolants. C'est pas les cochons d'Inde qui manquent de par le monde. T'en auras un dès demain matin.

Décidément, les éloges funèbres devenaient de plus en plus expéditives chez nous, à l'image même de la devise de la maison: un de perdu, dix de retrouvés.

Peu après le décès de Duchesse, papa était rentré un soir avec un chiot, un berger allemand. Pour des raisons absolument inconnues jusque-là, le privilège d'attribuer un nom à la chienne échut à une copine de ma grande sœur, une fille de quatorze ans appelée Cindy. Or, Cindy suivait des cours d'allemand à l'époque. Elle avait donc observé le chiot avec attention puis, après l'avoir soupesé à bout de bras, avait lâché son verdict: on l'appellerait «Mädchen», ce qui, semblait-il, voulait dire «petite fille» dans le langage populaire de sa mère patrie. Cette trouvaille ne nous avait pas enthousiasmés outre mesure mais nous

nous estimions heureux que Cindy n'étudiât pas un de ces charabias asiatiques rébarbatifs.

À l'âge de six mois, Mädchen mourut écrasée par une voiture. Son repas était encore dans sa gamelle lorsque papa est allé faire l'acquisition d'un berger allemand identique en tous points. Cindy, en personne avisée, l'a fort judicieusement rebaptisé Mädchen II. Cet enchaînement de noms était d'autant plus déconcertant pour le pauvre chiot qu'on exigeait de lui à la fois l'expérience et le tempérament de celui qui l'avait précédé.

— Mädchen I n'aurait jamais fait pipi sur le parquet, observait mon père avec mépris, au grand dam de la chienne qui soupirait, consciente de représenter désormais le symbole canin d'une relation amoureuse nouée par dépit.

Mädchen II ne nous accompagnait pas à la plage. Jamais. De même, elle n'était pas autorisée à poser avec nous pour les photos de famille. Lorsqu'elle cessa d'être un chiot, nous perdîmes tout intérêt pour elle. Oubliant complètement que nous en avions déjà un, nous nous prenions à regretter parfois à haute voix : « Si au moins nous avions un chien ! » En dehors des heures de repas, Mädchen II n'entrait pas dans la maison. La plupart du temps, elle restait à l'extérieur, dans le jardin, prostrée dans la niche au toit en pente que mon père avait conçue puis fabriquée avec des chutes de bois de séquoia.

— Et alors, s'exclamait-il, où avez-vous vu un chien, rien qu'un seul, qui puisse se vanter d'habiter une niche en vrai bois de séquoia, hein ?

En général, ma mère ne manquait pas de lui rétorquer d'un ton harassé :

— Oh, Lou, arrête ! T'en as déjà vu des chiens qui *n'habitent pas* une putain de niche en séquoia ?

Hormis les colleys et les bergers allemands adoptés durant toutes ces années, nous gardions par ailleurs une série de chattes vachement sournoises et continûment ensommeillées qui semblaient entretenir une relation privilégiée avec maman.

— Rien d'étonnant, puisque c'est moi qui les nourris, nous expliquait-elle.

À vrai dire, je subodorais quelque chose de plus profond là-dessous. À mon avis, si elles avaient une qualité en commun, c'étaient bien leurs griffes. Mais ça allait plus loin. J'avais également noté un instinct primitif qui les poussait à déchiqueter les sacs de golf de papa. La première chatte s'enfuit et la deuxième finit sous les roues d'une voiture. Quant à la troisième, elle mourut de sénilité en soufflant de jalousie contre le chaton arrivé un peu trop tôt pour la remplacer. Enfin, la quatrième chatte dut affronter, à l'âge de sept ans, un diagnostic de leucémie féline. Maman fut atterrée.

— Je crois qu'il va falloir mettre un terme à ses souffrances, soupira-t-elle. C'est pour son bien, et il est hors de question que je revienne sur ma décision. C'est déjà assez dur comme ça.

Peu après l'enterrement, la maison a été assaillie par une série de coups de fil de cinglés et de cartes postales anonymes. Un coup monté de toutes pièces par mes sœurs et moi. Les cartes annonçaient comme par hasard un nouveau traitement miraculeux pour la leucémie féline, et nos interlocuteurs au téléphone n'étaient rien moins que des membres de l'équipe du magazine *Trente Millions d'amis*.

— Nous avons besoin de Sadie, vous savez, pour la page de couverture de notre édition de septembre. Écoutez, serait-il possible d'obtenir un rendez-vous pour la séance photo au plus vite ? Pensez-vous que demain par exemple fera l'affaire ?

Il y eut même un moment où nous crûmes qu'un chaton arriverait à redonner la joie de vivre à maman mais elle déclina toutes nos offres.

— Ainsi va la vie, soliloquait-elle. Je ne pourrai plus jamais supporter la vue d'un chat.

Mädchen II finit par développer une tumeur à la rate, et papa laissa tout tomber pour se précipiter à son chevet. Il passait ses soirées à la clinique vétérinaire, étendu sur une natte à côté de sa cage pour s'assurer que sa perfusion restait bien branchée. Bien qu'il ne lui ait jamais accordé grande attention quand elle était en bonne santé, sa mort imminente semblait réveiller en lui un énorme sens des responsabilités. Il se trouvait encore à son chevet quand elle expira une patte dans sa main, et semaine après semaine, il n'a cessé de nous demander si nous connaissions un chien qui pouvait se vanter d'habiter une niche en bois de séquoia.

Pour sa part, maman se contentait de fréquentes haltes devant le sac de golf de papa. Un sac désormais en lambeaux, taché d'urine, auprès duquel elle ne pouvait s'empêcher de ruminer ses propres souvenirs.

Au bout d'une année entière sans autre animal de compagnie que le dernier enfant vivant encore sous leur toit, mes parents se sont résolus à rendre visite à un éleveur. Ils en sont revenus avec un danois à qui ils donnèrent le nom de Melina. Ils nourrissaient pour la chienne un amour proportionnel à sa taille et bientôt, dans leurs cœurs, il ne resta plus de place à occuper. En termes de respect et d'admiration, leurs six enfants ne représentaient plus à leurs yeux qu'une expérience, qui plus est, complètement ratée. Seule Melina comptait. Aussi la maison tout entière fut-elle abandonnée au bon vouloir de la chienne et le décor, réaménagé en fonction de ses caprices. Quand nous nous aventurions dans nos anciennes chambres à coucher, on nous tançait aussitôt : « T'as intérêt à pas te faire choper par Melina là-dedans, tu sais ! », ou encore : « Eh, tu sais pas que c'est là qu'on a l'habitude de faire un petit pipi quand y a personne pour nous accompagner dehors, hein, ma p'tite dame ? » Les poignées de nos commodes, comme taillées au couteau, avaient désormais l'aspect de moignons suintants, et nos lits schlinguaient, tapissés d'une fine couche de poils courts. Nous n'osions même plus pousser des cris de terreur à la vue des restes de cuir déchiqueté qui traînaient au pied de l'escalier. Morts de rire, papa et maman nous houspillaient aussitôt : « Tant pis pour toi ! T'avais qu'à pas oublier ton portefeuille sur la table de la cuisine, et na ! »

Ils tenaient enfin, avec la chienne, leur premier véritable centre d'intérêt commun. Au fond, ils l'aimaient tous les deux, mais chacun à sa façon. L'amour de ma mère avait plutôt tendance à adopter la posture horizontale, car l'animal de compagnie était d'abord et surtout à ses yeux un excellent compagnon pour la sieste, le genre à qui elle pourrait suggérer après y avoir réfléchi mûrement : « Mais oui, c'est pas mal ça, comme idée ! Tiens, approche, oui, plus près, plus près, allez ! » Un témoin surprenant la scène par la fenêtre serait reparti convaincu que ces deux-là avaient conclu un pacte de suicide simultané. Maman et la chienne s'abandonnaient totalement au sommeil, les membres enlacés comme pour une étreinte éternelle.

— Nom de Dieu, qu'est-ce que ça peut faire du bien, ça ! s'exclamait maman tandis qu'elles se redressaient toutes deux pour se gratter un instant avec délice. Et si on remettait ça dans le salon, hein ? Qu'est-ce que t'en dis ?

Quant à papa, s'il était sous le charme du danois, cela tenait surtout à la taille de ce dernier. Il l'embarquait fréquemment en voiture pour de longues balades sans but. La chienne pointait alors par la fenêtre son museau puissant, aussi volumineux qu'une enclume, bavant d'énormes quantités de salive mousseuse. Béats d'admiration, les automobilistes pointaient le doigt sur eux et baissaient précipitamment la vitre pour lui lancer :

— Hé, dites donc, vous croyez pas que vous devriez acheter une selle pour cet engin ?

Et les jours où il sortait la promener à pied, les gens lui posaient inévitablement la même question :

— Dites donc, vous êtes sûr que c'est vous qui la promenez ? Ce ne serait pas le contraire ?

— Ha ha ha ! s'esclaffait papa, comme si c'était la première fois qu'on lui faisait cette blague.

Mine de rien, il s'était ainsi pris au jeu et, en un laps de temps très court, il apprit à en tirer un plaisir et une fierté qu'il n'avait pourtant jamais ressentis pour nous. Ce type se comportait comme si le danois lui devait sa beauté et sa stature et qu'il avait personnellement dessiné les taches sur son pelage et veillé à son régime pour qu'il atteigne la taille d'un poney. Chaque fois qu'il sortait la chienne, il tenait d'une main la laisse et, de l'autre, une pelle.

— On ne sait jamais, disait-il, au cas où…

— … Au cas où, par exemple, elle succomberait à une crise cardiaque et que tu sois obligé de l'enterrer sur place ?

— Mais non, répliquait-il. La pelle, ça sert à… tu comprends, quoi… ses petits besoins.

Alors que papa avait déjà pris sa retraite, il devait se coltiner une chienne qui avait encore des besoins !

Quand ils s'en allèrent acheter Melina, je vivais à Chicago. À chaque passage à la maison, je m'étonnais de la voir pousser. Je ne manquais pas de remarquer les énormes quantités de nourriture pour chien qui, d'une visite à l'autre, encombraient inexorablement le réfrigérateur et, forcément, ma voix montait d'une octave :

— Mais dites-moi au juste, quelles sortes de gens êtes-vous donc ?

— Couchée, la belle ! gloussaient mes parents tandis que le danois sautait sur moi et frétillait pour bénéficier de mes attentions.

Ses grosses pattes charnues tâtaient d'abord ma ceinture puis, remontant vers ma poitrine, me coinçaient les épaules. C'est à ce moment-là que la chienne, qui me battait d'une bonne tête et m'enlaçait par le cou telle une cavalière.

— T'inquiète pas, c'est sa façon à elle de te souhaiter la bienvenue, pépiait maman en me tendant une serviette de toilette pour essuyer la bave mousseuse de la chienne. Tiens, t'en as encore par là, derrière la nuque.

En ce qui nous concernait, nous les enfants, le certificat d'obéissance obtenu par Melina à l'école de dressage n'avait d'égal, en termes de rigolade, que le diplôme de Paul, notre petit frère, à Sanderson.

— D'accord, s'emportait maman, je sais bien que les livres c'est pas son truc ; et alors ? Qu'est-ce que vous croyez ? Je lui ai jamais demandé d'aller me chercher mon putain de journal, non ?

L'alimentation de la chienne était suivie au jour le jour et chacun de ses progrès au niveau de la taille, dûment photographié. Et s'il nous arrivait de temps à autre de tomber encore, ici ou là, sur des photos de Tiffany, notre petite sœur, celles de Melina emplissaient en revanche des piles d'albums avec ses abominables pas de deux.

— Essaie de me frapper pour voir, m'a demandé ma mère un jour où je venais d'arriver de Chicago. Non, attends une minute, que je coure chercher mon appareil photo.

Elle s'est ruée hors de la pièce pour revenir quelques instants plus tard.

— C'est parfait. Maintenant, tu peux y aller. Frappe-moi — non, on va faire encore mieux, *fais seulement comme si* tu allais me frapper.

J'ai levé la main et aussitôt, maman a hurlé de douleur :

— Aïe aïe aïe ! Ouille ! Au secours ! Il y a un inconnu dans la maison ! Il va m'agresser ! Ouille ! Qu'est-ce que vous voulez ?

Subitement, j'ai entr'aperçu une ombre furtive surgir de la gauche et, une seconde plus tard, je me suis retrouvé au sol. La chienne arrachait déjà de ses crocs l'encolure de mon pull en y pratiquant d'énormes trous béants.

Sur ces entrefaites, le flash de l'appareil s'est déclenché et maman a poussé un grand cri de joie :

— Nom de Dieu, j'arrête pas de me marrer à chaque fois que ça marche.

J'ai roulé sur le côté pour me protéger le visage.

— Parce que tu trouves ça drôle ?

Maman s'est contentée de prendre une autre photo.

— Oh là là, ne sois pas si difficile. Après tout, ça a l'air presque vrai, non ?

Quand nous fûmes devenus grands et que nous eûmes quitté la maison, nous nous mîmes, mes sœurs et moi, à nourrir l'espoir somme toute légitime qu'il y aurait un temps mort dans la vie affective de nos parents, condamnés qu'ils étaient à s'accrocher à leurs souvenirs et à végéter. Du moins en principe, puisque nous étions le centre de leur vie. Pourtant, ils ont trouvé le moyen de bâtir une nouvelle famille composée exclusivement de Melina et des membres fondateurs de son fan club. Quelqu'un, qui selon toute apparence ne connaissait maman que de loin, a même jugé bon de lui offrir un ours en peluche d'une jovialité inusable, avec un cœur de calicot cousu sur la poitrine. Aux dires du fabricant, il fallait l'appeler Bla-bla-bla et ses besoins étaient modestes : quelques petites piles et un régime régulier, à base de câlins.

— Mais où est donc passé Bla-bla-bla ? s'écriait maman.

À ces mots, la chienne bondissait aussitôt pour attraper de ses crocs l'ours planqué en haut du réfrigérateur, le tiraillant en tous sens comme s'il voulait lui rompre le cou. En fin de compte, ses crocs ne réussissaient qu'à actionner le bouton de mise en marche du jouet condamné, lequel se mettait à agiter les bras en crachotant un de ses cinq enregistrements en guise de message d'amitié.

— Super, ma belle, tu es formidable ! la félicitait maman. Eh, on n'aime pas Bla-bla-bla ici, hein ? N'est-ce pas que nous ne l'aimons pas ?

— *Nous* ? Mais qu'est-ce que tu entends par *nous* ?

Les derniers jours du règne de Mädchen II — qui correspondaient à la première moitié de l'administration Melina —, je vivais avec une chatte du nom de Neil. D'un gris terne, elle avait été abandonnée par un alcoolique aux ongles interminables, propriétaire d'une immense collection de kimonos, et dont la seule vue suffisait à donner la chair de poule. C'était un individu exécrable et, après son déménagement, nous avons hérité du chat que ma sœur Gretchen a naturellement rebaptisé avant de me le refiler. Quand je suis parti de Raleigh, c'est maman qui a dû prendre soin de Neil. Elle a fini par le mettre dans un avion pour Chicago une fois que j'y ai déniché un endroit où m'installer. J'avais jeté mon dévolu sur l'appartement le moins cher que j'avais trouvé, et cela se devinait au premier coup d'œil. Bien que charmants, mes nouveaux voisins ne voyaient aucun rapport entre leurs habitudes personnelles et les bataillons de souris et de cafards qui infestaient l'immeuble. Qui plus est, enthousiasmées par ce léger changement de décor, des familles entières décidèrent d'organiser des ripailles en pique-niquant dans les couloirs, laissant derrière leur passage des fruits confits et des *tacos* à peine entamés. Neil a attrapé quatorze souris, et des colonnes entières s'en sont tirées avec la patte ou la queue en moins. Et dire qu'à Raleigh elle passait son temps à se tourner les pouces. Enfin, elle avait dégotté un vrai boulot !

Mais par-delà les souris, ses centres d'intérêt se sont vite étendus à la radio, qu'elle s'est mise à écouter avec le plus grand sérieux, absorbée par toutes les péripéties de la politique et de la finance dont je me fichais éperdument.

— Encore un seul mot à propos des opposants au régime iranien, et tu vas voir : je t'envoie dormir dans l'appartement d'à côté en compagnie des *aliens*, l'ai-je menacée alors que nous savions tous les deux que je n'en pensais pas un mot.

À son arrivée à Chicago, Neil était déjà vieille et les choses ne s'arrangeaient pas avec le temps. L'audition d'Oliver North une fois reléguée aux oubliettes, elle se mit à laisser des dents dans son écuelle. Bientôt, sa respiration commença à décaper la peinture des murs. Le jour où elle cessa de faire sa propre toilette, je la lavai dans le lavabo. Or, une fois bien trempée, elle ne pouvait plus dissimuler ni sa maigreur ni sa fragilité inquiétantes. Ses reins complètement ratatinés étaient, paraît-il, à peine plus gros que des raisins et, quoique bien disposé à son égard, je ne pouvais cautionner le vétérinaire qui envisageait déjà la dialyse. Non content qu'elle fût déjà vieille, édentée et incontinente, on voulait par-dessus le marché me faire croire que, pour quelques centaines de dollars, elle passerait désormais trois jours par semaine branchée à une machine !

— En effet, je crois que vous avez raison, lui ai-je répondu. Pourriez-vous me laisser quelques jours pour y réfléchir ?

Je l'ai emmenée ailleurs pour avoir un deuxième avis. Docteur numéro deux a fait une analyse de sang et m'a passé un coup de fil quelques jours plus tard. Il envisageait carrément une euthanasie.

Depuis ma prime enfance, je n'avais plus entendu prononcer ce mot. Du coup, il m'a rappelé un duo mal assorti de petits écoliers japonais dont je suivais les aventures à l'époque. Dans une cour d'école déserte, l'un des marmots, un garçon obèse et grossier, tentait de grimper à un mât largement trop haut pour ses forces. Sa silhouette se découpant contre le ciel noir, il avait réussi à s'élever à quelques centimètres du sol et était resté agrippé là-haut, tout tremblotant et suffoquant de trouille.

— J'vais pas y arriver, disait-il, c'est vraiment trop dur.

Son pote Komatsu, un gars décharné au visage grave, restait debout au pied du mât et ne cessait de l'encourager :

— Mais non, vas-y ! Tu peux y arriver ! Tu dois y arriver !

Cette scène m'était sortie de la mémoire depuis fort longtemps. Une tristesse insupportable s'est soudain abattue sur moi. Les deux garçons étaient des personnages de *Fatty and Skinny*, un feuilleton japonais qu'on suivait régulièrement durant le « CBS Children's Film Festival », une série télé hebdomadaire animée par deux marionnettes et une dame extrêmement patiente qui faisait semblant d'apprécier leurs blagues les plus éculées. C'était à l'époque où on regardait la télé tous les samedis après-midi, mes sœurs et moi, et que les pets de notre colley nous obligeaient à prendre de fréquentes pauses à l'extérieur.

Après avoir gagné à nouveau de misérables centimètres dans son ascension vers le sommet du mât, Fatty lâcha prise et atterrit brutalement sur le sable. Tandis qu'il s'époussetait, Skinny dévalait la colline en direction de la fragile petite maison en papier qu'il partageait avec ses parents. Fatty venait de perdre la dernière chance qu'il lui restait pour faire ses preuves. Jusque-là, il avait vécu persuadé que la patience de son copain était illimitée. Hélas, il venait de s'apercevoir de sa méprise :

— Komatsuuuuuuuuuuuu ! hurlait-il à pleins poumons. Komatsu, je t'en conjure, donne-moi encore une dernière chance !

Soudain, la voix du docteur m'a ramené du Japon et, par la même occasion, a réglé mes problèmes de cour de récréation.

— Alors, l'euthanasie ? a-t-il insisté. Vous dites que vous allez y réfléchir ?

— Bien sûr ! me suis-je exclamé. En fait, j'étais justement en train d'y songer.

Finalement, j'ai dû retourner à la clinique vétérinaire pour donner l'autorisation de mettre fin à ses souffrances. Quand le vétérinaire a injecté le pentobarbital de soude, Neil a cligné des yeux, adopté une position plus confortable comme pour s'endormir puis elle a rendu l'âme. Mon petit ami du moment est resté à son chevet afin de régler les derniers détails pendant que je m'enfuyais pour pleurer tout mon saoul près de la voiture qui était malheureusement fermée. En s'installant ce jour-là dans son panier à chat, Neil était persuadée qu'elle rentrerait tranquillement à la maison le soir. Cette seule idée suffisait à m'achever : que quelqu'un ait eu l'extrême naïveté de me faire confiance, et que je l'aie remercié en lui donnant la mort me sciait. Bourrelés de remords, les dignes fils du Soleil levant restaient assis à leurs pupitres, pleurant amèrement leur geste.

Une semaine après avoir signé son arrêt de mort, j'ai reçu les cendres de Neil dans une boîte vert chèvrefeuille. Comme elle n'avait jamais manifesté le moindre intérêt pour le grand air, j'ai simplement répandu ses restes sur la moquette et passé l'aspirateur. La mort de la chatte a marqué la fin d'une époque. Et même si c'était d'abord et surtout la fin de son époque, la perte d'un animal de compagnie suscite toujours en nous un besoin impérieux de tirer un rideau de crêpe noir sur nos dix ou vingt dernières années. En effet, c'était la fin du confort de la vie estudiantine, la fin de mes 36 de tour de taille, comme le signal de la rupture avec mon premier vrai petit ami. Toutes ces images qui se chevauchaient dans ma tête me firent sangloter de plus belle. Je me demandai alors pourquoi il y avait si peu de chansons sur les chats.

Ma mère m'a écrit une lettre de condoléances à laquelle elle a joint un chèque pour couvrir les frais de crémation. Sur la partie «correspondance» de celui-ci, elle a inscrit: «Incinération animal de compagnie.» Je l'avais vue venir.

Une fois maman morte et incinérée à son tour, nous redoutions tous que papa, agissant sur un coup de tête, ne se précipite dans la rue pour la remplacer sur-le-champ. En rentrant des funérailles, mon frère, mes sœurs et moi n'aurions pas été surpris de retrouver, debout devant la table de la cuisine, une Sharon II aux traits vaguement familiers, concentrée sur les mots croisés de *TV Guide*.

— Tu sais, chérie, Sharon I n'aurait eu aucune difficulté à trouver un mot de cinq lettres, horizontalement, aurait constaté mon père avec dépit. Allez, secoue-toi un peu, voyons.

Mais maman désormais morte, papa et Melina furent enfin livrés à eux-mêmes. Bien qu'elle occupât dorénavant le côté du lit laissé vacant par ma mère, la chienne ne se faisait aucune illusion quant à sa capacité de la remplacer. Son amour était bien trop féroce et brut. De surcroît, son talent pour la dispute laissait encore à désirer. Ils mirent donc un point d'honneur, papa et elle, à s'idolâtrer en se protégeant mutuellement. Ils fêtaient leurs anniversaires, se prêtaient régulièrement serment d'allégeance l'un à l'autre et grondaient chaque fois que des forces extérieures s'en prenaient à eux.

— Quoi ? Vous voulez que j'aille *où* ?

On avait beau lui proposer d'aller rendre visite à l'un de ses enfants, papa opposait une fin de non-recevoir en suppliant :

— Mais c'est impossible, je ne peux pas voyager, jamais plus ! Qui va s'occuper de Melina, hein ?

Il était inutile de lui parler d'un chenil ; il éclatait aussitôt de rire :

— Mais tu es tombé sur la tête ou quoi ? Un chenil ! Ah, ça par exemple ! T'as entendu ce qu'il vient de dire, Melina ? On me demande de t'envoyer en prison, tu te rends compte ?

Compte tenu de leur taille imposante, les danois ne vivent pas vieux. Personnellement, je connais des fromages qui ont une espérance de vie plus longue dans un placard. Passé l'âge de douze ans, la barbe grise et le pas chancelant, Melina était devenue un véritable cas pour la science. Mon père passait son temps à masser ses pattes percluses d'arthrite et à se la coltiner à bout de bras jusqu'en haut des escaliers, la mettre dans le lit, la descendre du lit. Il la traitait comme certains messieurs traitaient dans les films leur femme valétudinaire, exactement comme il se serait comporté avec maman si elle s'était laissée aller devant de tels signes de résignation ou d'affection. L'ère Melina avait coïncidé avec les douze dernières années de sa vie conjugale. La chienne avait connu des balades dans le dernier break de la famille, assisté au pot de départ en retraite de papa, fêté les élections de deux présidents issus du Parti républicain. Elle s'était affaiblie et avait perdu l'appétit, mais contre l'avis de tous, mon père ne pouvait simplement pas supporter l'idée d'une séparation.

Les dignes fils du Soleil levant l'ont supplié à genoux de mettre un terme à sa vie.

— Impossible, a-t-il déclaré, c'est trop dur pour moi.

— Oh que si, a insisté Komatsu, tu peux y arriver ! Tu dois y arriver !

Un mois après qu'il fut mis un terme aux jours de Melina, papa est retourné chez l'éleveur et en est revenu accompagné d'un autre danois. Une femelle comme Melina, avec les mêmes taches grises, à une nuance près : il décida de la nommer Sophie. Il avait eu beau s'efforcer de lui donner de l'affection, il devait reconnaître d'emblée son erreur. C'était une chienne tout ce qu'il y avait de plus gentil, mais cette époque était bel et bien révolue.

Quand il se baladait désormais à pied dans le quartier avec Sophie, papa se faisait indubitablement l'effet d'un vieux monsieur marié sur le tard titubant sur les talons de sa jeune épouse capricieuse. La vigueur du chiot le jetait dans l'embarras, comme son attirance éhontée pour les jeunes mâles. Les automobilistes ralentissaient au passage et baissaient leur vitre en criant : « Hé, dites donc, c'est vous qui la baladez ou c'est elle qui vous balade ? » Mais ces mots ne faisaient que lui rappeler une époque autrement plus glorieuse, où on tirait sur la laisse usée avec davantage d'égards. Certes, il attirait toujours l'attention, mais il se contentait désormais, pour toute réaction, de lever sa pelle et de poursuivre son bonhomme de chemin.

L'INTERMÈDE ENSEIGNANT

Un an après ma licence es lettres à Chicago, quelqu'un a commis l'impardonnable erreur de me confier un poste de responsable d'atelier d'écriture. Je n'étais pas allé au-delà du premier cycle et, bien que nombre de mes écrits aient été ronéotypés et dûment reliés, aucun n'avait été publié au sens courant dc cc terme.

Enseigner, comme marquer le bétail et embaumer les morts, faisait partie de ces professions que je n'avais jamais envisagé d'embrasser. J'étais parfaitement incompétent dans ce domaine, et pourtant j'avais accepté ce job sans la moindre hésitation puisqu'il me permettait d'enfiler une cravate tous les jours et de me faire appeler «monsieur Sedaris». Mon père se faisait aussi appeler ainsi, et bien qu'il habitât à mille cinq cents kilomètres de là, je trouvais plaisante l'idée que quelqu'un puisse nous prendre l'un pour l'autre. «Eh, minute! dirait par exemple l'inconnu. Vous voulez parler de monsieur Sedaris, le retraité qui vit en Caroline du Nord, ou de monsieur Sedaris, l'illustre érudit?»

Le poste m'avait été proposé au débotté parce que le professeur titulaire s'était rabattu sur un boulot nettement plus rémunérateur: livreur de pizzas. En conséquence, je n'ai eu que deux semaines pour me préparer, que j'ai passées à dénicher un cartable et m'exercer devant mon miroir en pied, répétant à tue-tête: «Bonjour à tous. Je m'appelle monsieur Sedaris.» Tantôt, j'essayais d'adopter une voix plus agressive et ferme, au timbre plus athlétique. Parfois, c'était un viril monsieur Sedaris qui se présentait, celui qui rédigeait des articles savants sur les plaies ouvertes ou les chevaux fiscaux des tracteurs. Mais il arrivait aussi que j'emprunte l'aboiement rocailleux d'un rédacteur en chef, un ton qui mêlait harmonieusement une dose de sagesse à une propension illimitée à la cruauté mentale. Mais peine perdue. J'avais eu beau tenter le style homme d'affaires complètement blasé, l'heure fatidique arrivée, mes nerfs m'ont lâché et le véritable monsieur Sedaris s'est révélé au grand jour. Au lieu du professeur d'université que je voulais singer, ma voix s'est mise à trahir le doute, la terreur et, surtout, l'irrépressible besoin d'être aimé ; on aurait cru voir une fillette de douze ans empêtrée dans sa gaucherie guimauvarde. Une sorte de Marie-Chantal.

Au cours du premier semestre, ma classe comptait seulement neuf étudiants. Pour parfaire mon personnage de professionnel abouti, je leur ai apporté des badges en forme de feuilles d'érable que j'avais moi-même pris le soin de découper dans du papier mâché orange. Je les ai distribués en leur tendant à tour de rôle une boîte pleine d'épingles de nourrice. C'est la méthode utilisée par mon institutrice de CM2, et elle avait d'ailleurs recommandé au passage de ne prendre qu'une seule épingle chacun. Mais j'avais affaire à des étudiants et non à des élèves d'école primaire. J'ai donc encouragé mes étudiants à prendre autant d'épingles qu'ils le désiraient. Ensuite, ils n'avaient qu'à écrire leurs noms sur les feuilles d'érable, les épingler sur leur poche de poitrine avant de venir se serrer autour de la longue table en bois de chêne que nous partagions durant le cours.

— Parfait, maintenant que tout est en ordre, ai-je lancé, nous pouvons commencer.

En ouvrant mon cartable, je me suis subitement aperçu que je n'avais rien de mieux à leur proposer. En effet, dans mon esprit, le programme de mon cours n'allait guère plus loin que la distribution de ces feuilles d'érable orange; j'ai eu beau farfouiller dans mon cartable vide, il m'a fallu me rendre à l'évidence: je venais de commettre délibérément la pire idiotie en fournissant à la salle des armes contre moi: les épingles de nourrice. Mais dans mon for intérieur, j'étais persuadé que mes étudiants, sans peut-être pousser le geste jusqu'à la témérité, prendraient naturellement la parole pour me livrer leurs opinions et leurs suggestions sur le sujet du jour. Je me voyais déjà, assis nonchalamment sur le rebord de la table, dominant d'une bonne tête une forêt de mains levées. Mes étudiants s'égosillaient à qui mieux mieux, et j'étais obligé de taper du poing sur n'importe quoi pour leur imposer silence.

« Holà, vous autres! m'imaginais-je crier. On se calme, d'accord? Chacun son tour, ne parlons pas tous à la fois, quand même! »

Hélas, les espoirs que je nourrissais se sont envolés d'une minute à l'autre. En effet, mon initiative a été accueillie par un silence de mort, qui a plané sur la salle jusqu'au moment où, incapable de trouver une quelconque issue, j'ai ordonné à mes étudiants de sortir leurs cahiers pour me rédiger une brève dissertation sur le thème de la déception profonde.

J'avais toujours eu horreur qu'un prof nous force à improviser. Outre le stress évident que cela nous imposait inutilement, une autre conviction me taraudait en même temps: chacun ou chacune d'entre nous avait sa façon à lui ou à elle de faire les choses, surtout lorsqu'il s'agissait d'écriture. Peut-être même que certains d'entre nous avaient besoin, pour y arriver, d'un éclairage d'un type particulier ou d'un stylo ou encore d'une machine à écrire, que sais-je. Rien qu'en me fondant sur ma propre expérience, j'étais prêt à gager que l'écriture devenait extrêmement compliquée si l'on ne disposait pas déjà de ses accessoires favoris; mais pis encore, elle était simplement impossible si l'on ne fumait pas de cigarettes.

J'ai demandé quelques cendriers à la direction et, entre-temps, en fourrageant à l'intérieur de la corbeille à papier, j'ai pu récupérer quelques boîtes vides. Campant ostensiblement sous le panneau INTERDICTION DE FUMER, je me suis mis à distribuer les boîtes, jetant négligemment mes cigarettes sur la table pour encourager mes étudiants à se servir. Mon opinion était arrêtée : l'essence même de l'acte d'enseigner résidait en cela, et j'étais même persuadé d'avoir réussi une véritable révolution jusqu'au moment où l'asthmatique de la classe a fini par lever le doigt en m'objectant que, autant qu'il en ait su, Aristophane n'avait jamais fumé une cigarette de toute son existence. « Ni Jane Austen, du reste, a-t-il poursuivi, et encore moins les sœurs Brontë. »

J'ai reporté sur-le-champ tous les noms cités dans mon cahier de classe, sous la rubrique Fauteurs de trouble, puis je lui ai promis de procéder à quelques recherches approfondies. J'étais responsable de l'atelier d'écriture et, de ce fait, ces gens-là présumaient automatiquement que j'avais lu jusqu'au dernier volume à reliure de cuir de la Bibliothèque des Classiques. Malheureusement, force m'était d'avouer que je n'avais pas lu un seul de ces livres et d'ailleurs, je n'en avais pas la moindre intention. Pour me tirer de tous les défis lancés contre moi, je bluffais en étalant les souvenirs diffus que j'avais conservés de films ou de feuilletons réalisés à partir des bouquins en question. Cependant, l'exercice s'étant révélé extrêmement épuisant à la longue, j'ai fini par comprendre au bout d'un moment qu'il eût été plus simple de leur répondre par une question du genre : « D'accord, je sais ce que Flaubert signifie pour *moi*. Mais *vous*, qu'est-ce que *vous* pensez d'*elle* ? »

Ma vie dans la peau de monsieur Sedaris était un enfer. Bien sûr, il y avait la terreur somme toute naturelle d'être démasqué d'un jour à l'autre comme imposteur, mais le pire était encore à craindre : la trouille viscérale de susciter la haine de mes étudiants. Je les imaginais papotant au téléphone avec leurs amis : « Eh, devine un peu qui on m'a collé cette année en atelier d'écriture ! » s'écrieraient-ils. Même les profs les plus nases du monde disposaient au moins de références solides pour venir à leur rescousse le moment venu. Ils avaient acquis une formation pédagogique, concocté un programme de cours, et n'avaient nul besoin de se dissimuler derrière une cravate à clip et un cartable désespérément vide.

Toutes les fois que je courais le risque de perdre mon autorité, je traversais la salle à grandes enjambées pour aller ouvrir la porte ou la refermer. De toute façon, les étudiants étaient tenus de me demander l'autorisation avant de régler la température de la salle ou la sonorisation alors que moi, je pouvais agir comme bon me semblait. Ce seul geste me rassurait car il me rappelait que j'étais le responsable, et je tenais à en profiter au maximum.

— Ça y est, le voilà qui repart, chuchotaient mes étudiants. Mais qu'est-ce qu'il a contre cette porte, hein ?

L'asthmatique finit par demander son transfert dans un autre atelier, réduisant ainsi mon effectif à huit étudiants. Parmi ces derniers, quatre étaient des fumeurs invétérés, qui tiraient de longues taffes méditatives et, de temps à autre, étalaient leur expertise en soufflant d'étranges ronds de fumée concentriques qui planaient comme des auréoles au-dessus de leurs têtes courbées. Quant aux autres, ils s'accrochaient avec l'énergie du désespoir, sans résultat probant. À la fin du deuxième trimestre, mes étudiants n'avaient amassé qu'un monceau de cendres. Leur toux sèche et pénible, leur incapacité totale à produire quoi que ce fût ne laissaient plus le moindre doute : pour certains auteurs, la cigarette ne suffisait pas à l'inspiration.

Persuadé qu'un sujet intelligent pourrait aider mes étudiants à se libérer, je leur ai demandé de concevoir une lettre à leur mère enfermée derrière les barreaux. Bien entendu, ils étaient libres de déterminer le crime et la sentence qui l'y auraient conduite, et toute allusion aux rapports qu'elle y entretiendrait avec ses voisines de cellule était évidemment bienvenue.

Le groupe s'est attaqué à la tâche avec une volonté et un enthousiasme sans faille, et je commençais à m'y croire quand soudain une fille — sans doute la personne la plus effacée parmi eux — s'est levée et m'a tendu sa copie en me confiant à voix basse que son père et son oncle étaient actuellement en prison sous le coup de diverses inculpations de racket au niveau fédéral.

— Je ne pouvais décemment pas m'imaginer ma mère enfermée à son tour, m'a-t-elle précisée. Non, décidément, ce devoir était *trop* pour moi.

Jusqu'alors, je ne m'étais jamais demandé à quoi pouvait ressembler la correspondance entre un gosse et son père ou sa mère en prison. J'avais soudain une idée plus claire de la chose. Je me suis représenté deux détenus partageant la même cellule. L'un d'eux était debout devant le lavabo tandis que l'autre, couché sur un des lits superposés, lisait son courrier.

— Quoi de neuf? lui demandait le détenu debout.

— Bof, c'est une lettre de ma fille, lui répondait l'autre. Elle vient de s'inscrire en fac et j'ai bien l'impression qu'elle a dû tomber sur un drôle d'atelier d'écriture. Le prof est un enfoiré de première.

Par la suite, je n'allais plus jamais demander à mes étudiants d'écrire en classe. De ce jour-là, tous leurs récits s'écriraient chez eux, et sur le sujet de leur choix. Et si cela ne dépendait que de moi, nous serions tout aussi bien restés à la maison et le cours aurait continué sous forme de signaux de fumée. Telle que la situation se présentait, il me fallait à tout prix trouver un moyen d'occuper ces heures et, ainsi, de bluffer mes étudiants. Il leur fallait absolument croire qu'ils recevaient une instruction en bonne et due forme. On avait un cours de deux heures, deux fois par semaine. Or il était hors de question pour moi de consacrer un trimestre entier à une seule activité. J'ai donc décidé de diviser chaque séance de deux heures en une série de modules de discussions. Nous démarrions la séance avec ce que nous appelions «Le coin des célébrités». Mes étudiants étaient censés y échanger des bribes d'informations fournies par leurs amis à New York ou à Los Angeles qui prétendaient disposer d'une information de première main sur la séparation imminente d'un groupe de rock ou les frasques sexuelles d'une star de cinéma. Fort heureusement, tout le monde semblait avoir un ami de cet acabit, et nous n'étions jamais à court de matière première.

«Le Coin des célébrités» fut suivi du «Panier de la ménagère», une autre manifestation de ma passion éhontée pour les recettes de cuisine faciles, les plats uniques, le genre qui jouissait des faveurs des tantes et des grands-mères âgées dont l'état de la denture exigeait — sans déconner — que la viande se détache totalement de l'os durant la cuisson. Une voix m'a même demandé quel lien existait entre le «bœuf d'Arkansas cuit dans son jus» et l'écriture, mais j'ai réussi à garder le secret sur mon acquisition récente d'une cocotte en terre cuite; pis encore, j'ai menti sans vergogne, souriant de toutes mes dents pourries, en leur expliquant que l'important n'était pas la recette en tant que telle mais la gestion du rythme, qui était également indispensable à l'écrivain.

Au «Panier de la ménagère» succédèrent les «Confidences sur l'oreiller», que l'on désignait ainsi parce que nous tenions enfin là «l'occasion de discuter de notre vie sexuelle dans un environnement intellectuel sécurisant». Mais le gros des étudiants hésitant à faire part de leurs expériences sexuelles, nous dûmes nous arranger avec le département d'audiovisuel. C'est ainsi que je me suis retrouvé trimballant d'un couloir à l'autre une énorme télé sur une table à roulettes pour visionner pendant les cours le feuilleton *One Life to live*. On en était alors à l'épisode où Victoria Buchanan, qui s'était évanouie durant sa vingtième réunion des anciens élèves, se souvenait soudain qu'au lieu de passer l'examen comme le reste de la classe elle avait choisi de faire du stop jusqu'à New York, où elle s'était accouplée avec un hippie, donnant ainsi naissance à une fillette perdue de vue depuis longtemps. Bien entendu, cela semblait tiré par les cheveux, mais comme un rôti négligé dans le four ou un rendez-vous manqué chez le dentiste, la naissance d'un enfant rentrait dans la catégorie de détails sans importance qui avaient tendance à échapper à l'attention de la plupart des personnages de feuilletons télé. C'est une bizarrerie de leur caractère à laquelle il faut se résigner.

Dans *Les Feux de l'amour* ou dans *Santa Barbara*, une telle anecdote serait tombée comme un cheveu sur la soupe. Le sommet du ridicule. Cependant, il s'agissait de *One Life to live* et, comme par hasard, personne n'avait l'air de se souvenir de la naissance d'une gosse qui ressemblait étonnamment à Erika Slezak qui, dans le film, jouait à la fois le rôle de Victoria Buchanan et de son *alter ego*, Nicole Smith. J'avais pris l'habitude d'enregistrer le feuilleton et de le regarder chaque soir en dînant. Mais j'étais un universitaire à présent. J'avais la faculté de le voir pendant le cours et, ensuite, employer mon dîner à rattraper le retard que j'avais pris sur *Côte Ouest*. Certains étudiants ont râlé, mais j'eus tôt fait de les rassurer de nouveau : cela faisait partie d'un programme parfaitement mûri.

C'est à ce moment-là qu'une rumeur en provenance de la direction me mit la puce à l'oreille : certaines gens se plaignaient de l'usage que je faisais de mes heures de cours. Cela voulait dire que je serais désormais obligé de justifier mes séances télé quotidiennes par des devoirs à domicile. Par voie de conséquence, mes étudiants auraient la double tâche de suivre un épisode et concevoir en outre, à partir de sa trame, une « essainette » — comme je me plaisais à la nommer —, c'est-à-dire quelques lignes sur ce qui d'après eux allait se passer dans l'épisode suivant.

— N'oubliez surtout pas qu'il ne s'agit pas ici de Port Charles et de Pine Valley, leur recommandais-je. Nous sommes ici à Llanview, en Pennsylvanie, et notre sujet c'est la famille Buchanan.

De fait, l'idée n'était pas si mauvaise que ça. Même si de

temps à autre les dialogues laissaient à désirer dans les devoirs rendus, les séries dramatiques conçues en plein jour restaient admirables, au moins pour la part belle qu'elles faisaient à l'intrigue. Certes, on ne pouvait guère échapper aux enlèvements, très prévisibles, ni aux sempiternels trios amoureux des plages d'été, mais en général, un bon spectacle pouvait encore vous réserver des surprises avec des coups de théâtre tels que la découverte d'une ville enfouie sous terre. Depuis près d'une demi-douzaine d'épisodes, je ne cessais d'encourager mes étudiants en leur balançant des conseils avisés. Ainsi, je leur expliquais que les enfants portés disparus ne devaient pas passer la porte dix minutes seulement après le flash-back relatant leur libération mouvementée. De même, les inévitables scènes de retrouvailles devaient se préparer avec délicatesse et inclure au moins les deux tiers des personnages.

J'étais sûr d'avoir enfin réussi à leur faire comprendre l'importance et le sérieux de ces devoirs. J'étais convaincu que, à ma manière, je leur avais réellement appris quelque chose. Mais quelle n'a pas été ma colère lorsque leurs devoirs me sont parvenus surchargés de prédictions comme « la fille perdue de vue depuis si longtemps n'était qu'une vampire », ou bien : « Le lendemain, Vicki s'étouffe en mangeant un énorme sandwich et meurt. » Leur passion pour les vampires sentait à dix pas les resucées de *Dark Shadows*, et je ne voulais même pas en entendre parler. Seulement, s'étouffer en mangeant un sandwich passait à mes yeux pour une injure grave. Tout de même, Victoria était une Buchanan, et jamais ses pas ne l'auraient conduite dans une boutique minable. Comment aurait-elle pu mourir étranglée et, qui plus est, dans un seul épisode et, par-dessus le marché, un mercredi ? Qui peut avoir la mauvaise idée de mourir un mercredi ? Ces gens ne comprenaient rien à rien.

Déjà, j'avais poussé la gentillesse jusqu'à passer sur la conjugaison des substantifs et l'emploi de termes aussi approximatifs que *nimportecommenteux*. Mais là, ils poussaient le bouchon un peu trop loin. Je m'étais autant attardé sur le Llanview de Victoria Buchanan que mes collègues sur le Dublin de James Joyce ou le Mississippi de William Faulkner. Ils avaient osé laisser passer leur dernière chance. De toute évidence, certaines gens ne méritaient pas qu'on les autorise à regarder la télé au beau milieu de l'après-midi. Si mes étudiants tenaient vraiment à contempler les quatre murs durant les deux heures de cours, je n'y voyais pas la moindre objection. À partir de ce jour, nous allions en rester au strict nécessaire.

Je me demande encore qui a eu l'idée d'introduire un modèle à suivre pour tout atelier d'écriture. Qu'importe. Lui au moins aura réussi à trouver le point d'équilibre parfait entre le sadisme et le masochisme. On a vraisemblablement affaire à un système qui a pour objectifs avoués d'éradiquer toute velléité de plaisir chez les participants. Au fond, on attend de l'étudiant qu'il rende un écrit qui est ensuite lu à haute voix puis critiqué consciencieusement par toute la classe. En ce qui me concerne, le procédé a marché parce que les écrits étaient de temps à autre donnés à lire, polycopiés et distribués. On pouvait les plier, les ranger dans des sacs à main ou des sacs à dos, mais le système avait tendance à se détraquer. Quand venait l'heure de critiquer, la plupart des étudiants se comportaient comme si leur devoir consistait à reléguer les narrations dans un coin obscur, une chasse gardée, pour pouvoir ensuite tester leurs réactions une fois privés de leurs facultés sensorielles. On avait eu beau lire les écrits à haute voix en classe, les discussions qui s'ensuivaient restaient généralement brèves, et une sorte de mélange de bonnes manières et de désintérêt total empêchait la plupart des participants à l'atelier d'exprimer honnêtement leurs opinions.

À quelques exceptions près, rares et plutôt frappantes, la plupart des travaux n'étaient que des témoignages peu discrets sur la vie de l'auteur pendant qu'il ou elle peinait pour terminer son devoir. On aurait juré que leurs camarades de chambre ne cessaient de surgir de la douche, des serveuses jaillissaient inopinément d'on ne savait où pour leur servir des rondelles d'oignons et des *burritos* au petit déjeuner, qui maculaient les pages des manuscrits. Il m'arrivait parfois d'être gêné par leur manque de soin, mais je n'avais pas le droit de me plaindre. Nous nous trouvions dans une école d'art, et il était de notoriété publique que l'atelier d'écriture leur permettrait d'obtenir le nombre requis d'unités de valeur d'anglais. Mes étudiants y avaient été admis parce qu'ils arrivaient à peindre ou à sculpter admirablement ou encore à filmer en vidéo, dans le moindre détail, leurs corps nus. Du reste, que leur demander de plus ? Ils passaient leur temps à raconter des histoires bizarres et captivantes sur leurs vies, mais quand sonnait l'heure d'en confier le détail à une page blanche, l'exercice devenait plus une corvée qu'un besoin quotidien. À mon avis, si mes étudiants étaient prêts à reconnaître en moi un authentique enseignant, le moins que j'aurais pu faire aurait été de leur retourner la politesse et reconnaître à mon tour qu'ils étaient d'authentiques écrivains. Même si l'un d'entre eux s'était servi de son véritable nom pour raconter par exemple son récent rendez-vous chez un chirurgien-dentiste, j'aurais persisté à considérer son histoire comme de la fiction pure. Je lui aurais alors lancé :

— Eh bien, Dean, dites-nous : comment avez-vous fait pour inventer ce personnage ?

L'étudiant aurait eu beau marmonner en pointant du doigt sa gencive enflée et le tampon de coton ensanglanté qui y restait coincé, j'aurais insisté :

— À quel moment t'est venue cette idée, hein ? Comment a-t-il fait, ton personnage, pour songer enfin à faire soigner sa molaire barrée ?

Cette manière d'interroger le texte aurait permis à son auteur de se sentir inspiré et, en même temps, de lever les soupçons sur quiconque aurait émis une opinion politique quelque peu insolite.

— Minute ! s'est exclamé à la fin un étudiant. J'aimerais tirer tout cela au clair. Vous voulez me faire croire qu'il suffit que je dise quelque chose à haute voix pour qu'on considère que c'est moi qui l'ai dit, c'est ça ? Et que, par contre, si je mets exactement la même phrase sur papier, c'est quelqu'un d'autre qui le dit, c'est bien ça ?

— Exact, lui ai-je confirmé. Et c'est ce qu'on appelle la fiction.

L'étudiant a sorti son cahier de notes et a griffonné quelque chose dessus avant de me tendre le petit bout de papier. Il y était écrit : « C'est la pire des conneries que j'ai entendue de toute ma putain de vie. » Comme ils étaient intelligents !

En tant que monsieur Sedaris, je mettais un point d'honneur à taper à la machine un commentaire exhaustif, à l'orthographe approximative, sur chaque devoir rendu. Je commençais en général par les qualités du texte pour finir, une ou deux pages plus loin, par de sages conseils de pro, genre : « La ponctuation n'a jamais fait de mal à personne ! » ou bien : « Phrase sans verbe ! » J'avais tendance à perdre patience avec les séquences de rêve qui traînaient en longueur, mais la plupart du temps on s'entendait à la perfection et les étudiants choisissaient soit de tenir compte de mes conseils soit de les ignorer poliment.

Mes ennuis ont commencé seulement lorsque les auteurs ont décidé d'utiliser leurs travaux pour régler des comptes entre eux suite à une blessure d'amour-propre ou à ce qui avait été ressenti comme une cruelle injustice. Ce fut par exemple le cas d'une femme que le service des inscriptions aurait désignée comme « une vétérante » dans son jargon, sa vie mondaine n'étant pas axée autour du resto U. Cette femme avait quinze bonnes années de plus que moi et désapprouvait clairement mes méthodes d'enseignement. Elle ne participait jamais aux « Confidences sur l'oreiller » ni au « Panier de la ménagère », ce qui me donnait de bonnes raisons de penser que c'était elle qui était allée se plaindre au sujet des épisodes de *One Life to live*. Si avec mes étudiants de première année — qui n'étaient encore que des ados

— j'avais encore une chance, je ne pouvais en revanche rien devant une personne qui ne ratait jamais l'occasion de gueuler qu'elle avait assez perdu de temps. Aussi, la classe finit par se scinder en deux camps parfaitement distincts : d'un côté, cette femme ; de l'autre, le reste des étudiants. J'ai tout essayé — sans pousser jusqu'aux boulets aux pieds, naturellement —, rien ne put rapprocher leurs positions. C'était un problème insoluble.

La vétérante venait récemment de vivre un divorce douloureux et, son chagrin étant lourd de sens, elle était persuadée à tort ou à raison que son écriture aussi était lourde de sens. Intitulé quelque chose comme *Je mérite une seconde chance*, son devoir avait été mal perçu par la classe. Après la brève discussion de groupe, je lui ai tendu mon analyse écrite, qu'elle a tranquillement parcourue avant de lever le doigt.

— Oui, si vous le voulez bien, a-t-elle commencé, j'ai une petite question à vous poser.

Elle a allumé une cigarette et est restée un long moment absorbée par la contemplation de l'allumette rougeoyante pour s'imprégner de sa personnalité : « Pour qui *vous* prenez-*vous* ? a-t-elle demandé. Dites donc, pour qui vous prenez-vous au juste pour vous permettre de *me* dire, *à moi*, que *mon* histoire n'a pas de fin, bordel de Dieu ? »

La question était tout à fait pertinente et, un jour ou l'autre, elle allait se poser. J'avais observé que son histoire s'était arrêtée au beau milieu d'une phrase mais elle avait raison : abstraction faite de tout cela, qui étais-je exactement pour lancer des critiques contre autrui, surtout dans le domaine de l'écriture ? En fait, j'avais eu l'intention de me pencher sérieusement sur ce sujet, mais j'avais eu plein de chemises à repasser et de badges à découper et, l'un dans l'autre, cela m'était fatalement sorti de l'esprit.

La femme a répété sa question et cette fois, sa voix s'est brisée :

— Dites-moi exactement qui vous êtes… putain de merde mais… pour qui vous prenez-vous donc ?

— Puis-je vous donner une réponse demain ? lui ai-je demandé.

— Pas question. Maintenant, là, tout de suite. Il faut que je sache, c'est pas vrai ! Vous vous prenez pour qui ?

À en juger par l'expression de leurs visages, j'ai deviné que l'autre côté de la classe commençait à se poser la même question. La suspicion était en train de se propager dans l'air de la pièce comme ces bactéries qu'on voit dans les ralentis en gros plan reconstituant un éternuement. Je me suis imaginé en train de rôtir sur un bûcher et, subitement, la réponse m'est tombée du ciel :

— Qui suis-je, moi ? lui ai-je rétorqué. Je suis le seul dans cette salle qui soit payé pour être là.

Certes, ce n'était pas une découverte à marquer d'une pierre blanche mais néanmoins, une fois les mots sortis de mes lèvres, je l'ai accueillie comme un principe pédagogique parfaitement recevable. Les craintes et les doutes qui m'assaillaient naguère se sont aussitôt volatilisés, car je savais à présent que je parviendrais à justifier n'importe quoi. Le nouveau monsieur Sedaris n'aurait plus jamais à battre en retraite ni à s'excuser. Dorénavant, j'ordonnerais à *mes étudiants* d'ouvrir la porte ou de la refermer ; ainsi, je n'oublierais jamais que je suis le responsable. Nous serions obligés de faire à ma guise puisque j'étais un professionnel attesté, comme ma fiche de paie l'attestait, noir sur blanc. Ma voix se fit plus grave pendant que j'arrangeais ma cravate.

— Parfait, ai-je conclu. Quelqu'un d'autre aurait-il une question idiote à poser à monsieur Sedaris ?

La vétérante a de nouveau levé un doigt.

— Euh… disons que c'est une question un peu indiscrète mais… combien cette fac vous paie-t-elle exactement pour être là ?

J'ai répondu en toute honnêteté.

Alors, pour la première fois depuis le début de l'année

scolaire, mes étudiants ont fait totalement bloc. Je ne me souviens pas par quel côté le raffut a commencé, mais je suis sûr d'une chose : le rire a éclaté si fort, si mauvais, et a duré si longtemps que monsieur Sedaris a été obligé de se précipiter pour refermer la porte afin que les vrais profs puissent terminer leur travail en paix.

UN GRAND GARÇON

C'était un dimanche de Pâques à Chicago. Ma sœur Amy et moi étions invités à dîner en fin d'après-midi chez notre ami John. Il faisait un temps superbe, et il avait dressé une table dans l'arrière-cour pour qu'on profite du soleil. Quand tout le monde fut installé, je m'excusai pour aller aux toilettes et là, ô stupeur, je me retrouvai nez à nez avec le plus gros étron que j'avais jamais vu de ma vie. Il flottait, sans papier hygiénique ni rien, un curieux spécimen de forme allongée, roulé en spirale et plus épais qu'un *burrito*.

J'ai tiré la chasse d'eau, et l'énorme étron a tressailli sur ses bases. Inébranlable, il s'est contenté de changer de position. J'ai commencé à comprendre que la chose était résolument décidée à *ne pas bouger*. J'ai envisagé un instant de l'abandonner là, laissant le soin à quelqu'un d'autre de s'en occuper, mais il était déjà trop tard. Je dis trop tard parce que, en me levant de table, j'avais commis l'erreur de déclarer à la cantonade où je me rendais de ce pas.

— Je reviens dans une minute, avais-je clamé, je dois courir aux toilettes.

Ma destination n'était donc un secret pour personne. J'aurais dû prétendre que j'avais un coup de fil à passer. Je voulais juste uriner et me rafraîchir le visage et maintenant, je me retrouvais avec ça dans les bras.

Le réservoir de la chasse d'eau de nouveau plein, j'ai alors émis en pensée un vœu, mais sous forme de marché : si la chose consentait à s'en aller, je m'engageais à remercier la terre tout entière par un acte si miséricordieux qu'on chercherait en vain qui aurait été susceptible de faire de même avant moi. J'ai tiré la chasse une deuxième fois. Intraitable, le gros étron s'est lancé dans une ronde indolente. « Vas-y, continue comme ça ! lui ai-je chuchoté. Tire-toi, allez ouste ! » Je me suis retourné, prêt à respecter mon serment lorsque, jetant un œil par-dessus mon épaule, je l'ai aperçu. Il me narguait, surnageant par-dessus un fond d'eau fraîche. Sur ces entrefaites, quelqu'un a frappé à la porte et la panique s'est emparée de moi.

— MINUTE, S'IL VOUS PLAÎT !

Quand j'étais petit, maman m'avait forcé à m'asseoir un jour pour m'expliquer que tout le monde était soumis au transit intestinal. « Tout le monde, avait-elle insisté, même le président et sa femme. » Elle avait continué son énumération en passant par nos voisins, le prêtre de notre paroisse, jusqu'à certains des acteurs que l'on voyait à la télé chaque semaine. En conséquence, j'avais pu me représenter la réalité de manière plus globale. Et pourtant, quoi que la nature y fît, je ne pouvais accepter d'endosser la paternité de cette chose.

— MINUTE, S'IL VOUS PLAÎT !

Je me demandais sérieusement s'il ne valait pas mieux sortir cet étron de la cuvette et le balancer carrément par la fenêtre. À vrai dire, j'ai été sincèrement tenté par l'idée, mais John habitait en rez-de-chaussée et une douzaine de personnes étaient assises à une table de pique-nique à proximité. Ils risquaient de voir s'ouvrir la fenêtre et ne manqueraient pas de remarquer l'objet que quelqu'un venait de jeter. En plus, ils faisaient partie de ces gens qui aimaient s'attrouper aussitôt pour lancer des recherches. Ils n'allaient pas tarder à me retrouver, les mains curieusement barbouillées d'un magma innommable, tentant vainement de leur expliquer que *ce n'était pas moi*. Oui, mais pourquoi prendre la peine de jeter ça par la fenêtre puisque ce n'était pas moi ? Personne n'aurait cru à mon histoire sauf le monstre qui était à l'origine de toute cette affaire, et je disposais de bien maigres chances pour que le coupable s'avance volontairement d'un pas et avoue son forfait. J'étais dans de beaux draps.

— J'EN AI FINI DANS UNE SECONDE !

Alors j'ai cherché précipitamment une ventouse ; j'en ai utilisé le manche pour briser l'étron en petits morceaux plus faciles à évacuer, le cœur lourd à la pensée que *tout cela était terriblement injuste* car, concrètement, *ce n'était pas à moi de le faire*. J'ai encore tiré la chasse d'eau. Il résistait toujours. *Pas de panique, mon vieux, t'as du cran. On va y arriver*. En attendant que le réservoir se remplisse de nouveau, je me suis dit que je devais en profiter pour me laver la tête. Mes cheveux n'étaient pas sales, mais j'avais besoin d'un alibi pour justifier le temps que j'avais perdu dans la salle de bains. *Dépêche-toi, fais quelque chose*. Au point où j'en étais, les autres invités étaient sûrement en train de se demander si je n'étais pas le genre de type qui se servait des dîners chez les gens pour aller déféquer confortablement et, dans la foulée, rattraper ses lectures en retard.

— ÇA Y EST, J'ARRIVE ! JE ME LAVE LES MAINS !

J'ai tiré la chasse d'eau une dernière fois, et c'était fini. La créature était partie, sortie de ma vie à jamais. Quand j'ai ouvert la porte, je me suis trouvé nez à nez avec mon amie Janet qui a ronchonné :

— Tout de même, c'est pas trop tôt !

Et elle m'a laissé planté là. Je ne cessais de me demander pourquoi moi. Si la personne qui avait abandonné le gros étron n'avait pas eu de problème de conscience, alors pourquoi moi ? Pourquoi en faire tout un plat ? À moins… à moins qu'on ne l'ait délibérément laissé là pour me donner une leçon. Mais quelle leçon au juste ? Que devais-je en conclure ? Y avait-il un quelconque lien avec Pâques ? J'ai décidé de tirer un trait sur tout, et je suis retourné m'asseoir à ma place avec la ferme volonté de démasquer le coupable.

LE GRAND BOND EN AVANT

Lors de mon premier séjour à New York, j'ai dû partager quelque temps un trois pièces à loyer modeste situé à un demi-pâté de maisons de l'Hudson. Sans emploi, je survivais péniblement grâce à la mauvaise blague que je persistais à nommer mes économies. Tous les soirs, faute de mieux, je me hasardais jusqu'à la 7ᵉ Avenue pour surprendre les familles riches dans l'intimité de leurs hôtels particuliers, en me demandant quel malheur pourrait jamais survenir dans des pièces aussi bien ordonnancées. Je me mettais dans la peau de quelqu'un qui, au lieu d'habiter un appartement, occupait tout à loisir un immeuble entier, dans lequel il était libre de faire comme bon lui semblait. Certains soirs, béat d'admiration devant un homme aux cheveux blancs qui se glissait hors de son corset, je m'étonnais qu'il eût mérité de mener une existence aussi privilégiée. D'ailleurs, si j'avais pu échanger ma place contre la sienne, je n'aurais pas hésité à le faire sur-le-champ.

Il faut dire que, à Chicago, je n'avais guère eu l'occasion d'envier les gens. Là-bas au moins, j'avais eu la chance de dénicher un appartement de proportions respectables et, par-dessus le marché, il me restait suffisamment de fric sur ma paye pour m'offrir un cinoche ou une bonne tranche de viande. Alors qu'à New York, les gens fauchés ressentaient nuit et jour un étrange et cruel sentiment d'échec, confrontés qu'ils étaient constamment à d'autres qui, non seulement avaient plus d'argent, mais en avaient trop et même à jeter par la fenêtre. Mon budget quotidien consistait alors en douze maigres dollars vite dépensés. La moindre incartade m'obligeait à un sacrifice équivalent. Dès que j'achetais un hot-dog dans la rue, je devais compenser en me contentant d'une omelette au dîner ou de parcourir à pied, au lieu de prendre le métro, les cinquante blocs qui me séparaient de la bibliothèque. J'en étais réduit à pêcher mon journal dans les poubelles, rubrique par rubrique, et à me tenir constamment à l'affût de bonnes recettes pour accommoder le poulet de la veille. Partout dans le centre-ville et jusque dans l'East Village, des graffitis criards interpellaient le passant pour lui ordonner de bouffer les rupins, de les embastiller ou de les surimposer jusqu'à ce que mort s'ensuive. Bien que l'idée ne me parût pas si mauvaise que ça, je caressais quand même le doux espoir que la révolution n'aurait pas lieu de mon vivant. Je n'avais aucune envie de voir s'éteindre l'espèce des riches avant d'avoir rejoint, ne serait-ce que pour quelques brefs instants, leurs rangs bénis. Car j'adorais ce genre de pognon. Malheureusement, je ne savais pas comment m'y prendre pour le gagner.

J'étais en train de terminer un job saisonnier lorsque je me suis rendu compte que l'hôtel particulier de mes rêves avait été mis en vente. Un « vrai joyau », comme auraient titré les journaux. Comptant quatre étages, le bâtiment se dressait dans un pâté de maisons cerné d'arbres et construit autour d'un jardin. Tout de même, cette maison me revenait de droit, que je sache ! J'avais passé un temps fou à épier par la fenêtre du deuxième étage les panneaux en bois de noyer du bureau, et je me voyais déjà trônant là-haut, époussetant avec soin les rayonnages de la bibliothèque. De toute évidence, garder cet endroit propre nécessitait une attention de tous les instants, mais j'étais parfaitement disposé à payer de ma personne.

Quelques mois après avoir été mis sur le marché, l'immeuble a été vendu, les murs aussitôt repeints en vert citron avec des soubassements rose révoltant. Le mélange de toutes ces couleurs donnait à la maison un look agressif et surexcité. Il suffisait de fixer son regard sur la façade et, en moins d'une minute, les portes et les fenêtres se mettaient à trembler convulsivement comme sous l'emprise de puissantes amphétamines.

Ayant remarqué cette maison dès le premier jour, j'ai cru entrevoir un signe du destin lorsque, sur la recommandation d'une connaissance commune, la nouvelle propriétaire m'a engagé en tant que secrétaire particulier à raison de trois jours par semaine. Vittoria — tel était son nom — était une impressionnante Italienne, quasi intraitable sur tout, qui possédait d'un côté une garde-robe entière de minijupes et de l'autre, un talent inénarrable pour pousser ses voisins à bout. Après avoir fait repeindre en un jaune canari biscornu la bibliothèque en bois de noyer, elle avait décidé de tendre une corde à linge d'un bout à l'autre du balcon en fer forgé XIXe siècle importé à grands frais de la Nouvelle-Orléans par l'ancien propriétaire.

— Qu'ils viennent me montrer la loi qui m'interdit de sécher mon linge au soleil ! grognait-elle en froissant une des lettres anonymes qui persistaient à s'en plaindre. Si pour une fois de leur vie ces gens-là pouvaient se mêler de leurs propres affaires et me laisser tranquille, doux Jésus !

À en croire une certaine rumeur, Vittoria avait fait un quelconque héritage et versé en liquide le million de dollars que lui avait coûté cette maison, avec le même naturel qu'elle aurait mis à acheter une nouvelle ceinture ou un appareil électroménager. Les questions d'argent semblaient la gêner, et chaque fois qu'elle donnait l'impression d'être à l'abri du besoin, elle se hâtait de dissiper le « malentendu ». Aussi avait-elle meublé entièrement sa maison de tables et de chaises cassées récupérées dans la rue ; de plus, elle ne cessait de chipoter sur le tarif du moindre service. Quand un chauffeur de taxi lui comptait quatre dollars la course, elle trouvait le moyen de ramener le montant réclamé à trois dollars. Et si l'on s'avisait d'exiger qu'elle s'en tienne au prix convenu à l'avance, on se faisait aussitôt accuser d'avoir voulu saigner une misérable femme immigrée qui vivait à peine de son petit commerce laborieux et, qui plus est, avait un gosse à nourrir. Épuisés par toutes ces chamailleries, la plupart des gens finissaient curieusement par craquer au bout d'un moment. Souvent, il s'agissait de petits vendeurs et de manœuvres à court de liquide, et j'étais toujours surpris par la joie qu'elle ressentait à gagner quelques maigres dollars sur leur dos.

Vittoria avait créé une minuscule maison d'édition qu'elle dirigeait du bureau aux couleurs extravagantes qu'elle avait choisi d'installer au quatrième étage. C'était plus un passe-temps pour elle qu'une source de revenus, mais cette occupation flattait à la fois son goût pour les lettres et pour un certain style d'écriture répétitive. Au cours de la première année, elle avait publié deux volumes de poèmes écrits par des hommes réputés pour leur tempérament belliqueux. Deux à trois fois par semaine, il arrivait qu'une commande tombe. J'étais chargé de l'honorer. Je faisais également diverses courses : je photocopiais du courrier mais la plupart du temps, je restais assis à mon bureau, m'amusant mentalement à redécorer toute la maison. En fait, si j'avais été un battant, j'aurais imaginé toutes sortes de moyens habiles pour augmenter les ventes des deux livres qui n'avaient pas eu le moindre succès. Seulement, je n'avais aucun sens des affaires et du reste, j'avais déjà beaucoup de mal à rester tout simplement éveillé.

Vers le premier du mois, à l'arrivée des factures de téléphone, de gaz et d'électricité, Vittoria me demandait de vérifier les livres de comptes pour dresser la liste de ses débiteurs. Elle venait par exemple de remarquer qu'un libraire de Londres lui devait un trop-perçu de dix-sept dollars.

— Dix-sept dollars, vous vous rendez compte ! Il faut absolument que vous leur téléphoniez. Tout de suite. Qu'ils me remboursent !

J'objectais que cet appel longue distance risquait fort d'excéder en frais la somme effectivement due. Mais faisant la sourde oreille, elle persistait et signait : à l'entendre, c'était une question de principe.

— Appelez-les sur-le-champ, avant qu'ils ne sortent prendre le thé !

Je m'emparais alors du combiné, et faisais semblant de composer le numéro de téléphone. À vrai dire, je n'avais pas envie de remuer ciel et terre pour qu'un Anglais m'envoie du fric, quand bien même ce serait le mien. Le combiné collé contre la bouche, je contemplais par-delà le jardin les intérieurs cossus des voisins de Vittoria. Des bonniches en uniforme sillonnaient les salons, portant à bout de bras des services à thé sur des plateaux en argent. Ces messieurs et dames, confortablement installés dans des fauteuils, pouvaient regarder fixement leurs murs sans lunettes de soleil pour se protéger. Mais j'avais un souci plus grave, c'était qu'on puisse m'assimiler à la maisonnée de Vittoria et qu'en définitive, des innombrables maisons qui existaient à New York, j'eusse choisi d'échouer là, aux côtés de la *Contessa* aux pieds nus.

— Londres ne répond pas, lui expliquais-je. C'est peut-être jour férié aujourd'hui en Angleterre.

— Ah bon ? Alors je crois qu'il vaudrait peut-être mieux relancer la librairie des Michigan. Ils nous doivent toujours douze dollars et cinquante *cents*.

En fin d'après-midi, nous recevions souvent la visite d'un ou deux poètes beat ratés. De ceux qui, par un curieux concours de circonstances, semblaient se retrouver soudainement dans les environs. Même s'ils étaient plus connus pour leurs célèbres amitiés que pour les œuvres qu'ils avaient produites, cela ne semblait guère affecter Vittoria, qui collectionnait ces hommes à la manière dont ses voisins collectionnaient les tables à roulettes Régence ou les chiens staffordshire. Les poètes arrivaient en état d'ébriété avancée, trimballant mille objets ramassés çà et là, et sur lesquels ils étaient persuadés d'avoir inscrit des messages inspirés. « Dis, t'as vu ce que j'ai fait ? lui demandaient-ils. Tu veux me l'acheter ? » La maison croulait sous ce genre de pièces et on me tançait avec mépris pour avoir jeté par mégarde le gobelet en polystyrène de Gregory ou le bâton de peinture d'Herbert. Vittoria était d'une extrême générosité vis-à-vis de ses beats plutôt fainéants ; elle semblait totalement indifférente à leur inclination sordide à exploiter constamment ses sentiments. De toute façon, si elle avait été aussi pauvre qu'elle le prétendait, ils n'auraient sûrement pas supporté sa compagnie. Certes, elle pouvait être charmante et pleine de prévenance à leur égard, mais leurs besoins financiers impérieux semblaient prendre le pas sur la nécessité d'entretenir avec quiconque une amitié franche et sincère. À les voir rigoler ensemble, je comprenais enfin pourquoi les gens fortunés choisissaient uniquement leurs amis parmi d'autres gens fortunés. C'était une chose que d'être rejeté partout, je m'en doutais ; mais il était sûrement douloureux de se faire exploiter systématiquement.

Ma carrière en tant que secrétaire particulier a touché le fond par un matin d'été où Vittoria m'a accueilli avec un prospectus qu'elle avait ramassé dans la vitrine d'une oisellerie au coin de la rue. Au-dessous du cliché photocopié d'une bestiole qui ressemblait à un poulet, on pouvait lire la description détaillée d'un perroquet africain gris, qui avait disparu. L'oiseau avait profité d'un moment d'inattention, alors qu'un client ouvrait la porte du magasin, pour s'envoler. Par ailleurs, on apprenait que cet oiseau répondait au nom de Vilain-P'tit-Canard et qu'une récompense de sept cent cinquante dollars attendait celui ou celle qui le retrouverait.

— Eh bien, à nous de jouer ! m'a lancé Vittoria. Vous voyez où je veux en venir ? On retrouve ce bon vieux Vilain-P'tit-Canard, vous et moi, on se partage le magot, et à nous la richesse !

Les chances de remettre la main sur ce perroquet me paraissaient extrêmement minces. La bestiole avait déjà dû mettre à profit ses deux premiers jours de liberté. Même sur pattes, il aurait traversé Brooklyn depuis un bon moment. Je me suis remis au travail, continuant d'enregistrer les commandes de livres. Mais je restais perplexe devant le plaisir que prenait Vittoria à passer pour une pauvre femme. Certes, il ne m'aurait pas déplu de retrouver l'oiseau. Néanmoins, il y avait de la malhonnêteté de sa part à agir comme si cette récompense était la dernière chance de sa vie. Elle avait dû se convaincre, d'une manière ou d'une autre, que les gens fauchés menaient une vie plus riche que les autres, qu'ils étaient plus généreux et plus brillants. Et pour s'assurer que je serais généreux en toutes circonstances, elle avait jugé bon de me payer moins que sa précédente secrétaire particulière. Non seulement la moitié de mes chèques de fin de mois revenaient impayés, mais elle poussait le vice jusqu'à refuser de me rembourser mes frais de banque en prétextant que c'était de la faute de cette dernière et non de la sienne.

Je fourrais un livre dans une enveloppe lorsque soudain, Vittoria a émis un sifflotement :

— Psitt, regardez, David ! Là, au-dehors ! Je crois que je vois nos sept cent cinquante dollars.

J'ai jeté un coup d'œil par la fenêtre ouverte. Perché sur la branche d'un gingko, un pigeon mâle examinait sa patte difforme.

— Essayez de l'attirer à l'intérieur de la maison, a chuchoté Vittoria. Dites-lui que nous lui avons gardé du bon pain à manger. Vous verrez, il viendra.

Je lui ai fait observer que ce pigeon ressemblait à n'importe quel autre, mais elle n'a rien voulu entendre. Brandissant en guise de preuve la photocopie tachée, elle insistait :

— Appelez-le par son nom, allez, dites-lui Vilain-P'tit-Canard. Vous allez l'attraper, vous verrez, et on partagera la récompense.

Je me suis souvenu de tous les chèques en bois qu'elle m'avait refilés. Non, si l'oiseau recherché, le perroquet en question, était bien celui qu'on voyait là devant nous, elle ne manquerait pas de revenir sur les termes de notre contrat pour marchander les fifty-fifty promis. J'imaginais la scène : c'était elle, prétendrait-elle, qui avait repéré la première l'oiseau sur la branche ; elle méritait donc de toucher davantage, d'autant plus qu'il avait été capturé dans l'enceinte de sa propriété. Il fut un temps où je la bouclais devant ses lubies. J'arrivais à garder mon calme même quand elle m'engueulait en présence de ses bons à rien de beats, mais là, elle poussait le bouchon trop loin. À vrai dire, je me serais finalement plié à ses caprices pour appâter l'oiseau. Seulement, il y avait un os : je me refusais catégoriquement à l'appeler Vilain-P'tit-Canard.

— Mais qu'est-ce que vous attendez ? a-t-elle ordonné. Dépêchez-vous avant qu'il ne soit trop tard !

La voix douce et ensorceleuse, j'ai tendu les lèvres en cul de poule pour lui adresser une série de bisous retentissants. En vain. Malgré mes promesses de ripaille, de luxe et de mollesse, le pigeon ne voyait manifestement pas d'intérêt à obtempérer. Il s'est borné à regarder par-delà mon épaule, l'air terrorisé par les meubles cassés et les couleurs farfelues des murs, puis il est parti à tire-d'aile.

— Mais comment avez-vous pu le laisser filer comme ça ? a hurlé Vittoria. On aurait pu toucher une somme considérable et, au lieu de ça, vous avez préféré jouer à l'idiot avec ces ridicules baisers ! Franchement, qu'est-ce qui vous a pris ?

Elle s'est jetée sur le lit relégué dans un coin de la pièce et s'est mise à bouder. Un moment s'est écoulé avant qu'elle ne se décide à prendre son téléphone ébréché pour composer un numéro dans sa mère patrie. Bien que j'aie suivi des cours d'italien pendant un bon semestre, je ne parvenais pas à déchiffrer le nom de son correspondant ni, encore moins, deviner de quoi elle parlait. Au ton de sa voix, je présumais vaguement qu'elle suppliait la personne pour qu'elle accepte de lui faire don d'un organe, son cœur ou son rein, bref une question de vie ou de mort. J'étais déjà accoutumé à ce genre de coups de fil, et s'il lui arrivait parfois même de s'effondrer en larmes en raccrochant violemment, elle ne revenait jamais sur le sujet.

Vittoria était au téléphone depuis près de dix minutes quand soudain, elle est passée sans transition de l'italien à l'anglais :

— Tenez, David ! Le voilà qui revient, notre oiseau ! L'oiseau qui vaut sept cent cinquante dollars ! Ça y est, cette fois il est décidé. Attrapez-le. Attrapez-nous Vilain-P'tit-Canard, vite !

Mais ce n'était encore qu'un pigeon comme un autre, à la différence que celui-ci avait les deux pattes en parfait état et, à vue d'œil, un sens de l'observation assez médiocre car il s'est envolé instantanément et j'ai eu droit à un autre savon.

— Mais vous êtes vraiment nul. Je me demande comment je peux supporter la situation dans laquelle je suis allée me fourrer avec quelqu'un comme vous. Qu'est-ce qu'on peut bien foutre avec une personne qui n'est même pas capable d'attraper un oiseau, hein ?

La scène s'est répétée continuellement le long de la semaine, marquant ainsi le début de ma rupture avec Vittoria. Par la suite, elle prit plaisir à me tirer du lit sans ménagement les jours où je devais travailler pour m'annoncer qu'elle n'aurait pas besoin de moi. Je savais qu'elle venait d'acheter un ordinateur et d'engager une étudiante censée lui apprendre à l'utiliser. C'était une fille joviale, efficace, qui adorait la poésie beat. Si on le lui avait demandé, je suis sûr qu'elle se serait portée volontaire sans la moindre hésitation pour harceler l'Anglais et lui soutirer les dix-sept dollars ou pourchasser le pigeon pour l'attraper à mains nues. D'ailleurs, elle n'aurait eu aucune peine à prononcer le nom *Vilain-P'tit-Canard*. Mon éviction imminente était parfaitement justifiée. J'avais une folle envie de lui balancer ma lettre de démission à la figure mais ce job, quoique dégueulasse et mal payé, en valait bien un autre et je ne tenais pas à en chercher un nouveau. Je suis donc resté en attendant qu'on me vire en bonne et due forme.

Mes vacations se réduisaient à une malheureuse journée et

demie par semaine lorsque Vittoria a appelé un déménageur pour transporter des meubles à un appartement destiné à servir de port d'attache, à ses frais, à son poète beat de service. S'étant laissé persuader que deux bras pourraient largement suffire, le gars était venu seul sans aide. Seulement, il s'avérait plutôt difficile pour un seul homme de descendre trois étages d'escalier avec un canapé sur le dos et, comme je n'avais rien de mieux à faire pour le moment, je lui ai proposé de lui donner un coup de main. Il s'appelait Patrick. Patrick parlait toujours d'une voix suave, captivante, qui ajoutait à tous ses propos une touche sage et apaisante.

— J'imagine que tu dois en avoir plein le dos de celle-là, a-t-il observé avec un clin d'œil en direction du bureau de Vittoria. J'ai déjà eu affaire à des gonzesses comme ça. Il y en a partout. Quand elle joue les miséreuses et tout, c'est pour mieux cacher sa radinerie. Crois-en mon flair, bonhomme : cette femme ne me donnera pas un centime de pourboire aujourd'hui.

Après avoir transporté les meubles à l'appartement du beat mort-vivant, Patrick m'a proposé une place que j'ai acceptée.

— Génial, a-t-il conclu. Trouve-toi un corset. On se voit demain matin.

Patrick avait sa carte du parti communiste et ne supportait pas qu'on l'appelle patron.

— C'est une coopérative, rectifiait-il. D'accord, il se trouve que le camion m'appartient, c'est vrai. Mais ici, je ne pèse pas plus lourd que n'importe qui. En fait, si je m'en sors mieux, c'est simplement parce que je suis irlandais.

Déjà à la fac, je ne prêtais guère l'oreille au prêchi-prêcha des soi-disant marxistes purs et durs, mais je dois avouer que Patrick sortait de l'ordinaire. Il suffisait de jeter un coup d'œil sur ses dents pour comprendre la croisade qu'il menait pour l'instauration d'une Sécurité sociale universelle. Tout chez lui tenait la route grâce à du ruban adhésif, que ce soit ses lunettes ou son sourire. Autre signe particulier : il était toujours partant pour l'effort physique le plus titanesque, à l'inverse de nos communistes d'antan qui végétaient dans l'espoir que le jour de la révolution ils feraient partie de ceux qui, bloc-notes à la main, couleraient des jours paisibles à l'ombre du comité central. Ces gens n'étaient même pas fichus de rincer une tasse de café, et ils étaient toujours les premiers à fustiger les fabricants de détergents.

Au contraire, les tasses de Patrick étaient propres et impeccablement rangées le long de l'évier. Il vivait seul dans un minuscule appartement au loyer gelé qui débordait de petits en-cas, de lettres d'extrémistes emprisonnés et de journaux ostensiblement dépourvus de rubrique de mode. Sa coopérative de déménagement se composait de lui-même, d'un camion de boulanger cabossé et d'une équipe de gros bras embauchés à mi-temps ou à plein temps selon leur disponibilité et le volume du travail requis. À première vue, on nous aurait confondus avec le casting d'une comédie poussive. Le personnel à mi-temps comptait Lyle, un chanteur de folk originaire du Queens qui jouait en même temps de la guitare, et Ivan, un immigré russe qui suivait un traitement contre une maladie dite — selon les termes mêmes du diagnostic médical — schizophrénie chronique. Quant à moi, je travaillais à plein temps, généralement en équipe avec un ancien condamné pour meurtre du nom de Dwayne qui, avec son mètre quatre-vingt-onze et ses cent cinquante-huit kilos, aurait pu servir de parfait symbole médiatique à la fois pour la corporation des déménageurs et pour les organismes de réinsertion des anciens taulards — mais cette fois en tant qu'échec retentissant. Condamné à l'âge de quinze ans, il en avait tiré dix dans divers pénitenciers pour mineurs avant de rejoindre les adultes sous inculpation d'incendie volontaire et d'homicide. La victime était le petit ami de sa frangine. Il l'avait brûlé vif parce que, m'a-t-il dit : « J'veux dire... j'sais pas, moi, tu chouffes un peu ? C'est vrai quoi, ce mec-là était un vrai trouduc de guillaume chiatique et tout, tu parles ! Qu'est-ce que tu veux que j'te dise, mec ? »

Toutefois, après avoir mûrement réfléchi à ce qu'il venait de dire, il s'est subitement rétracté: «...ou bien, eh, peut-être que je le trouvais un peu chelou, hein, j'te jure, tu sais. Eh mec, tu vois c'que j'veux dire ou non, hein? Dis-moi, qu'est-ce t'en penses?»

Dans l'espoir d'épater son officier de contrôle judiciaire, Dwayne fournissait des efforts herculéens pour améliorer son vocabulaire:

— Je ne suis pas en mesure de garantir que je ne tuerai plus jamais un homme, m'a-t-il confié un jour en chargeant avec des sangles un réfrigérateur sur son dos. Ce serait vachement irréaliste de vivre sa vie selon des critères établis à l'intérieur de paramètres aussi stricts.

De même, il serait exagéré de prétendre que j'adorais me coltiner des matelas sur cinq étages, mais je prenais réellement plaisir au travail d'équipe. Et si mon salaire n'avait rien à voir avec ce qu'on donnait à d'autres pour répondre au téléphone ou glisser des suppositoires dans le rectum des personnes âgées, il était néanmoins supérieur à celui que je touchais chez Vittoria. L'avantage du liquide, c'était la fin des ennuis avec mon banquier. En outre — autre atout non négligeable — presque tous les clients versaient un pourboire. Après avoir passé un an et demi à croupir dans un bureau exigu, ça faisait du bien de vivre au grand air et de bouger. Que ce soit à Rego Park ou à Bayside, à Harlem ou à Coney Island, mon boulot me faisait découvrir chaque jour un nouveau visage de Manhattan et de ses faubourgs. Ainsi, j'avais accès à l'intimité des gens sous prétexte, en déménageant leurs effets, d'aller à la rencontre de mes concitoyens new-yorkais.

Pour éviter les complications, Patrick acceptait rarement de transporter des objets de valeur, tels que des tableaux de maître ou des meubles de prix. La plupart de nos clients emménageaient dans des endroits qui n'étaient pas tout à fait à portée de leur bourse. Leur nouveau loyer, plus onéreux, leur imposait de réduire leur train de vie, de travailler davantage ou de se passer de leurs coûteux psychanalystes. Ils étaient préoccupés par leur avenir et ne tardaient guère à se plaindre dès qu'une partie de leur passé se trouvait éraflée ou écornée.

— C'est l'état transitoire qui leur fait ça, m'a expliqué Dwayne dès ma première semaine dans la boîte. Ça leur sape le moral. Tu sais, moi je fais toujours celui qui n'a pas remarqué leur manie de vider leur rancœur sur les gens. Seul mon pourboire m'intéresse.

À force de déplacer des objets lourds, je commençais à avoir une image très virile auprès des autres hommes. Même si les femmes s'en fichaient, je prenais un plaisir subtil à intimider les gars au dos fragile qui restaient bras ballants, et croyaient nous aider efficacement en nous expliquant comment empiler les affaires dans le camion. Ils se disaient probablement qu'un déménageur n'avait pas inventé la poudre. Néanmoins, notre meilleur atout demeurait celui-ci : puisque les gens nous prenaient pour des demeurés et que nous avions l'air balèzes, ils étaient persuadés que nous étions dangereux. Même après avoir compris que Patrick et les autres y étaient habitués, je ne pouvais m'empêcher de ressentir une fierté somme toute légitime à l'idée que l'on me compte parmi les mecs réputés teigneux. Il me suffisait de pousser un peu brutalement mon chariot pour qu'un client tyrannique me supplie, aussitôt intimidé :

— Calmons-nous, je vous en prie, on doit bien pouvoir trouver une solution, non ?

J'ai commencé à changer imperceptiblement ; de plus en plus souvent, il m'arrivait de perdre patience devant les gens qui possédaient trop de livres. Ce qui était resté longtemps à mes yeux une préoccupation noble m'étonnait soudain par son côté superfétatoire et encombrant. Bien que leur conversation ne soit pas forcément brillante, j'ai réalisé que je préférais de loin la compagnie des collectionneurs d'animaux en peluche. Quand j'apercevais des cartons pleins de disques, je pensais qu'on devrait interdire les 33-tours ou, à tout le moins, en limiter la vente à cinq seulement par habitant, de même que je me suis bientôt surpris à exécrer les femmes qui jugeaient utile de déménager jusqu'à leurs bouteilles de shampoing vides en se promettant de faire le tri par la suite et de les jeter une fois complètement réinstallées.

À la vue d'un appartement rempli de cartons, je me faisais désormais l'effet d'une fourmi à laquelle venait d'échoir la lourde responsabilité de ramener des miettes de sandwich à la fourmilière. Il était inutile d'évaluer combien de voyages ma corvée nécessiterait, puisque ce genre d'idée ne servait qu'à me décourager. Je préférais m'occuper des cartons un à un jusqu'à mon prochain tour de garde auprès du camion. Arrivé à destination, je me voyais recommencer le même manège en espérant que l'immeuble aurait cette fois un ascenseur. Dans leur nouvel appartement, immobiles dans l'odeur nauséabonde de la peinture fraîche, nos clients tentaient mollement de se mettre d'accord sur l'ordonnancement de leur nouvelle vie.

— On va installer le canapé ici — non, plutôt là-bas peut-être, hein ? Qu'est-ce que vous en pensez ?

Comme conseiller de fortune, le schizophrène nous battait tous d'une bonne longueur, bien que Dwayne ne fût pas mal non plus.

Une fois le boulot terminé, nous traînions un moment dans la rue, à siffler de la bière et des canettes de Gatorade infectes. On faisait des commentaires sur notre pourboire et sur les désagréments de la vie dans un quartier pareil. Il faut dire que les gens préféraient en général étouffer dans un studio à peine plus vaste qu'un cercueil, pour peu qu'il donne sur l'Avenue D, que de déménager en banlieue. Mais c'était bien plus supportable pour eux de déménager d'un quartier à un autre de Brooklyn ou de Staten Island car, à moins d'avoir des gosses à charge, même les SDF pensaient déchoir en partant de

Manhattan. Les clients qui déménageaient de la fameuse île pour s'installer à Astoria ou à Cobble Hill prétextaient un besoin vital de changer de rythme puisque, assuraient-ils, ils profiteraient non seulement de l'agrément d'un jardin mais de la proximité de l'aéroport. De fait, ils perdaient leur temps à maquiller la vérité parce que le spectateur averti ne tardait guère à mettre au jour le sentiment d'échec qu'ils camouflaient ainsi. Les appartements avaient beau être plus vastes et moins chers ailleurs, on ne pouvait plus compter sur son bon vieux cercle d'amis de longue date. Qui pouvait leur imposer l'odyssée qu'ils devraient accomplir rien que pour venir dîner un soir ? Se rendre jusqu'à Washington Heights était déjà pour eux une rude expédition ! D'ailleurs, ne disaient-ils pas « on va au nord de New York », alors que l'endroit se trouvait en plein centre de Manhattan ?

Nos bouteilles à sec, Patrick nous ramenait vers le centre de l'univers. Du moins, tout le monde s'accordait à l'appeler ainsi, sauf Lyle. Pour ma part, j'éprouvais désormais le sentiment, à force de déménager les gens à gauche à droite, d'être utile à quelque chose, enfin reconnu et apprécié de l'ensemble de mes concitoyens. Dans l'ordre des choses de ce monde, j'avais trouvé un rôle à jouer. Ma place n'était pas auprès de quelqu'un comme Vittoria mais dans ce camion de boulanger, coude à coude avec mes potes : oui, mon pote le communiste, mon pote le schizophrène, mon pote l'assassin.

Bien que le premier du mois fût en principe notre journée de travail la plus rude, nous survivions honnêtement, le reste du temps, par la grâce des boulots minables et des mariages ratés. En effet, alors qu'ailleurs les gens faisaient tout pour rester ensemble afin d'élever leurs gosses, à New York ils recherchaient surtout un arrangement pour garder l'appartement. Aussi l'abandon d'un deux pièces spacieux et à loyer modeste au beau milieu du mois laissait incontestablement supposer que les dessous de l'histoire cachaient un inqualifiable forfait. En conséquence, nous nous contentions de déménager uniquement la moitié des effets, l'oreille tendue vers les détails gracieusement livrés par l'ancien occupant que nous conduisions vers un garde-meuble réservé de justesse. Notre camion n'étant pas ce que l'on pourrait qualifier de silencieux le conjoint blessé, qui mourait d'envie de se confier, devait élever sérieusement la voix pour se faire entendre. Je raffolais de ces anecdotes, quoique je fusse constamment sidéré d'entendre rapporter des choses aussi intimes sur un mode assourdissant.

— PUIS ELLE A FAIT QUOI ? lui criait-on, Dwayne ou moi.

— BAISÉ AVEC SON EX-PETIT AMI SUR LE CANAPÉ QUE JE VENAIS D'ACHETER POUR NOTRE ANNIVERSAIRE DE MARIAGE !

— SUR QUOI, VOUS DITES ?

— LE CANAPÉ SUR LEQUEL JE SUIS ASSIS AU MOMENT OÙ JE VOUS PARLE ! ELLE A BAISÉ AVEC SON EX-PETIT AMI SUR CE CANAPÉ !

— COMBIEN DE FOIS ? lui demandions-nous.

— HEIN ?

— J'AI DIT : COMBIEN DE FOIS ?

— UNE SEULE FOIS ! DU MOINS À MA CONNAISSANCE ! EH MAIS VOUS TROUVEZ QUE C'EST PAS ASSEZ OU QUOI ?

— ÇA DÉPEND ! COMBIEN VOUS PAYIEZ DE LOYER LÀ-BAS ?

Quand les citadins de New York se lançaient à la recherche d'un appartement, ils venaient d'abord nous voir. Certains déménageurs monnayaient ces informations confidentielles alors que notre équipe, à l'exception de Dwayne, les divulguait gratuitement. Souvent, on voyait des inconnus héler le camion chargé à ras bord pour nous demander d'où nous venions.

— Savez-vous si ça a déjà été loué ? Et la salle de bains, elle a une baignoire ou une douche ?

C'était pareil avec les équipes médicales d'urgences qu'ils voyaient garées devant la morgue de l'hôpital.

— Et la victime ? Vous savez à quel étage elle habitait ? Est-ce que l'appartement était ensoleillé ?

J'avais grandi avec la conviction qu'une certaine ingéniosité était nécessaire pour s'en sortir à New York, mais à ma stupéfaction, la plupart de nos clients eurent tôt fait de me dissuader. Figurez-vous des gens capables de vous empiler quatre-vingt-onze kilos de vaisselle dans un seul carton de la taille d'une niche de chien ou d'autres qui, pire encore, ne daignaient même pas ranger leurs effets dans des cartons. Un soir, par exemple, nous sommes allés déménager une charmante jeune femme. Apparemment sûre de son choix, elle avait décidé de prononcer son prénom Kim avec un *k*, un *a*, un *y* et deux *m*. La porte s'était ouverte sur le tintamarre d'une musique disco vomie par une gigantesque chaîne stéréo qui nous avait immédiatement mis les nerfs au supplice. Du pop-corn pétaradait sur la cuisinière et rien ne semblait avoir bougé de sa place habituelle. J'étais sûr et certain que nous nous étions trompés de porte et j'étais sur le point de présenter mes excuses quand elle nous a crié :

— Ah, c'est vous les déménageurs ? Super, mais ne restez pas plantés là, entrez !

La sonnerie du téléphone a retenti et elle a bavardé un petit moment avant de recouvrir d'une main le combiné pour s'excuser auprès de nous :

— Je n'ai rien pu trouver, pas de cartons ni quoi que ce soit. On devra se débrouiller pour… enfin, vous comprenez.

— Comment ? Comprendre quoi ? s'est indigné Dwayne. Qu'on va débarrasser tout ce bordel comme par magie ou bien vous préférez qu'on rentre chez nous ?

Nous étions près d'abandonner, lui et moi. Cette fille nous avait drôlement foutus en rogne ! Même pas capable de ranger ses affaires ! Mais comment allions-nous faire pour porter des appareils électroménagers encore tout brûlants de leur dernière utilisation dans un camion de déménagement ? En plus, si cette fille n'avait même pas pris la peine de dénicher une misérable douzaine de cartons, il y avait peu de chances qu'elle se fende d'un pourboire par-dessus le marché. Kaymm avait l'allure de ces personnes qui comptaient toujours sur leur physique pour tirer leur épingle du jeu. Les gens lui passaient probablement plein de choses, mais je doutais qu'elle puisse bénéficier de la sympathie de Patrick. J'avais l'intime conviction que les communistes préféraient de loin des filles bien en chair, nourries au maïs, avec des chevilles pleines et des dos bien robustes pour battre le grain et coltiner d'énormes sacs de riz.

— Je vous ai posé une question, insista Dwayne.

Patrick a levé les bras au ciel.

— Oh et puis merde. Allons-y puisqu'on est déjà là, d'accord ?

La jeune femme avait un petit chien, un loulou de Poméranie, qui n'a cessé d'aboyer durant les trois heures qu'il nous a fallu pour vider l'appartement. Quant à elle, elle n'a pas bougé le plus petit doigt et se contentait de papoter au téléphone, s'interrompant de temps à autre pour nous lancer : « Si, on peut le transporter en l'état ! » ou bien : « Faites gaffe aux poissons ! Je suis sûre que la femelle est enceinte ! » En remontant à pied les trois étages pour aller chercher une nouvelle brassée de bouteilles de shampoing, je ne cessais de caresser des fantasmes sadiques qui allaient se précisant au fur et à mesure qu'on chargeait le camion, jusqu'à l'arrivée à son nouvel appartement, au cinquième étage d'un autre immeuble également sans ascenseur. Conformément à mes prédictions, nous reçûmes pour unique pourboire un énorme sourire aux dents éblouissantes, accompagné d'un léger souhait d'agréable soirée. Patrick, après nous avoir donné un petit supplément pour notre peine, a cependant refusé de nous emboîter le pas lorsque Dwayne et moi avons marmonné des trucs sur le premier prix d'imbécillité que la fille venait de gagner.

— Oh, lâchez-lui les baskets, quoi ! C'est une brave fille !

Il y avait vraiment des moments où il était imprévisible. Parfois, il nous arrivait de tomber sur un appartement bien organisé et parfaitement rangé. Mais s'il s'avérait que le client était un homme et que selon toute apparence il réussissait dans la vie, Patrick annulait purement et simplement la commande en prétextant qu'il venait de rompre un essieu ou que la transmission du camion avait rendu l'âme. «Désolé, mon vieux, j'y peux rien, moi.» Il refilait alors au type le numéro d'un de ses concurrents directs et levait aussitôt l'ancre, tout fier du désagrément qu'il venait de lui infliger.

— J'peux pas blairer les mecs comme ça, déclarait-il en se dirigeant vers le camion. Dites donc, les gars, ça vous dirait une bonne tasse de café bien chaud ? C'est moi qui régale !

Mais il ne m'amadouait pas avec ses cafés *bien chauds*. Ce n'était pas d'une bonne tasse de café dont j'avais besoin, mais d'un bon boulot.

— Mais qu'est-ce qu'il t'a fait ce gars-là ? persistais-je. Tu te rends compte, un immeuble avec ascenseur ? Pour l'amour du ciel, c'était de l'argent facile !

À quoi Patrick, rejetant la tête en arrière, éclatait de son bon rire franc de communiste convaincu, une sorte de braiment prolongé qui insinuait que j'étais encore trop jeune pour comprendre la différence entre l'argent propre et l'argent sale.

— On va cartonner dur demain, me rassurait-il. Relax, frangin. T'as besoin de fric ? Combien ?

— Assez pour me payer une maison de ville, lui rétorquais-je.

— Ah non, tu n'as pas besoin d'une maison de ville, toi, ne me dis pas ça !

— Ah si, il me la faut.

— Alors, je crois que tu t'es carrément trompé de boulot, mec.

Il avait raison sur ce point. Je n'allais sûrement pas réunir facilement un million de dollars en montant et en descendant des cartons. Cela dit, le supplément que j'empochais me permettait de déambuler dans les rues sans me soucier d'avoir moins d'argent que le premier venu. Je pouvais aller voir un film ou acheter du hasch à Dwayne sans crever de jalousie. Mais il fallait seulement que je comprenne une chose : déménager des gens d'une certaine catégorie rebutait autant Patrick que me rebutait le fait d'appeler un pigeon Vilain-P'tit-Canard — ça ne valait tout simplement pas le déplacement. Sans doute croyait-il que ces gens louchaient vers ses chicots en murmurant qu'il était un raté. Patrick devait entrevoir à travers leur volonté âpre et tenace de réussite la futilité même de son propre combat. Toutes les fois qu'on voulait comprendre en détail sur quoi reposait telle ou telle de ses décisions, il se bornait à citer Marx ou Lénine. Bientôt, de guerre lasse, je ne lui posai plus de questions.

Mais nos meilleurs moments, nous les vivions surtout par ces désagréables après-midi d'automne, quand nous déménagions un client de son trois pièces de Manhattan à un quartier perdu au fin fond de Brooklyn ou du Queens. Nous laissions les portes latérales ouvertes tandis que, serrés les uns contre les autres sur le siège avant, Patrick nous obligeait à écouter le président Mao se glorifier du « grand bond en avant ». Suite à un accident, la circulation était bloquée sur le pont et, notre temps de trajet étant comptabilisé, nous priions le ciel que le carambolage ait été provoqué par quelque monstre de machinerie lourde. Quand je trouvais la cassette par trop monotone, je demandais à Dwayne de me raconter sa vie au centre d'éducation surveillée et je somnolais avec délice pendant qu'il me racontait ses histoires de mômes de douze ans voleurs de bagnoles et de bambins qui avaient trucidé leur frère pour une crème glacée. Patrick nous interrompait alors pour nous expliquer que la criminalité violente était la conséquence naturelle du système capitaliste mais, au bout d'un moment, on voyait surgir à l'horizon les gratte-ciel de New York et le silence tombait aussitôt. Pour ceux qui ont la chance d'y habiter, c'est toujours un moment rafraîchissant de voir au loin les tours de Manhattan. Si de près, la ville donne une impression oppressante d'empilement sauvage d'étages infinis, de loin, elle suscite des fantasmes de richesse et de puissance si profonds que même nos cocos sont obligés de fermer pour un temps leurs grandes gueules.

LE MENU DU JOUR

Aujourd'hui, c'était l'anniversaire de Hugh. Installés à une table de restaurant new-yorkais, nous attendions nos entrées affublées de noms à quinze rallonges. Hugh avait vachement de l'allure en costume et pull-over, son style favori. Quant à moi, pour seuls vêtements m'appartenant, je ne pouvais revendiquer que mes chaussures, mon pantalon, ma chemise et ma cravate. En effet, la veste m'avait été prêtée à l'entrée du restaurant, et uniquement pour l'occasion, par un maître d'hôtel persuadé pour une raison ou une autre que je me sentirais moins gêné ainsi déguisé en chef d'orchestre de fanfare le jour du défilé.

Je tripotais encore les larges bandes dorées qui bordaient les manches lorsque le serveur nous a proposé ce qu'il a appelé « un petit quelque chose pour égayer le palais ». De la taille et de la couleur d'un pansement, ladite joyeuseté flottait par-dessus un doigt de sauce fangeuse couronnée d'un brin de verdure.

— Et à votre avis, comment devrait-on appeler ça... je veux dire... son nom exact ? s'était inquiété Hugh.

— Ça, a annoncé le serveur, c'est notre recette spéciale d'espadon cru de l'Atlantique servi sur un coulis de chocolat noir nappé de menthe fraîche.

Je me suis récrié :

— Ah non, pas question ! Écoutez, vous ne pouvez pas nous faire goûter quelque chose d'un peu moins connu ?

— Tu sais qu'elle te va à merveille, ta veste ? m'a chuchoté le serveur.

En principe, je ne raffolais pas des sorties au restaurant à New York. Normal, il n'était guère facile d'apprécier un endroit où l'on se permettait de déclarer les fumeurs hors la loi et, néanmoins, trouver parfaitement convenable de servir du poisson cru dans un bain de chocolat. Les restaurants ordinaires avaient tous mis la clé sous le paillasson, du moins dans notre quartier. Nos bons vieux bouis-bouis avaient tous été remplacés par de minuscules bistrots guindés qui se targuaient de proposer des menus à base de cuisine américaine traditionnelle. Eh oui, ils osaient appeler ça de la cuisine traditionnelle, des mixtures qui n'avaient rien à voir avec la bouffe américaine que nous avions connue. Le pâté de fondue avait été écarté au profit de minuscules rondelles de cœurs d'artichaut incrustées d'herbes qui me laissaient toujours un peu perplexe : « Tiens donc, c'est ça, vous croyez ! » Ensuite, j'étais curieux de savoir s'ils étaient aussi délicieux que ceux de ma mère.

En vérité, le problème résultait pour une large part du choix de notre lieu d'habitation, qui était situé du mauvais côté de la ville, car Soho n'était pas vraiment le genre d'endroits où manger des salades de macaronis. En effet, tous les jeunes chefs les plus talentueux du monde semblaient s'y donner rendez-vous pour vous braiser des oiseaux chanteurs caramélisés à la broche ou vous épater avec leur jarret de chiasse flambé servi sur une garniture de gingembre saisi accompagnée d'un bouquet de champignons vénéneux du Chili rôtis au four et légèrement arrosés à chaud de graisse de musc clarifiée. Et même si d'aventure ils vous promettaient quelque chose de plus sommaire, ils ne pouvaient s'empêcher d'en rajouter : c'est ainsi qu'on se retrouvait à contempler d'un œil torve des pains de viande pochés dans de l'eau de mer, ou encore des figues à la salade de thon. Si la cuisine méritait d'être élevée au rang d'un art comme les autres, alors nous, en Amérique, traversions sans doute notre intermède dada.

Bien que je ne mérite pas d'être étiqueté comme un client

particulièrement vétilleux, j'avais les pires difficultés à garder mon sang-froid chaque fois que les plats défilant sous mes yeux semblaient contenir au moins dix-huit ingrédients différents, tous faisant partie de ceux qui me répugnaient irrémédiablement. Quand je commandais un flanchet accompagné d'un assortiment de pêches cuites à l'étouffée, ces gens trouvaient le moyen de l'assaisonner à la sauce d'aspirine. De même, mes coquilles Saint-Jacques avaient l'air absolument délicieuses jusqu'à ce que j'apprenne qu'elles avaient été préparées dans un bouillon de viande et de légumes à base de liqueur de malt et de pulpe de litchi séchée. En fin de compte, je perdais goût à tout et, n'ayant plus pour seule envie que de fumer une bonne cigarette, je consacrais un temps fou à la lecture du menu en espérant qu'un jeune chef autrement plus audacieux se déciderait un beau jour à intégrer le tabac parmi les légumes dignes de ce nom. Qu'ensuite il le cuise au four, à la vapeur, sur le gril ou même s'en serve pour farcir des palourdes à col étroit, cela m'eût été parfaitement égal ; une seule chose m'importait, c'est que mon plat ait au moins un aspect familier, et je ne voulais pas en démordre.

Quand le serveur a apporté les entrées, je n'ai même pas pu reconnaître laquelle des deux assiettes était la mienne, alors que dans les restaurants d'antan, il était possible non seulement de se représenter en imagination son plat mais de le repérer au premier coup d'œil. De surcroît, s'il persistait de temps à autre des différences à peine perceptibles, la côtelette d'agneau par exemple tendait en général à maintenir sa forme originelle. En d'autres termes, elle avait l'air d'une côtelette d'agneau. On pouvait se servir de l'os en guise de manchon pour la tenir, et dans la plupart des cas, on découvrait au moins une larme de viande au bout, coincée entre les replis d'une mince couche de gras. Pourtant, selon toute apparence, les gens avaient dû trouver cela trop commode. Aujourd'hui, après avoir commandé une côtelette d'agneau, on se retrouvait souvent devant la même assiette que son convive qui, de son côté, avait commandé un *pompano* à la ficelle. Le plat le plus anodin nous était toujours servi sous la forme biscornue d'une tour verticale. La nourriture ne se contentait plus de s'étaler bêtement à l'horizontale, il lui fallait désormais partir à la conquête du ciel, à la manière des gigantesques immeubles qui se dressaient dans nos rues. De toute évidence, nos assiettes étaient devenues de véritables lots de terrain à exploiter, comme si nos chefs avaient acquis de minuscules lopins qu'ils tenaient à faire fructifier en bâtissant en hauteur jusqu'à l'infini. C'est ainsi que les linguinis au safran de Hugh étaient arrivées déguisées en une sorte de turban miniature surmonté de crevettes en forme de flèches architecturales. La chose se tenait la tête droite au beau milieu de son plat tandis que le reste de l'assiette, un immense espace vide, donnait l'impression d'avoir été réservé à une aire de stationnement. Conformément à la même mode minimaliste qui faisait fureur, mon steak m'avait été servi sans os, les tranches de bœuf extrafines empilées les unes sur les autres en une sorte de bûcher funéraire. Quant aux pommes de terre que j'attendais, elles s'étaient probablement volatilisées — puisqu'il n'en restait manifestement que l'odeur — ou avaient seulement servi à alimenter le feu du gril.

— Elles ont peut-être été enfouies sous ta tour de viande, m'a suggéré Hugh.

Voilà à quoi nous en étions réduits. Hugh s'est mis à souffler sur le pollen de yucca qui saupoudrait ses crevettes brûlées pendant que je retroussais les manches de mon blazer d'emprunt pour fourgonner dans ma tour de viande à la recherche de mes chères pommes de terre.

— Ça y est, je les vois, elles sont là !

De la fourchette, Hugh m'indiquait des choses qui ressemblaient à s'y méprendre à cinq molaires criblées de caries. Il avait raison, les points noirs que j'entrapercevais étaient sûrement les légumes que je cherchais.

Misérable glouton et maso invétéré que j'étais, j'ai lancé mon sempiternel « beurk, c'est dégueulasse ! » avant de donner mon verdict définitif : « Et en plus, on n'y mange même pas à sa faim ! »

Une fois nos assiettes débarrassées, on nous a proposé les desserts. Mais quelle n'a pas alors été ma stupeur d'apprendre que le jambon aux épices n'était plus un cousin germain de la mortadelle ! Pourtant, je n'étais pas encore au bout de mes peines. Il m'a fallu ensuite admettre que les invendus du *Smithsonian* pouvaient parfaitement être recyclés sous forme de sorbets.

— Pour rien au monde je n'avalerai des trucs pareils, ai-je déclaré au serveur qui, sans se démonter, insistait en me recommandant à la place leur fameux couscous au chocolat blanc et aux framboises sauvages :

— Si nous avons peur de prendre des calories, il est possible de signaler au chef qu'on le préfère sans la crème fraîche.

— Non et non, je vous dis ! Pour rien au monde je ne pourrais avaler ça !

Nous avons demandé immédiatement l'addition sous prétexte que nous étions déjà en retard à une séance de cinéma. En effet, bien qu'à dix minutes de marche seulement de la salle de cinéma, je ne tenais plus en place parce qu'il me fallait absolument trouver quelque chose à me mettre sous la dent avant la séance. Certes, il y avait toujours plein de bonnes choses dans le hall mais je n'aimais pas trop associer mon estomac avec mes goûts cinématographiques. Fort heureusement, il y avait un marchand de hot-dogs non loin de là et, pour ne rien gâcher, il se trouvait sur notre chemin.

Quand je pense que mes amis me demandent toujours d'un air éberlué :

— Mais comment peux-tu manger des choses pareilles ? J'ai lu dans les journaux que ça se faisait avec du museau de cochon !

— Ah bon ? Et puis quoi encore ?

— Ils le mélangent avec le cœur et les paupières.

Ouf, soupirais-je à chaque fois, enfin un plat à trois ingrédients seulement ! La perspective de ce changement de rythme était en soi plutôt rafraîchissante. J'en ai donc commandé un, nature, avec un soupçon de moutarde. Rien qu'à voir le marchand me tendre mon hot-dog en position horizontale, j'en perdais la tête. Il était si simple, mon hot-dog, si intemporel que je pouvais sans risque de me tromper le reconnaître au premier coup d'œil : voilà enfin de la bouffe !

LA CITÉ DES ANGES

Mon amie d'enfance Alisha, qui vit en Caroline du Nord, vient au moins deux fois par an me rendre visite à New York. Une bonne invitée, facile à vivre et peu exigeante. J'avais constamment plaisir à l'accueillir, tout heureuse qu'elle était de me suivre dans mes pérégrinations, ou même de rester simplement étendue sur le canapé en lisant un magazine. « Tu fais comme si je n'étais pas là, d'accord ? » m'ordonnait-elle, à quoi j'obtempérais volontiers. Elle était si bonne pâte et si paisible qu'il m'arrivait de la confondre, non sans plaisir, avec une ombre.

Mais une semaine avant l'un de ses passages en décembre, Alisha m'avait téléphoné pour me prévenir qu'elle viendrait cette fois avec une invitée, une certaine Bonnie. Selon Alisha, la bonne femme bossait dans une sandwicherie et n'avait jamais franchi la limite des soixante kilomètres alentour de Greensboro, sa ville natale. Alisha ne connaissait pas Bonnie de longue date, mais elle m'assurait que cette dernière lui paraissait vraiment adorable. Elle mettait d'ailleurs ce qualificatif à toutes les sauces : *adorable*. Elle s'en servait même pour le premier venu. Quelqu'un lui aurait foutu un sale coup de pied au ventre qu'elle n'en aurait pas démordu et aurait simplement nuancé son jugement en disant : *plutôt adorable*. De ma vie, je n'avais jamais rencontré une personne douée d'une telle disposition à tempérer son jugement, ignorant impérialement ce qui, à mes yeux, pouvait être un vice de caractère des plus insurmontables. Au demeurant, comme tous mes amis, elle était douée de cécité en la matière.

Les deux femmes débarquèrent à New York un vendredi après-midi. Aussitôt après leur avoir souhaité la bienvenue, j'ai constaté qu'Alisha avait l'air bizarre. On aurait dit quelqu'un qui venait de s'apercevoir — hélas, trop tard ! — qu'elle venait de mettre le feu à sa propre maison ou d'entreprendre un périple interminable avec la personne qu'il ne fallait pas.

— Sauve-toi pendant qu'il est encore temps, m'a-t-elle chuchoté.

Bonnie était une femme butée, maigre comme un clou, aux grosses nattes de fillette qui voletaient autour de ses épaules par-dessus son sweat-shirt égayé de candides lutins. Elle parlait avec un accent de Greensboro assez prononcé, et avait atterri à l'aéroport John-Fitzgerald-Kennedy intimement persuadée que les gens de New York, si elle leur en fournissait la moindre occasion, allaient lui arracher à vif jusqu'aux plombages de ses dents. Seulement, ils allaient devoir payer très cher pour y arriver.

— Quand le chauffeur de taxi nous a dit : « Eh mais on dirait que ces deux dames ne sont pas du coin ! », j'ai tout de suite compris qu'il avait l'intention de nous arnaquer.

Alisha s'est pris la tête entre les mains en massant ce qui me paraissait le début d'une migraine carabinée.

— Je savais parfaitement où il voulait en venir. Je connais les règles du jeu, moi, je ne suis pas idiote. Alors j'ai noté soigneusement son nom et son immatriculation professionnelle en l'avertissant que je n'hésiterais pas une seconde à aller tout raconter aux flics s'il tentait ne serait-ce que le moindre coup fourré. Quand même, je n'ai pas fait tout ce trajet pour me faire détrousser en plein jour, non ? Et c'est ce que je lui ai dit ! Pas vrai, Alisha ?

Elle m'a fourré le reçu du taxi sous le nez et j'ai pu constater que le prix était correct, à n'en pas douter. C'étaient les trente dollars habituels que tout le monde payait pour le trajet de l'aéroport Kennedy à n'importe quel coin de Manhattan.

Elle a rangé le reçu dans son portefeuille.

— De toute façon, j'espère qu'il ne s'attendait pas à ce que je lui donne un pourboire parce qu'il n'allait pas me carotter d'un sou.

— Vous ne lui avez pas donné de pourboire ?

— Qui ? Moi ? m'a répondu Bonnie. Dites donc, je ne sais pas pour vous mais moi je travaille dur pour gagner mon fric. C'est mon fric et je ne vais tout de même pas distribuer des pourboires au monde entier sans qu'on me rende le service que j'ai le droit d'en attendre.

— Très bien, lui ai-je dit. Mais dites voir, quel genre de service étiez-vous en droit d'attendre puisque vous n'avez jamais pris un taxi de votre vie ?

— Figurez-vous que j'ai le droit d'être traitée comme tout le monde, c'est tout ce que j'attendais de lui, vous comprenez ? J'ai le droit d'être traitée comme une Américaine.

Le fond du problème était donc là. De toute façon, même les Américains de passage à Téhéran ont prétendu y avoir rencontré un accueil plus chaleureux qu'à New York. Mais le fait est que la vie dans cette ville était fondée sur un antagonisme sommaire : d'un côté, il y avait *nous* et, de l'autre, *eux*. D'accord, je n'avais pas fait des études de latin, mais je restais jusqu'alors persuadé que la devise de New York signifiait quelque chose comme « rentrez donc chez vous ! » ou bien « nous non plus, on ne vous aime pas ! ». Car comme moi, la plupart des gens de ma connaissance avaient déménagé à New York dans la seule et unique intention de fuir ainsi le voisinage d'Américains de l'espèce de Bonnie. La dissuasion avait joué longtemps en notre faveur, mais un beau jour, un nouveau maire avait décidé de faire de la ville un gigantesque parc d'attractions, à visiter en famille. Sa campagne avait eu l'effet escompté et, aujourd'hui, les Bonnie débarquaient par fournées entières en exigeant en retour l'hospitalité que les gens de leur sorte avaient reçue un mois plus tôt dans une ville comme Orlando.

J'avais hébergé des visiteurs de partout, mais l'amie d'Alisha était la première à se pointer chez moi avec un itinéraire touristique et un fatras impressionnant de brochures qu'elle planquait dans une banane en nylon nouée autour de sa taille. Avant de quitter la Caroline du Nord, elle avait pris le soin de s'adresser à un agent de voyages. Ce dernier lui avait fourni une liste de destinations que toute personne en possession de ses facultés mentales se serait empressée d'éviter comme la peste, surtout à l'approche des vacances, lorsque les foules se mettaient à grouiller pour atteindre des proportions comparables aux multitudes chinoises.

— Eh bien, ai-je déclaré, voyons voir ce qu'on va faire. Je suis sûr qu'Alisha aussi a une idée précise des endroits où elle voudrait bien aller ; comme ça, on pourra peut-être procéder à tour de rôle.

À l'expression de son visage, j'ai aussitôt deviné que la méthode du donnant donnant que je venais de proposer était un concept tout à fait inconnu et qui grinçait aux oreilles de la Bonnie de Greensboro. Son visage s'est refermé et elle a reporté son attention sur ses brochures en marmonnant :

— Je suis venue à New York pour voir New York et rien ni personne ne se mettra en travers de mon chemin.

Nos ennuis ont commencé le lendemain matin, lorsque j'ai décidé de ne pas tenir compte de son itinéraire et les ai entraînées toutes les deux au marché aux puces de Chelsea. Alisha voulait jeter un coup d'œil sur les disques et les autographes de collection mais Bonnie, étant plutôt lente à la détente, a râlé un bon moment avant de se décider à ajouter au hasard une ou deux pièces à sa collection d'anges antédiluvienne. Les anges, nous a-t-elle expliqué, sont les messagers que Dieu nous envoie pour nous faire un petit coucou.

Bien que le marché aux puces fût largement pourvu en disques et en autographes, pas un ange en vue n'a semblé lancer le salut tant espéré.

— Ah non, pas à ce prix-là ! maugréa Bonnie. J'ai même demandé à une dame combien elle vendait un petit ange de verre qui tenait une trompette à la main, et quand elle m'a répondu quarante-cinq dollars, je lui ai dit vertement qu'elle aille tout de suite se faire faire tout ce que vous savez. Je lui ai fait remarquer que je ne paierais jamais — jamais de la vie — ce prix-là chez nous au pays puisque je peux parfaitement me payer dix anges avec rien que la moitié de cette somme. « Et puis », je lui ai dit pour enfoncer le clou, « ils seront beaucoup plus spirituels que les anges débiles que vous me proposez ici à New York. » Ouais, c'est exactement ce que je lui ai dit.

Elle a décrété que le marché aux puces était une pure perte de temps et a ajouté qu'elle avait froid et faim et qu'il fallait qu'on rentre. Finalement, nous avons dû nous résoudre, bien qu'un dollar cinquante fût vraisemblablement trop cher payé pour une course de dix minutes, à prendre le métro en direction des beaux quartiers pour dénicher quelque chose à manger. Les choses ont marché comme sur les roulettes jusqu'au moment où, par mégarde, le préposé au guichet a oublié de lui rendre cinq *cents*. Aussitôt, Bonnie a plongé son groin sous la vitre de sécurité en beuglant :

— Excusez-moi, mais pour votre information, je n'apprécie pas que l'on me prenne pour une conne. Même si je viens de Greensboro, en Caroline du Nord, je crois que j'ai droit au respect comme n'importe qui. Et maintenant, je vous demande instamment de me rendre mes cinq *cents*, sinon je m'en vais de ce pas me plaindre à votre supérieur.

Arrivée au restaurant, elle s'en est prise à la serveuse, l'accusant de lui avoir surtaxé son milk-shake alors que le prix était inscrit noir sur blanc sur le menu. Quand j'ai fini par leur suggérer de débarrasser le plancher pour aller voir un bon film, Bonnie a repoussé sa chaise de la table et s'est mise à bouder :

— Moi je voulais aller voir un spectacle sur Broadway, et voilà que vous commencez à me raconter n'importe quoi sur un film que j'aurais pu voir tranquillement au fin fond de mon pays natal, et pour trois dollars cinquante *cents* seulement. Vous vous rendez compte ? Je fais six cents kilomètres en avion pour venir voir New York et tout ce qu'on me propose c'est un pauvre milk-shake et une assiette de pommes de terre sautées. Non, ce voyage est vraiment en train de tourner au cauchemar.

Nous aurions dû la tabasser jusqu'à ce que mort s'ensuive. De toute façon, c'était manifestement la meilleure solution au problème mais nous avons préféré aller faire la queue au guichet des demi-tarifs. Alisha a fini par traîner son ostrogoth jusqu'à un spectacle sur Broadway, où je les ai retrouvées à la sortie. Nous espérions que le spectacle comblerait Bonnie de bonheur mais une fois qu'elle était lancée sur son itinéraire touristique, rien ne semblait plus pouvoir l'arrêter. Le lendemain matin, elle réveilla Alisha à 7 heures tapantes pour qu'elles soient les premières à arriver à la statue de la Liberté et à l'Empire State Building. Elles ont visité les Nations unies et le port maritime de South Street avant de rentrer à l'appartement à 4 heures de l'après-midi. Alisha était prête à jeter l'éponge, mais Bonnie tenait à se rendre au tea time du Plaza Hotel. Le thé, c'est formidable, à condition d'avoir du goût pour ce genre de chose. Mais elle s'est vexée lorsque je lui ai suggéré qu'avant d'y aller il valait peut-être mieux qu'elle mette une tenue plus appropriée. En effet, la bonne femme arborait la sorte de salopette en jeans qu'adoraient les fermiers du Sud et qu'ils portaient pour nourrir les cochons. La foule au Plaza serait vraisemblablement tirée à quatre épingles et j'avais peur qu'elle ne s'y sente guère à l'aise, surtout dans un accoutrement que tout le monde considérait comme destiné aux rudes travaux manuels. J'avais juste voulu lui apporter mon aide, mais Bonnie s'est refusée à voir les choses sous cet angle.

— Laissez-moi vous dire une chose une bonne fois, *monsieur*

New York. Je suis très à l'aise dans mes vêtements, et si le Plaza Hotel n'apprécie pas ma façon de m'habiller, eh bien c'est *leur* problème et pas le mien.

J'avais fait de mon mieux pour la prévenir et, au bout du compte, son refus d'écouter mes conseils finit par m'amuser au plus haut point. De toute façon, le look épouvantail ne me gênait pas le moins du monde, moi. Après tout, je n'avais jamais mis les pieds au Plaza mais j'étais pratiquement sûr et certain qu'elle allait se faire dévorer vive par les hordes de mondaines dopées à la caféine qui menaient grand train et avaient des ambitions démesurées. On allait lui refuser à boire, des voix allaient s'élever en signe de protestation, et elle allait terminer la soirée en buvant son thé dans une vulgaire crêperie de quartier. Alisha s'est changée et a enfilé une robe, puis je les ai déposées à l'hôtel. Une heure plus tard, en revenant les chercher, j'ai été surpris de voir Bonnie arpenter les couloirs du salon de thé munie de son appareil photo jetable.

— Eh, dites voir, ça vous embêterait de me prendre en photo avec le serveur ? Ma copine aurait pu le faire, vous savez, mais je crois qu'elle a un ticket qui veut pas lui lâcher la crampe.

Je m'étais attendu à ce qu'on la raye physiquement de la surface de l'hôtel mais quelle n'a pas été ma consternation quand je me suis aperçu que le Plaza Hotel n'était en rien différent du bled de Bonnie. Tous vêtus de sweat-shirts et de parkas rudimentaires, ses camarades épouvantails étaient plus que disposés à la mettre à l'aise. Les flashes ne cessaient de crépiter, aveuglants :

— Enfin, voilà des New-Yorkais tout ce qu'il y a de plus sympathiques, soupirait-elle en faisant de la main un signe d'au revoir en direction de la foule du salon de thé.

J'aurais bien voulu lui expliquer que ce n'étaient pas des New-Yorkais, mais au point où nous en étions, elle avait définitivement cessé de prêter l'oreille à mes propos. Elle a fini par entraîner sans ménagement Alisha à une balade en attelage à travers Central Park, ensuite vint pour elle l'heure de faire un petit tour à ce qu'elle nommait le «Fay-o Schwartz». Puis le magasin de jouets a laissé la place à son tour à un pèlerinage au pas de charge d'un bout à l'autre du Radio City Music Hall, suivi de la cathédrale Saint-Patrick, pour s'achever devant l'arbre de Noël géant du Rockefeller Plaza. La foule était si compacte qu'il suffisait de lever le pied du sol pour avancer dans n'importe quelle direction, trimballé ainsi, impuissant, à des kilomètres de là. Mortifié, j'observais Bonnie qui baignait dans un état de torpeur béate, comme sous l'effet de stupéfiants. Folle d'allégresse, elle venait enfin de découvrir un New York dépeuplé de New-Yorkais. Ici, il n'y avait que des étrangers qui n'habitaient pas la ville, des gens qui venaient d'Omaha ou de Chattanooga, scandalisés par les prix des marrons grillés. Des gens qui s'excusaient de vous avoir marché sur les pieds et ne songeaient même pas à râler lorsque leur route était soudain coupée par un quidam armé d'un Caméscope. La foule était d'une amabilité sans bornes, à la limite de la démence, et leur enthousiasme était assourdissant. En jetant un regard autour d'elle, Bonnie voyait enfin un paradis clinquant, peuplé de braves gens corrects, sains d'esprit, envoyés par Dieu pour nous adresser son petit coucou ici-bas. Encerclée par son armée d'anges, elle planait au-dessus de l'avenue, photographiant à tour de bras un prestidigitateur pendant que je jouais des coudes pour rentrer chez moi, désormais un véritable paria dans une ville que j'avais cru bêtement la mienne tout au long de mon existence ici-bas.

COMME UN SOMPTUEUX DIAMANT

Il y avait déjà huit ans que je vivais à Manhattan lorsque mon père m'a téléphoné un beau jour, fou de joie en apprenant qu'Amy, ma frangine, avait été pressentie par un magazine qui consacrait un numéro spécial aux jeunes femmes les plus passionnantes de New York.

— Mais tu te rends compte? m'a-t-il demandé. Bon sang, essaie rien qu'une fois de braquer un appareil photo sur cette fille et tu verras, elle va scintiller comme un diamant sous l'objectif! Imagine un peu tous ces célibataires et ces offres d'emploi, ma parole, son téléphone va sonner jusqu'à se décrocher du mur!

Puis, après avoir observé un temps, sans doute pour bien se représenter la vie que pouvait mener une jeune femme new-yorkaise dont le téléphone sonnait jusqu'à se décrocher du mur, il a ajouté:

— Mais attention, il faudrait quand même veiller à ce que seuls des gens totalement irréprochables l'appellent, d'accord. Eh, est-ce que tu peux me promettre de t'en occuper?

— Je m'en vais de ce pas le noter sur la liste de mes priorités avant qu'on ne raccroche.

— Très bien, mon garçon, a-t-il approuvé. Tu sais, le problème c'est qu'elle est trop mignonne, cette fille. Voilà le vrai danger. En plus, tu sais, c'est quand même une fille, n'est-ce pas?

Papa avait toujours accordé une importance considérable à la beauté physique de ses filles. À ses yeux, leur meilleur atout était là, et il veillait consciencieusement sur leur apparence avec la méticulosité d'un maquereau. Allez donc y comprendre quelque chose ! Il était né à une autre époque et restait convaincu que pour une femme, le mariage était le seul tremplin vers le bonheur. Comme il était de vérité constante que mon frangin et moi nous destinions à une vie professionnelle bien remplie, nous étions libres de nous laisser aller et nous engraisser jusqu'à l'ignominie. Selon toute vraisemblance, nos corps n'avaient pas plus de valeur chez nous que n'importe quel moyen de transport ; ils n'étaient que des véhicules servant à convoyer nos têtes d'un endroit à un autre. Alors que j'avais le droit d'errer dans tous les couloirs de la maison en m'empiffrant de pâte à crêpe à même un seau de plastique, mes sœurs étaient aussitôt rappelées à l'ordre dès qu'elles s'avisaient de déborder de leur bikini. Papa intervenait avec ses métaphores sans queue ni tête :

— Nom de Dieu mais où est-ce que tu te crois, hein, Flossie ? Non mais regarde-toi un peu, tu ne passerais pas une porte de garage ! Essaie de prendre encore un kilo, et on va finir par te réclamer une carte grise poids lourds pour passer la douane.

— Oh Lou, suppliait maman, pour l'amour du ciel, fiche-lui la paix !

— Des clous ! Elles m'en seront reconnaissantes un jour, tu verras.

Il était honnêtement persuadé qu'il rendait service à ses filles et ne comprenait pas pourquoi personne ne lui semblait reconnaissant.

En réaction à cet accaparement et cette pression constante, mes sœurs finirent par devenir agressives et fort susceptibles. La seule exception à la règle, ce fut Amy. En effet, elle seule était capable de se venger en temps et en heure, sans perdre le nord. Rien ne semblait l'entamer, sans doute parce qu'elle était rarement elle-même. Tout enfant, elle aimait tant mystifier son entourage que sa passion finit par dégénérer en une sorte de pathologie manifestement liée à ses personnalités multiples.

On aurait dit Sybille, mais avec un meilleur sens de l'humour, ou bien Ève, mais sans les crises de larmes.

— Alors, qui avons-nous décidé d'être aujourd'hui ? lui demandait maman.

Amy lui répondait du tac au tac :

— Dis-moi plutôt qui tu ne veux pas que je sois.

À dix ans, Amy s'était fait surprendre en flagrant délit dans une épicerie ; sa main tirait de la caisse momentanément abandonnée une poignée de billets de vingt dollars. Je l'accompagnais ce jour-là, et quel n'a pas été mon émerveillement devant l'habileté de ma frangine et son insouciance totale face au danger ! Quand on fit venir le patron, elle se contenta de répondre, avec sérénité, qu'elle n'était pas en train de voler, mais qu'elle voulait simplement jouer à la voleuse.

— Que voulez-vous, les voleurs sont censés voler, non ? a-t-elle conclu. Eh bien, c'est ce que j'étais en train de faire, c'est tout.

À l'entendre, tout avait l'air parfaitement normal. Elle assuma la responsabilité de redoubler le CP parce qu'elle jouait à être idiote, et même ce revers de fortune ne sembla pas l'affecter le moins du monde. Aux yeux d'Amy, le temps passé à l'école devait uniquement être consacré à l'observation de ses institutrices. Elle notait méticuleusement les marques de chaussure et les boucles d'oreilles qu'elles aimaient porter et parvenait, comme par un jeu d'enfant, à mettre en évidence leurs manies. Après l'école, une fois seule dans sa chambre transformée en salle de classe, elle se mettait à imiter leur voix, parodier leur façon de s'habiller, et même se punir en faisant des devoirs à la maison qu'elle ne terminait d'ailleurs jamais.

Elle s'en fut même s'inscrire chez les jeannettes uniquement pour jouer à la cheftaine. À Noël ou pour son anniversaire, elle exigeait en guise de cadeaux des perruques, des coffrets de maquillage, des uniformes d'infirmière ou encore des robes de chambre de malade. Amy finit même par jouer à être notre mère, puis les amies de maman. Mais non contente d'être époustouflante dans le rôle de Sooze Grossman ou celui d'Eleanor Kelliher, il lui fallait la meilleure prestation d'entre toutes, celle de jouer à la perfection le rôle de Penny Midland, une femme de cinquante ans, d'une certaine élégance, qui travaillait à mi-temps dans une galerie d'art où mes parents avaient leurs habitudes. Penny avait une voix très profonde, aux intonations rauques. En outre, bien qu'elle ne fût pas véritablement timide, certains de ses mots avaient une fâcheuse tendance à manifester de la réticence à jaillir de ses lèvres quand elle prenait la parole, comme si on les y forçait.

Drapée dans un caftan et coiffée de la perruque blanche à coupe au carré pour parachever sa ressemblance avec son modèle, Amy a entrepris de passer des coups de fil appuyés au bureau de mon père :

— Oh, Lou Sedaris ! Ici Penny Midland. Comment... diable... allez- vous ?

Surpris d'entendre la dame le solliciter jusqu'à son travail, papa a réussi tant bien que mal à lui retourner d'un ton enthousiasmé :

— Ah, Penny ! Ça alors, pour une surprise, c'est une surprise ! Dites donc, c'est gentil à vous de m'avoir appelé.

Lors des premiers entretiens téléphoniques, Amy en était restée à de vagues commentaires sur le train-train quotidien de la galerie mais, petit à petit, sa conversation avait dérapé sur son mari, un cadre supérieur chez Westinghouse, et elle s'était mise à s'en plaindre. Ils avaient, prétendait-elle, des problèmes à la maison. Son mariage, à ses dires, était sur la pente glissante.

Papa l'a rassurée et réconfortée avec ses formules habituelles, sans plus. Il a fait observer à Penny qu'il y avait dans toute chose un revers de la médaille et qu'au bout du compte c'était au creux de la vague qu'on finissait par trouver la voie vers le bonheur.

— Oh Lou, si vous pouviez savoir à quel point cela m'a fait

du bien de… parler enfin… à une personne qui me… comprenne vraiment.

L'après-midi était déjà fort avancé quand je suis entré dans la cuisine et ai surpris ma frangine de douze ans en train d'entreprendre mon père en des termes empruntés à *Santa Barbara* : « Je crois que nous l'avions senti tous les deux depuis… mon Dieu… depuis si longtemps. Maintenant, la question qui se pose c'est… combien de temps ça va durer. Oh, mon amour, viens tout de suite, tu me rends folle ! »

C'était sûrement le genre de chose contre lequel maman nous prévenait quand elle faisait allusion aux jeux dangereux. Si mon père avait été assez idiot pour accepter la proposition de Penny, Amy aurait découvert qu'il n'était qu'un vulgaire coureur de jupons et se serait sans doute demandé à qui il aurait pu opposer une fin de non-recevoir. Désormais, tout propos venant de lui serait suspecté de duplicité et mis en doute. Était-il *vraiment* en voyage d'affaires ou avait-il filé à Myrtle Beach pour se la couler douce avec l'une des jumelles Strividès ? Au fond, qui était-il *exactement*, cet homme-là ?

Tout en étudiant coquettement le reflet de son visage dans la porte du four, Amy réarrangeait ses franges drues et blanches, visiblement satisfaite de ce qu'elle voyait :

— Non mais c'est tout ce que je voulais vous dire… vous comprenez… je vous trouve vraiment très très… séduisant. Vous croyez qu'il y a un mal à… cela ?

Il faut dire à sa décharge que papa était un parfait gentleman. Il s'est contenté de bafouiller qu'il était extrêmement flatté qu'une telle offre lui fût adressée, puis il a éconduit Penny avec la pire douceur. Après lui avoir proposé de lui arranger un rendez-vous avec les quelques célibataires encore disponibles dans sa boîte ou dans son club de golf, il a conseillé à ma petite sœur de prendre soin d'elle-même, en ajoutant qu'elle était une femme avec beaucoup de personnalité et qu'elle méritait largement de connaître le bonheur.

Des années ont passé avant que Amy n'avoue son forfait. Certes, c'étaient sans doute des années un peu trop tranquilles et monotones pour notre famille mais, si je ne m'abuse, une époque plutôt trouble pour la pauvre Penny Midland, qui dut recevoir fréquemment à la galerie d'art des visites impromptues de mon père, accompagné de l'un ou l'autre de ses collègues divorcés : « Tiens, voilà la gonzesse dont je te parlais, leur chuchotait-il. Je vais en profiter pour jeter un coup d'œil alentour pendant que tu lui glisses un mot ou deux, d'accord ? »

L'usure du temps n'a guère entamé le soin compulsif que mon père mettait à surveiller le poids et la tournure physique de mes frangines. Il se demande encore pourquoi ses filles ne viennent pas le voir plus souvent alors que, dès leur arrivée, il ouvre la porte avec ces mots aimables : « C'est mon imagination qui me joue des tours ou bien tu as encore pris quelques kilos ? »

Comme elle a maintenu son teint magnifique et ses traits harmonieux, Amy est restée le plus grand trésor de papa. Elle est — et de loin — dans notre famille la personne la plus gâtée par la nature. Seulement, elle passe le plus clair de son temps et dilapide son argent à se déguiser à grands renforts de prothèses de bosse dans le dos et de dermatoses artificielles. De plus, elle possède une inénarrable collection de colliers et de fausses dents et ses tiroirs, comme ses placards, regorgent de perruques. Après en avoir rêvé durant des années, elle a fini par craquer et s'est payé le pantalon d'un « costume de gros » capitonné, taillé sur mesure, qu'elle s'est mise à enfiler avec délice sous un jogging crasseux, aussi moulant et rebutant que des boyaux de saucisse. Incapable d'acquérir aussi la veste, elle en était réduite à se coltiner dans les rues à la manière d'une femme à deux corps soudés ensemble pour les besoins d'une atroce expérience. Si par exemple de la tête à la taille elle était svelte et parfaite, elle était obligée en revanche de trimballer ses énormes jambes semblables à des troncs d'arbre qui, dans leur avancée, précédaient un derrière si monumental, rebondi et flétri qu'elle était parfaitement capable de s'asseoir sans risque sur une aiguille à tricoter.

C'est ce costume de gros qu'elle portait un jour où nous allions passer les congés de Noël chez papa. L'homme était venu gentiment nous accueillir à l'aéroport de Raleigh, manifestement secoué. Par on ne savait quel miracle, il avait réussi à se contenir. Il n'avait pas pipé mot jusqu'à notre arrivée à la maison mais Amy s'était à peine engouffrée dans la salle de bains qu'il s'était tourné vers moi en gueulant :

— Mais qu'est-ce qu'il lui prend, putain de merde ? Mais vous voulez me descendre ou quoi, nom d'un chien ! Je vais être mal, là ! Je suis mal !

— Quoi ? De qui parles-tu ?

— De ta sœur, putain, il s'agit de ta sœur. Mais il y a à peine six mois que je l'ai vue, tu te rends compte ? Et maintenant, la voilà qui ressemble de plus en plus à un char d'assaut. Je croyais que tu devais t'en occuper sérieusement, non ?

Je l'ai supplié de baisser le ton :

— Je t'en prie, papa, ne fais surtout pas allusion à ça en sa présence. Amy devient extrêmement susceptible quand on parle de son… euh… tu vois ce que je veux dire.

— Son quoi ? Eh mais vas-y ! Dis-le, quoi : *son gros cul, son énorme cul* ! C'est plutôt de ça qu'elle a honte, ouais ! Et ça ne m'étonne pas ! Même un hélicoptère pourrait atterrir dessus sans problème !

— Papa !

— Écoute, mon petit malin, n'essaie surtout pas de la défendre, d'accord ? Après tout, cette fille est célibataire, et le compte à rebours a déjà commencé. Dis-moi : qui va prendre le risque de tomber amoureux d'elle ou de l'épouser avec un cul pareil, hein ?

— C'est-à-dire que, enfin… je crois avoir entendu dire

quelque part que la plupart des hommes *avaient du goût pour* ce genre de postérieur, non ?

Il m'a fixé longuement, les yeux pleins de commisération. Son cœur venait d'être brisé pour la deuxième fois en une seule journée.

— Avec ce que tu ignores, on pourrait écrire des kilomètres et des kilomètres de pages de bouquins...

Mon père avait déjà repris contenance au retour d'Amy. Seulement, dès qu'elle s'était retournée pour ouvrir la porte du réfrigérateur, il réagit comme si elle était sur le point de balancer une allumette en flamme dans le réservoir d'essence de sa Porsche.

— Mais pour l'amour de Dieu, qu'est-ce que tu veux faire là ? Sans blagues, regarde-toi un peu ! Tu veux te suicider ou quoi ?

Amy avait plongé une cuiller à soupe dans un respectable bocal de mayonnaise « taille économique ».

« Moi je sais où est ton problème », a déclaré papa. « Tu t'ennuies. C'est vrai, tu t'ennuies et tu te sens si seule que tu te mets à t'empiffrer avec toutes ces saloperies pour combler ce manque. Je comprends que tu traverses des moments durs dans ta vie mais, crois-en ma parole, tu t'en sortiras, tu verras. »

Amy ne l'entendait pas de cette oreille. Elle ne s'ennuyait pas et elle n'était pas seule. Le problème, persistait-elle, c'est qu'elle avait faim.

— Je n'ai rien eu à me mettre sous la dent durant le vol, à part deux ou trois mille-feuilles. Est-ce qu'on ne pourrait pas aller bouffer des crêpes quelque part ?

Elle a réussi à camper sur ses positions jusqu'à ce que papa, d'une voix douloureuse, lui propose de chercher secours auprès d'un professionnel. Il lui a même parlé de séjours spécialisés, de suivi particulier, et s'est dit disposé à lui prêter — non, à lui *donner* — l'argent nécessaire.

— Et ce n'est pas fini ! J'irai même plus loin : je te récompense pour chaque kilo perdu ! Et en liquide !

Après que Amy eut rejeté son offre, il a choisi de prêcher par l'exemple. Son dîner de Noël s'est réduit à trois maigres bouchées et son dessert a été repoussé avec mépris, au profit d'une course à pied de trois kilomètres.

— Personne d'autre n'est partant? Hein, Amy?

Plein d'abnégation, l'homme est allé jusqu'à prolonger les dix minutes de son bon vieux régime d'exercice physique d'une heure entière et, même durant ses communications téléphoniques, il continuait à trottiner sur place.

Amy ne lâcha pas prise. Pis encore, elle supporta son costume de gros jusqu'à ce que ses jambes soient totalement irritées et couvertes de boutons. Ce n'est que le jour de notre départ, en se rendant le matin à l'aéroport, qu'elle se résolut finalement à mettre un terme à la mascarade. Papa jubilait, la voix entrecoupée de sanglots :

— Ha ha ha ! Tu m'as vraiment mené en bateau, toi ! J'étais presque sûr et certain que tu n'aurais jamais pu te faire tant de mal. Ça alors, et tu dis que c'était une blague ? Promis, juré ? Ha ha ha !

Des mois plus tard, il ne se lassait toujours pas de l'anecdote du costume de gros : « Oh, et puis après tout, elle m'a fait tourner en bourrique une minute, pas plus ! Parce que, vous savez, même avec cette espèce de gros cul, d'énorme cul, elle ne pouvait rien y changer, non, pas possible ! Parce que cette fille c'est une belle fille, belle dans son corps comme dans son cœur, et pour moi c'est la seule chose qui compte. » Malheureusement, son enthousiasme n'a duré qu'un temps. À mesure que la date fatidique des séances photo approchait, il a commencé à me mitrailler de coups de fil pour me poser des questions extrêmement techniques :

— Est-ce que tu sais par hasard si ce magazine fera appel aux services d'un coiffeur professionnel ? Ah mais j'ose l'espérer parce que sinon… eh, au fait, tu n'as pas remarqué que sa chevelure s'est un peu clairsemée ces temps derniers ? Non mais c'est affreux ! Et puis… eh, dis-moi honnêtement, pour l'éclairage : tu crois qu'ils sauront s'y prendre ? Je ne sais pas si on doit faire confiance à ce photographe pour réaliser des clichés de grande qualité ! Et si on passait un petit coup de fil là-bas pour leur suggérer d'engager quelqu'un de plus compétent, hein ? Qu'est-ce que t'en penses ?

Malheureusement pour papa, il y a énormément de choses que je lui tais quand il m'appelle pour prendre des nouvelles d'Amy. Il ne comprendrait jamais qu'elle n'ait jamais eu aucune envie de se marier et qu'elle avait rompu avec un grand soulagement avec son petit copain bien réel, un homme en chair et en os, pour le remplacer par un petit copain sorti tout droit de son imagination, et qu'elle appelait Ricky.

La dernière fois qu'un célibataire lui avait proposé de sortir avec lui, Amy avait hésité juste un peu avant de lui répondre :

— C'est vraiment très gentil de ta part mais en fait, je ne suis pas trop branchée sur les Blancs en ce moment.

À ces mots seulement, le cœur de mon père se serait arrêté net.

— Le compte à rebours a commencé, me prévenait-il. Si elle attend encore plus longtemps, elle sera condamnée à la solitude pour le restant de ses jours.

Pourtant, cela avait l'air de convenir parfaitement à Amy.

Le jour où papa téléphona pour s'informer des séances photo, je fis mine de ne pas être au courant. Je ne lui appris pas par exemple qu'au jour dit ma frangine débarqua dans le studio sans même s'être lavé les cheveux et qu'elle prit ainsi, sans la moindre gêne, place parmi les douzaines d'autres New-Yorkaises sélectionnées par le magazine. Puis, sans tarir de compliments sur leurs tenues ravissantes, scrupuleusement choisies pour l'occasion, elle attendit imperturbablement son tour pendant qu'on les coiffait, égalisait leurs sourcils et masquait çà et là leurs légères imperfections avec une touche de poudre.

Une fois arrivé son tour de s'installer à la table de maquillage, Amy avait supplié :

— Je voudrais ressembler à quelqu'un qui vient de subir une séance de passage à tabac dans les règles de l'art.

La maquilleuse réalisa un boulot sublime, un travail d'artiste. Son œil au beurre noir et sa mâchoire violacée se mariaient parfaitement avec les ecchymoses multiformes qui lui zébraient le front. Des poches de pus jaunâtre cernaient son nez parsemé de croûtes et ses lèvres tuméfiées étaient barricadées par de méchantes rangées de points de suture saumâtres.

Amy exultait devant son nouveau look. Mais surtout, elle adorait la nouvelle personnalité que celui-ci lui permettait d'endosser. Après les séances photo, elle conserva son maquillage en l'état et, le visage démoli, elle se rendit droit au pressing puis à l'épicerie. À sa vue, la plupart des gens détournaient le regard avec nervosité. Cependant, les rares fois où quelqu'un se risquait à lui demander ce qu'il lui était arrivé, ma sœur lui répondait avec un sourire désarmant :

— Ce qui m'est arrivé ? Mais je suis amoureuse, c'est tout ! Vous vous rendez compte ? Je suis amoureuse, folle amoureuse ! Oui, enfin j'aime, et je suis heureuse à en crever !

CASSECOUILLES.COM

Mon père avait toujours nourri le rêve qu'un jour, à travers un réseau d'ordinateurs massifs et trapus comme des réfrigérateurs — du genre de ceux qu'ils développaient chez IBM —, tous les gens seraient connectés les uns aux autres dans le monde entier. L'œil pétillant de ferveur, il se représentait ces familles entières rassemblées autour des mammouths qui leur tiendraient alors lieu de terminaux pour passer commande chez l'épicier ou payer leurs impôts sans quitter un seul instant le confort douillet de leurs maisons. Selon lui, on pourrait ainsi composer de la musique, concevoir les plans d'une niche pour son chien ou bien — encore plus fou, encore plus merveilleux — « on pourrait par exemple… je ne sais pas, moi… on pourrait… ».

Transporté par la prédiction de son utopie, il lui arrivait alors d'atteindre un point où les mots finissaient par lui manquer. Ses yeux s'écarquillaient et se mettaient à briller à la seule pensée de ce je ne sais quoi d'inconnu jusqu'alors, ce possible encore absolument indescriptible. « Je veux dire… oh, doux Jésus… essayez d'y réfléchir… juste un peu, et vous verrez », soupirait-il.

Cependant, nous préférions ne pas y réfléchir, mes sœurs et moi. Certes, je ne peux m'exprimer à leur place, mais en ce qui me concernait, j'espérais que le monde entier se mobiliserait pour des causes autrement plus intéressantes, comme la drogue ou la lutte armée contre les morts vivants. Malheureusement, ce sont les partisans de mon père qui ont gagné : les ordinateurs sont partout, et mon seul regret est que cela soit arrivé de mon vivant.

Quelque part au fin fond de ma mémoire, j'ai le vague souvenir d'avoir fait la queue en tenant à la main une carte perforée. Je me souviens surtout du sentiment d'anonymat presque clinique que cela m'avait procuré, comme je me souviens aussi de la conviction que je nourrissais à l'époque, selon laquelle l'ordinateur n'irait jamais plus loin que ça. D'accord, on peut trouver cela quelque peu simplet, mais j'ai l'impression d'avoir sous-estimé la passion folle qui habitait l'univers quand il a choisi de passer le plus clair de son temps assis sur des sièges en plastique pour contempler un écran lumineux au risque de frôler le strabisme. Papa en revanche l'avait vu venir mais, curieusement, le futur m'a eu totalement par surprise. Il n'y avait pas d'ordinateurs dans mon lycée, et lors de mes deux timides tentatives en direction des études universitaires, les gens en étaient encore à compter sur leurs doigts et à retirer leurs chaussures quand le calcul mental les portait au-delà du nombre dix. En définitive, je n'ai guère pris conscience de l'intérêt des ordinateurs avant la moitié des années quatre-vingt.

Heureusement, par la grâce de mon incapacité totale à travailler dans un bureau, j'ai pu me soustraire aux nouvelles technologies. De toute façon, même leur contact indirect me perturbait suffisamment. Je vivais encore à Chicago lorsque j'ai commencé à recevoir des vœux de Noël affligeants qui ressemblaient à des journaux à sensation ou à des rapports annuels de société. Les logiciels de traitement de texte ont introduit des bizarreries dans l'écriture. Ils ne l'ont pas rendue drôle à proprement parler et il suffit de consulter les manchettes des journaux pour s'en apercevoir.

Quant aux amis qui d'ordinaire n'exprimaient pas le moindre intérêt pour le supplice, ils se sont mis à m'envoyer des lettres qui évoquaient pour moi des menus de nourriture chinoise prête à emporter, ou les manuscrits de la mer Morte. Dans mon entourage, tout le monde était désormais capable de produire un texte imprimé, de sorte que je fus vite sommé de rentrer dans le rang. Les auteurs de ces lettres partageaient leur prosélytisme avec la faune qui se pointait dans les soirées croulant sous des Caméscopes hyper chers, et qui, après le dessert, suggérait qu'on reste tranquillement assis à nos places pour visionner sur écran la cassette de la fête. Nous, le commun des mortels, avions désormais accès aux moyens de production, mais j'avais beau me triturer les méninges, je ne comprenais pas pourquoi on en faisait tout un plat. Après tout, une lettre débile restait une lettre débile en dépit de tous les habillages qu'on pouvait y ajouter ; du reste, il y avait une bonne raison à ce que nous, le commun des mortels, ne passions pas à la télé : nous étions tout simplement chiants.

Au début des années quatre-vingt-dix, je vivais à New York, où je travaillais pour une entreprise de ménage. J'ai appris, par mon travail, que le nettoyage des ordinateurs pouvait tourner au cauchemar. Non seulement leur surface attirait la crasse et la poussière comme un aimant, mais c'était une autre paire de manches que de nettoyer les alvéoles du clavier. Il m'est arrivé plus d'une fois d'appuyer par mégarde sur une touche et de reculer de terreur tandis que l'écran noir revenait à la vie en me pourchassant avec des poissons tropicaux d'un exotisme du plus bel effet et des flottilles entières de soucoupes volantes. Mais ce qui me déprimait encore plus, c'était cette manie qu'avaient les gens d'utiliser la partie supérieure de l'écran pour exhiber des photos encadrées et des armées de créatures en peluche ou en plastique, qui risquaient de tomber derrière le bureau dès que je me mettais à dépoussiérer. En plus, il n'y avait jamais une prise de libre pour brancher l'aspirateur puisque toutes, jusqu'à la dernière, étaient occupées par les éléments de l'ordinateur. Les fils de connexion se baladaient partout et semblait dire : FOUS-NOUS LA PAIX. À vrai dire, je ne demandais pas mieux que d'obtempérer, mais c'est à ce moment-là qu'on a commencé à me montrer du doigt.

Compte tenu de mon animosité de principe envers toutes sortes de machines, sentiment qui s'est donné libre cours dans quelques éclats de voix tonitruants, on a eu vite fait de m'étiqueter comme technophobe, un terme qui n'était guère péjoratif à mes yeux. Du reste, même si le mot *phobie*, utilisé au sens propre, avait gardé son charme, il avait néanmoins perdu pas mal de points ces derniers temps à cause de l'insistance que les gens mettaient à expliquer toute aversion par la peur et non par la répulsion. Personne ne faisait plus la différence entre ces deux sentiments. Je peux avoir peur des serpents. En revanche, je hais les ordinateurs. Ma haine est indécrottable, et je l'entretiens chaque jour avec grand soin. Avec elle, je me sens bien dans ma peau et aucun programme de formation permanente, quel qu'il soit, ne me fera changer d'avis.

Je hais les ordinateurs parce que non seulement ils ont leur propre rubrique dans le *New York Times*, mais encore ils allongent les pubs déjà assez longues en y adjoignant les adresses de sites web. Mais qui diable aimerait en savoir plus sur Procter & Gamble, hein ? Du moment qu'on a acheté leur dentifrice ou leur lessive, l'affaire est close. Je hais les ordinateurs parce qu'ils ont inventé le terme *org*. Je hais les ordinateurs parce qu'ils ont inventé les e-mails, le courrier électronique, qui n'a rien à voir avec un véritable courrier mais me rappelle davantage ces espèces de petits mots sans intérêt qu'on échangeait au nez et à la barbe du prof au lycée. Je hais les ordinateurs parce qu'ils ont osé remplacer le système de fiches du bon vieux catalogue de la bibliothèque publique de New York, comme je hais l'effronterie avec laquelle ils ont envahi le cinéma.

Et je ne parle pas de leur contribution au développement des effets spéciaux. Je n'ai absolument rien contre un mutant — à condition qu'il soit bien conçu —, ni une invasion d'extraterrestres à grande échelle : il s'agit là, sans nul doute, de *haute* technologie. Non, je veux parler de leur présence incontournable *à l'intérieur* de n'importe quel film. Ils sont devenus aussi indispensables à leur trame que les chevaux dans les westerns : sans qu'ils soient le sujet principal de l'histoire, tous les personnages en possèdent. Le navet le plus lamentable comporte toujours une scène dans laquelle le héros, piégé par un coup de l'ennemi, se précipite vers son bureau dans un effort désespéré pour gagner quelques secondes précieuses. La musique mugit et des gouttelettes de sueur s'écrasent sur le clavier tandis que, penché sur son ordinateur portable, il pianote frénétiquement dans l'attente d'une réponse. S'il était en train de faire signe au chauffeur d'une voiture pour qu'il s'arrête ou d'essayer de téléphoner pour demander de l'aide, la situation serait différente ; je persiste et signe : qu'on le veuille ou non, taper sur un clavier, n'ajoute rien au suspense.

Je hais les ordinateurs pour toutes sortes de raisons meilleures les unes que les autres, mais je les exècre surtout pour ce qu'ils ont fini par faire à mon amie la machine à écrire. Dans un pays démocratique, il y aurait certainement eu assez de place pour que les unes et les autres évoluent librement, mais les ordinateurs, à mon avis, avaient décidé de mener un combat sans relâche.

Quand on me reproche d'être le genre de mec qui s'accroche encore à ses bandes à huit pistes, je feins la surprise : « Ah bon ? Des huit-pistes ? Où ça ? » En fait, je ne m'y connais pas du tout ; mais il importe à mes yeux d'exprimer ne serait-ce qu'un brin de solidarité à tous ceux à qui on vole leur gagne-pain. Qu'on puisse compter les mots ou déplacer des paragraphes sur la simple pression d'une touche, je n'en ai cure. Je ne veux pas entendre parler des ordinateurs. Car contrairement à la légère panique provoquée par la pression des doigts sur le clavier en plastique de l'ordinateur, le crépitement sec de la machine à écrire suffit, à lui seul, à témoigner que l'on est réellement en plein travail de création. D'ailleurs, à la fin d'une rude journée, au lieu de pleurer sur mon manque d'inspiration virtuelle, je peux au moins contempler ma poubelle débordante de feuillets froissés et me consoler en me disant que même si j'ai échoué, cela aura au moins coûté quelques arbres abattus.

Lorsqu'il me faut quitter mon domicile pour un laps de temps assez long, j'emporte toujours ma machine à écrire, et ensemble, nous subissons avec patience l'épreuve du passage aux rayons X. Tandis que les ordinateurs portables continuent gaiement leur chemin sur le tapis roulant, on m'ordonne d'attendre à côté et d'ouvrir mon sac. Alors que je trouve parfaitement normal de trimballer avec moi une machine à écrire, son utilisation de moins en moins courante en fait un objet de suspicion, et je me retrouve à lâcher les mêmes protestations qu'un trafiquant d'armes :

— Mais ce n'est qu'une machine à écrire, vous savez ? proclamé-je. On peut s'en servir pour dactylographier des lettres de protestation aux autorités des aéroports, au cas où.

On se met alors à frapper sur les touches à coups répétés, ce qui me conduit généralement à me lancer dans des explications sommaires : si on tient vraiment à ce que les mots apparaissent, il faut au moins, au préalable, brancher la machine sur une prise électrique et y insérer une feuille de papier.

Les gabelous hoche alors la tête en me recommandant d'essayer de me procurer au plus tôt un ordinateur. Après tout, ils ne font que leur boulot : rester des heures entières plantés dans un coin, coincés dans un uniforme mal coupé. Et dire que ces gens-là prétendent vous conseiller sur votre manière de vivre. En plus, le même soir, j'ai droit exactement au même refrain lorsque le chasseur de l'hôtel frappe à la porte de ma chambre. En effet, des gens qui regardent la télé sans me gêner le moins du monde, le volume à fond, viennent de se plaindre du bruit de ma machine, et il a dû monter pour me demander d'arrêter. D'après lui, je suis carrément en train de jouer de la timbale. Pourtant, toutes choses égales par ailleurs, la machine à écrire est loin d'être aussi bruyante qu'il veut le faire croire, mais il est inutile de le contredire.

— Vous savez, monsieur, susurrait-il, il faudrait que vous songiez à vous mettre à l'ordinateur.

On se demande vraiment où on va quand en l'espace d'une journée deux types coiffés de chapeaux bizarres s'évertuent à vous donner des conseils sur l'écriture. Et plus on fait pression sur moi pour que je me mette à l'ordinateur, plus j'y oppose une résistance farouche. L'un après l'autre, mes amis ont fini par déserter pour passer dans l'autre camp, celui de l'obscurantisme. «Mais comment fais-tu pour écrire si tu n'as même pas une adresse e-mail, hein ?» s'écrient-ils. Ils ne tarissent pas d'éloges sur leurs arborescences et leurs antivirus et après ça, ils ont le culot de se plaindre lorsque j'aborde à table des sujets comme le transit intestinal.

Qu'est-ce qu'on en a à foutre, de ces ordinateurs ? J'étais persuadé que ma famille serait toujours de mon côté, jusqu'au jour où, anéanti, j'ai vu Amy débarquer à la maison avec un portable couleur bonbon.

— Je l'ai acheté pour mon e-mail, m'a-t-elle expliqué.

Venant d'elle, ces mots m'ont littéralement rendu malade.

«C'est marrant, tu sais, a-t-elle poursuivi, les gens peuvent t'envoyer des trucs, tu vois ? Tiens, regarde-moi ça.»

Elle a appuyé sur un bouton et aussitôt, là, sur l'écran, est apparu un homme, étendu face contre terre sur le parquet. Il avait des cheveux grisonnants ; des menottes coinçaient ses mains dans son dos ; il était d'une maigreur cadavérique. Une femme est ensuite entrée dans la pièce. On ne pouvait pas distinguer son visage ; ses jambes et ses pieds, disproportionnés et monstrueux, avaient été enfilés de force dans des souliers à bouts pointus et talons aiguilles aussi hauts que des crayons. L'homme étendu sur le parquet a changé de position et, quand ses testicules sont apparus en plein champ, la femme a réagi comme si elle venait enfin d'apercevoir une vieille souris, sénile et perdant ses poils, qu'elle recherchait depuis des siècles pour en finir. Elle s'est mise à sauter sur les testicules de l'homme, qu'elle a piétinés rageusement du bout de ses chaussures avant de se retourner pour les écraser de nouveau, patiemment, du bout de ses talons aiguilles. Elle a continué ainsi un moment, sans pitié, son jeu de massacre, et au moment où je croyais qu'elle en avait terminé, elle a repris son souffle et a recommencé de plus belle.

Je ne m'étais jamais imaginé que l'ordinateur pourrait, en termes de qualité, égaler la télévision. Personne ne m'avait laissé entendre que l'image pourrait être aussi claire et les hurlements de douleur, s'entendre aussi distinctement. Je me suis alors souvenu des prédictions de mon père : en effet, c'était ces images qu'il voyait en pensée tout au long de ces années-là, sans pouvoir les traduire en paroles. Non pas nécessairement cette scène précise, mais des choses qui avaient une égale faculté à susciter l'émerveillement du public.

— Encore ?

Amy a appuyé sur un bouton et, nos visages baignant dans la luminescence de l'écran, nous avons de nouveau tourné nos regards vers le futur.

DEUX[1]

1. En français dans le texte. *(N.d.T.)*

AU REVOIR ET À HIER !

Je n'ai jamais fait partie de cette catégorie d'Américains qui pimentent leur conversation d'expressions françaises ou proposent du brie à leurs invités. La France ne me disait pas grand-chose, ce n'était pas pour moi une destination préméditée. J'ai échoué en Normandie par le plus grand des hasards, un peu comme ma mère en Caroline du Nord : il suffit de rencontrer un mec puis de se laisser aller et, en moins de deux, on s'aperçoit que beaucoup de choses ne sont plus comme avant.

J'ai fait la connaissance de Hugh par personne interposée. Nous devions à l'époque, cette personne et moi, repeindre un appartement, et il m'avait gentiment proposé de me prêter son échelle de trois mètres et demi. Les gens qui possédaient des échelles de trois mètres et demi à New York n'étaient pas légion. C'était même un gage certain de réussite sociale puisqu'il fallait au moins disposer de l'espace suffisant chez soi pour l'entreposer. Et, de fait, Hugh vivait dans un loft sur Canal Street, une ancienne manufacture de chocolat à l'intérieur de laquelle on avait transformé les chambres froides de plain-pied en pièces d'habitation. En débarquant chez lui un vendredi soir, ma curiosité a été aussitôt éveillée par la tarte qu'il avait mise à cuire au four. Ainsi donc, pendant que le reste des habitants de Manhattan descendait s'encanailler en ville, il était resté peinard dans son nid douillet, à peler des pommes en écoutant de la country music.

Hugh était seul comme moi, ce qui ne me surprit pas outre mesure. Ce type passait quand même le plus clair de son temps de loisir à pétrir de la pâte en versant des larmes sur des albums de George Jones ! Quant à moi, fraîchement débarqué à New York, j'étais presque convaincu que j'allais passer le restant de mes jours dans la solitude. À vrai dire, selon diverses sources dignes de foi, mon problème était dû, en partie au moins, à ma propension fâcheuse à fatiguer les gens. L'autre inconnue de mon équation, elle, avait sans doute quelque chose à voir avec ma longue liste d'accessoires familiers. Car à l'évidence, aucun soupirant ne pouvait se mettre, rien que pour mes beaux yeux, à fumer des cigarettes Merit ou à porter des bottes de cow-boy — ou en acheter s'il n'en avait pas — ou encore s'en tenir strictement aux produits de consommation étiquetés « light » ou « recommandés aux cardiaques ». Mes chances de séduire s'amenuisaient au fur et à mesure que je me plaignais par exemple de ne pas « arriver à mettre la main sur l'anneau que je porte au téton », ou plastronnais en lâchant négligemment : « Tenez, voilà mon premier tatouage ! » Et ce n'était pas tout. Je devais également m'astreindre à prononcer en entier les noms de rues, et non me contenter de dire « entre la 59e et Lex. » ou bien « Mad. Ave ». De surcroît, pour ne rien arranger, personne ne pouvait boire autant que moi, ni griffonner des kilomètres de poèmes dans des carnets pour ensuite aller les déclamer devant des salles pleines d'inconnus, ni même supporter de prononcer des mots comme *le cinoche, c'est extra, le cyberespace, les progressistes* ou bien *le Zeitgeist.*

Hugh s'était installé à New York après avoir passé six ans en France. Je lui avais posé quelques questions, histoire de tâter le terrain, car je sentais qu'il ne ferait aucune ouverture à moins d'être poussé dans ses retranchements. Il m'avait appris qu'il possédait une maison en Normandie. Mais aussitôt, il s'était repris, pour tempérer l'intérêt de la chose : « À vrai dire, c'est minuscule. » Peut-être avait-il même poursuivi sa description dans le détail, mais il était déjà trop tard : je ne l'écoutais plus que d'une oreille. En effet, je m'étais déjà imaginé à l'étranger, dans une contrée lointaine où au moins, si les choses tournaient mal, je pourrais facilement en imputer la faute à autrui en prétextant que de toute façon, la décision d'aller m'installer là-bas ne venait pas de moi. Les temps risquaient d'être durs pendant un an ou deux, mais cet argument ne m'arrêtait pas. Car s'il y avait une chose dans la vie que tout être humain devait faire au moins une fois, c'était d'aller vivre dans un pays étranger. De mon point de vue, cette expérience complétait la formation de la personnalité en effaçant le côté provincial pour vous changer en un authentique citoyen du monde.

Je ne voyais donc pas cette perspective sous un angle purement romantique. Mon rêve n'avait rien à voir avec l'idée que je me faisais de la France, avec des foules en chapeaux ou des individus écrivant des lettres torturées sur des terrasses de cafés. Je n'avais rien à foutre des bars où Hemingway se soûlait la gueule ou des adresses où Alice B. Toklas[1] se faisait tailler sa moustache, non. Ce qui me tentait dans la vie à l'étranger, c'était le sentiment de détresse qu'elle pouvait induire. Mais plus passionnant encore était le travail que l'on devait accomplir pour surmonter ce sentiment de détresse. Cela supposait de se fixer des objectifs à atteindre, et j'adorais cela.

— … Construite autour des années 1780… à deux heures de train de Paris… mon arrière-cour envahie par les chevaux de mon voisin… en toute liberté… mes tartes aux pommes… avec les pommes cueillies sur mes propres pommiers, que j'ai moi-même plantés…

Conscient de la réalité que les propos de Hugh mettaient ainsi en lumière, j'ai vite compris que mon premier objectif à atteindre était d'en faire mon petit ami, en le piégeant ou en exerçant sur lui quelque forme de chantage pour le pousser à s'engager plus avant. Cela avait eu beau paraître cynique de ma part, mais à défaut d'être beau gosse, il valait mieux avoir de la jugeote.

1. Amie de Gertrude Stein, auteur d'une de ses biographies. *(N.d.T.)*

Pour arriver à mes fins, j'ai toujours puisé mon courage dans l'illusion que le monde entier, au fond, n'était qu'une pièce de théâtre dans laquelle je jouais le rôle d'un intrigant. Les personnages des feuilletons font par exemple des déclarations ampoulées. Les poings serrés, ils proclament à haute et intelligible voix les objectifs qu'ils se sont fixés : « Je *vais de ce pas* détruire les entreprises Buchanan », menacent-ils. « Phoebe Wallingford *va payer très cher* tout le mal qu'elle a osé faire à ma famille ! » De même, cette nuit-là en rentrant chez moi avec un plan de l'échelle coulissante de trois mètres et demi, je me suis retourné pour jeter un dernier regard déterminé en direction du loft de Hugh : « Tu seras à moi, *tu verras* ! » ai-je menacé.

Neuf mois après avoir emprunté l'échelle, Hugh avait quitté sa chocolaterie pour venir vivre avec moi. Comme à son habitude, il voulait passer le mois d'août en Normandie pour revoir ses amis et retaper sa baraque. J'avais bien l'intention de le retrouver sur place, mais cette année-là, quand vint l'heure d'acheter mon billet d'avion, je me suis brusquement défilé, réalisant du même coup que la France me terrifiait. Pourtant, les Français en tant que tels ne m'intimidaient pas outre mesure ; je ne connaissais aucun Français à l'époque. Non, ce qui me fichait la trouille, c'étaient les images que j'avais gardées des Français à partir des films ou des comédies que j'avais vus. Car toutes les fois que j'avais assisté à une scène de ridicule inoubliable, celle-ci se passait dans un restaurant français, jamais dans un restaurant japonais ou italien. Pour moi, les Français étaient d'abord et surtout des gens qui se souffletaient avec des gants et portaient constamment des écharpes au cou pour dissimuler les preuves de leurs ébats passionnés. Dans mon esprit, quoi que nous puissions faire, les Français ne pourraient jamais nous aimer, et c'était un curieux sentiment pour un Américain alors qu'on nous avait inculqué depuis le berceau que les peuples d'Europe devaient nous être éternellement reconnaissants pour toutes les merveilles que nous avions accomplies. Je pense aux films qui véhiculaient une image stéréotypée du Français rustre et snobinard, sans oublier les remarques cinglantes du genre: «Nous vous avons sauvé la peau pendant la Seconde Guerre mondiale.» On ne cesse de nous enfoncer dans le crâne, jour après jour, que nous vivons dans le plus puissant pays au monde. Et on nous le répète sur le ton d'une vérité première, un peu comme on affirmerait que les Lions sont nés entre le 23 juillet et le 22 août, que la taille normale d'un grand drap est de deux mètres de long sur un mètre cinquante de large: ainsi, les États-Unis sont le plus merveilleux pays du monde. Avec ce genre d'idées ancrées dans la tête, on était forcément surpris de se rendre compte que d'autres pays disposaient également de leurs propres slogans nationalistes et qu'ils ne se contentaient pas de chanter à qui voulait les entendre: «Nous sommes les deuxièmes au monde!»

Les Français semblent par exemple avoir juré d'ignorer notre supériorité autoproclamée, ce que nous considérons comme arrogant de leur part. Pourtant, à ma connaissance, ils ne se sont jamais prétendus meilleurs que nous; ils se sont bornés à déclarer que nous n'étions pas les meilleurs. L'horreur. Il y a pourtant plein d'endroits au monde où les Américains sont accueillis avec un enthousiasme manifeste. Malheureusement, on ne peut rien y acheter d'intéressant. L'ennui c'est que, à mon avis, les gens voyagent avant tout pour acheter des choses! Hugh m'a par exemple acheté plein de cadeaux magnifiques cet été où je suis resté au pays au lieu de l'accompagner en France. Il n'est pas tout à faire du genre à courir les magasins, par conséquent il m'a paru évident que s'il avait pu dénicher toutes ces choses, c'est sans doute parce qu'elles devaient être à la portée du premier venu là-bas. J'étais persuadé que les Français étaient capables d'être inhospitaliers et même carrément hostiles. Mais même s'ils brûlaient notre drapeau ou me lapidaient à mort, j'étais prêt à faire le déplacement.

Mais il n'y avait pas seulement les boutiques, il y avait aussi les cigarettes. Des semaines entières après le retour de Hugh, je me faisais l'effet d'un villageois de Chine communiste à qui on racontait un voyage dans des contrées reculées qui vivaient, elles, en démocratie :

— Quoi ? Tu veux me dire que tu as vu, de tes yeux vu, des gens fumer dans les restaurants ? Mais c'est incroyable ! Et dans les bureaux aussi ? Ah bon ? S'il te plaît, raconte-moi encore cette histoire de cendriers dans la salle d'attente de l'hôpital et surtout, tu n'oublies pas un seul détail, d'accord ?

Quand je suis parti en France l'été suivant, je ne connaissais qu'un mot français : *bouchon*. En atterrissant à l'aéroport, j'ai dit « bouchon » ; de même, dans le train qui m'emportait vers la Normandie, je disais « bouchon » ; mon seul commentaire a été « bouchon » lorsque je me suis retrouvé en présence de l'amoncellement de pierres que Hugh désignait comme sa maison de campagne. Il n'y avait ni eau courante ni électricité ni rien à acheter, hormis les tuyaux et les câbles nécessaires au confort électrique et à la plomberie. Et comme il n'y avait rien d'intéressant à payer, il me semblait parfaitement naturel que les gens m'accueillent avec un enthousiasme non feint. Un peu comme si un citoyen français échouait du jour au lendemain au fin fond de la Caroline du Nord, dans un bled du genre de Knightdale :

— Oh seigneur ! s'exclamaient-ils, et vous avez parcouru tout ce chemin rien que pour nous rendre une gentille petite visite ?

Si au moins je disposais d'un vocabulaire plus consistant, je leur aurais répondu :

— Mais non, pas tout à fait.

Mais les choses étant ce qu'elles étaient, je ne pouvais que m'en tenir à ma seule réponse possible :

— Bouchon.

— Ah, bouchon ! s'écriaient-ils. Mais vous parlez bien français !

En plus, ces gens n'avaient rien de commun avec les Français tels que je me les représentais. Ceux-ci étaient plutôt sympa, trop sympa même, trop généreux et trop expérimentés en plomberie et en électricité. La maison se trouvait dans un minuscule hameau, un lieu-dit constitué de huit maisons de pierres blotties les unes contre les autres et entourées de collines et de vallons où paissaient des vaches et des moutons. On ne voyait pas une caisse enregistreuse à la ronde mais à un kilomètre et demi de là, dans le village voisin, il y avait une boucherie, une boulangerie, un bureau de poste, une quincaillerie et une petite épicerie. Il y avait également une église et une cabine téléphonique, une école primaire et un endroit où on pouvait acheter des cigarettes.

— Ça par exemple, New York ! s'exclamaient les commerçants. Dites donc, vous avez dû faire un sacré bout de route pour arriver jusqu'ici, non ?

Ils le disaient comme si un matin j'étais allé faire une petite balade dans mon quartier à Manhattan et que je m'étais égaré pour finir ma route chez eux.

À leurs yeux, quand on était américain, que l'on vienne de New York ou d'ailleurs, c'était pareil. Les gens en avaient évidemment entendu parler, surtout les trois adolescents qui vivaient dans le hameau et étudiaient l'anglais au lycée. Ils venaient de temps en temps me voir, disaient-ils, pour parler de la vie à *Ny*. Je me suis efforcé de leur expliquer que le *N* et le *Y* n'étaient que des formes abrégées, *N* signifiant *New* et *Y*, *York*, mais ils persistaient à accoler les deux en un seul mot. *Ny*, affirmaient-ils, était le nom familier utilisé par les gens du cru. Mais sans doute les gens ne le savaient-ils pas aux *Usa* !...

Les pauvres adolescents étaient intimement persuadés que New York était une ville pleine de merveilles toutes plus fascinantes les unes que les autres, une immense cour de récréation où se croisaient les célébrités et où on ne pouvait descendre dans la rue sans tomber sur une Madonna ou un Michael Jackson qui, assis tranquillement sur le banc du square, donnaient le sein à leurs bébés. J'ai commis alors l'imprudence de leur citer quelques figures que j'avais eu la chance d'entrevoir dans mon quartier : à partir de ce jour jusqu'à la fin de l'été, on aurait pu sans risque reconnaître notre maison en arrivant dans le hameau car c'était « l'endroit où vous trouverez devant la porte d'entrée une foule d'adolescents couchés à même le sol ». Ils restaient là, étendus sur le dos au beau milieu de la route, fermement décidés à ne rien manquer du spectacle si d'aventure un de mes illustres amis venait me rendre une petite visite pour m'aider à creuser la fosse septique. J'avais peur que l'un d'eux ne se fasse écraser un jour ou l'autre par une voiture et ne meure par ma faute.

– Mais non, inutile de vous mettre martel en tête, me rassuraient les voisins, avec l'âge ça leur passera, vous verrez.

Du moins c'est ce que je pouvais deviner de leurs propos. Car lorsque Hugh n'était pas là pour me traduire ce qu'ils disaient, tous nos échanges n'étaient en réalité fondés que sur une série de suppositions. Après tout, le boucher, d'apparence si gentille, pouvait parfaitement ne pas être gentil du tout, de même que l'épicier qui, sous ses airs accueillants, maugréait probablement quelque chose comme :

— *Bouchon, bouchon*, t'as qu'à aller au diable avec ton bouchon. Fous le camp, t'entends ? Et nous fais pas chier.

En réalité, les qualités que je leur prêtais n'étaient probablement qu'une pure invention de mon esprit. Comme d'ailleurs eux aussi, à l'inverse, pouvaient se représenter les miennes en imagination. En fin de compte, j'approchais de la quarantaine avec comme seule et unique particularité celle de répéter à longueur de journée le mot *bouchon*. J'étais devenu le joueur de flûte qui avait convaincu les adolescents du village de passer leur temps couchés au beau milieu de la route, l'adulte qui ne prêtait pas attention aux panneaux de danger accrochés aux clôtures électrifiées et qui effrayait les chevaux avec sa voix perçante. S'il me revenait de décrire un tel personnage, je n'aurais pas hésité à enfoncer le clou :

— Ah ouais, je vois ! Vous voulez dire l'idiot du village !

Dans un tel contexte, ma tactique d'intrigant de feuilleton ne m'était plus d'aucun secours. Quand j'ordonnais au brave citoyen de France : « Vous allez me comprendre, *et tout de suite* ! », je ne récoltais en retour que des regards médusés. Certes, je parvenais à saisir au vol quelques termes inconnus, mais la situation générale semblait sans espoir. Les jours où les voisins s'avisaient de s'arrêter, en l'absence de Hugh qui était parti chercher je ne sais quoi à la quincaillerie, je me démenais vaille que vaille pour leur tenir compagnie avec une lamentable suite d'expressions banales :

— Cendrier !

— Très bien, approuvaient-ils, c'est un cendrier qu'on voit là en effet.

— Marteau ? Tournevis ?

— Mais non, merci, on en a déjà un à la maison !

J'espérais que la langue viendrait naturellement à moi, un peu comme cela se passait pour les bébés, mais les gens ne parlaient pas aux étrangers comme ils s'adressaient aux bébés. Ils ne retenaient pas notre attention en nous exhibant des objets de couleur chatoyante tout en répétant patiemment le même mot encore et encore, pour finir par nous récompenser avec quelque petite gâterie lorsqu'on arrivait enfin à prononcer le mot « caca » ou « pipi ». J'en suis rapidement arrivé au point où je ne pouvais voir un bébé chez le boulanger ou l'épicier sans serrer instinctivement les poings, jaloux de la facilité avec laquelle il y parvenait, lui. J'avais envie de retourner au berceau, mais un vrai berceau français cette fois, et recommencer par le commencement, afin d'apprendre la langue par le menu, en grandissant. J'avais envie d'être un bébé mais, malheureusement, j'étais un adulte qui s'exprimait comme un adulte, un épouvantable homme-enfant qui exigeait plus qu'une attention de tous les instants.

Au lieu d'accepter la défaite, j'ai décidé de modifier mes objectifs à atteindre. Je me disais alors que ça ne valait pas la peine, en définitive, de chercher à apprendre la langue.

Désormais, ma principale priorité consisterait à terminer la construction de la maison. Quant aux verbes, ils viendraient en leur temps mais, en attendant, ce dont j'avais besoin, c'était d'un endroit confortable pour me planquer. Quand nous reçûmes au bout d'un certain temps les tirages de nos photos de vacances, on aurait juré que nous les avions passées dans un camp de travaux forcés. On m'y voyait jetant les murs à bas, me coltinant des poutres colossales, trimballant des tuyaux et des câbles. Avec mon visage gris de poussière j'étais devenu une figure familière, que ce soit à la décharge publique ou à la pharmacie. Et ce n'est qu'à Paris que je fus finalement récompensé de mon mois de dur labeur, une ville où, sans aucun effort, on pouvait dénicher un modèle en cire de vagin de femme vieux de trois cents ans auquel ne manquait aucun accessoire, pas même les poils du pubis. Dans l'avion qui me ramenait au bercail, on m'a remis un formulaire de douanes sur lequel je devais inscrire tout ce que j'avais à déclarer à l'atterrissage :

— un crâne de veau à deux têtes ;
— un interminable cendrier en forme de molaire ;
— les calculs biliaires d'un inconnu, étiquetés et présentés sur un pied gracieux ;
— un service à dessert de huit pièces en porcelaine de Limoges, destinées à l'origine à une pharmacie et portant, peints à la main, les noms de diverses potions létales ;
— un fœtus d'origine suédoise complet, y compris son cordon ombilical ;
— un alphabet français à usage ophtalmologique comportant le mot FAT ;
— un guide illustré des maladies de la peau et des blessures de guerre.

J'étais encore très loin du décompte exhaustif de ma collection d'anciens instruments chirurgicaux quand j'ai fini de remplir le formulaire. Hugh m'avait pourtant expliqué que je perdais mon temps, et que les douaniers en avaient après les gens qui achetaient des montres en platine et non ceux qui trimballaient des morceaux de crâne rouillés. Mais mon formulaire de douanes me fournissait, de mon point de vue, une liste de bonnes raisons de retourner en France pour maîtriser enfin la langue. Certes, il y avait le plaisir de la conversation, mais je n'apprécierais ma véritable récompense qu'une fois acquise la capacité de négocier couramment en français et, par ce biais, m'offrir un autre crâne à deux têtes au prix d'un ordinaire.

De retour à New York, j'ai retrouvé avec un immense plaisir mon statut « locuteur de langue maternelle ». Je ne cessais de bavarder avec les employés des magasins et de tendre l'oreille aux conversations intimes, me rendant soudainement compte que j'étais resté absent un mois entier sans entendre personne se plaindre d'être « au bout du rouleau », une expression qui me grimpait sur les nerfs. Les gens avaient la curieuse habitude à New York de vous expliquer à quel point ils étaient épuisés. Et si d'aventure on leur répondait : « Mais oui, en effet, tu as l'air vraiment crevé », ils s'effondraient littéralement. Mais je surveillais aussi du coin de l'œil les étrangers, les Européens qui faisaient leurs emplettes dans mon bon vieux Soho et les blanchisseuses qui répondaient « Pologne » ou bien « El Salvador » à la première question posée. Je me suis dit qu'il était de mon devoir de protéger tous ces gens, de leur donner des instructions claires quant à ce qu'ils ne voulaient pas qu'on leur impose. Malheureusement, ma gentillesse avait pour seul effet de les éloigner de moi. À l'étranger, en tant qu'Américains, notre sentiment de sécurité nous rendait presque arrogants. Il suffisait que ça tourne mal pour que, aussitôt, on se dise : « Bon, on va appeler l'ambassade et on verra ce qu'*ils* auront à nous proposer comme solution ! » D'ailleurs, tout le monde savait reconnaître les États-Unis sur une mappemonde. Tout le monde savait combien nous étions puissants et savions donner de la voix. Il y avait des pays où l'on ne bénéficiait tout de même pas d'une telle garantie.

— Ah bon ? Le Laos ? avais-je entendu une voix s'exclamer une fois lors d'un dîner. Mais si je ne m'abuse, on a dû vous bombarder deux ou trois fois, non ?

Nous sommes retournés en Normandie, Hugh et moi, l'été suivant, où j'ai aussitôt repris mon rôle d'idiot du village.

— Au revoir et à hier ! ai-je lancé au boucher. Cendrier ! Bouchon !

De nouveau, j'ai dû fuir la compagnie des gens, et j'ai passé mon temps à peindre et à poncer jusqu'à me faire saigner les jointures des doigts. Je suis donc reparti avec la ferme résolution de m'inscrire à un cours de français, mais dès que l'avion a sorti son train d'atterrissage à New York, j'ai oublié mon serment.

Lors de mon séjour suivant, j'ai occupé mon temps à sabler le plancher en m'exerçant à prononcer, chaque jour, dix expressions inconnues jusque-là, par exemple :

— bas quartiers ;
— visage tuméfié ;
— peine de mort.

C'est dans le dictionnaire que je repérais ces expressions. Ensuite, je les tapais sur des cartes miniformat en vue de les classer avant de les confier au soin de ma mémoire pour les ressortir lors de mes expéditions quotidiennes au village.

— abattoir ;
— monstre marin ;
— rebouteux.

Avant la fin du mois, je m'étais débrouillé pour retenir trois cents mots, dont pas un seul ne semblait servir à l'usage quotidien. L'été suivant, nous sommes restés en France un mois et demi, durant lequel j'ai pu ajouter quatre cent vingt mots à ma collection, la plupart piochés çà et là dans le journal à sensation *Voici* :

— Mangeuse d'hommes ! lançais-je. Aventurier ! Gagne-petit ! Peau de vache !

— Mais de qui s'agit-il donc ? s'étonnaient nos voisins. Qui c'est l'arriviste dont il parle ? Vous le connaissez ?

J'ai ensuite passé mon cinquième séjour en France avec les seuls mots et phrases que le commun des mortels utilisait. Auprès des propriétaires de chiens, j'ai appris par exemple à dire : « Couché ! » ou bien : « Silence ! » ou encore : « Qui c'est qui a fait sur la moquette, hein ? » Nos voisins d'en face, un couple, m'ont par exemple appris comment poser correctement des questions en français, tandis que l'épicier m'expliquait comment compter. Les choses prenant peu à peu forme, j'ai cessé de m'exprimer comme un enfant possédé par le diable et je me suis mis à parler comme un vulgaire péquenaud.

— C'est donc ça que vous appelez de la pensée de bœuf ? insistais-je auprès du boucher en lui indiquant du doigt la cervelle de veau exposée en vitrine du magasin. Alors donnez-moi quelques côtes d'agneau mais avec leurs os, hein ?

Avant la fin de notre sixième voyage en France, la maison était terminée et j'avais appris, au total, mille cinq cent soixante-quatre mots. J'éprouvais une sensation étrange à tenir entre mes mains tout mon vocabulaire, pouvoir farfouiller dans le tas et me rappeler l'après-midi où j'avais appris à décrire en détail mes gueules de bois. Je conservais mon vocabulaire à l'intérieur d'une boîte à chapeau probablement conçue pour abriter un couvre-chef napoléonien, et je redoutais surtout qu'en cas d'incendie seuls survivent dans ma tête les mots *bouchon* et *cendrier*, ce qui me priverait du plaisir intense que j'éprouvais à entendre quelqu'un utiliser un mot dont je me considérais comme propriétaire.

Lorsque les grues sont arrivées pour construire un hôtel de douze étages devant les fenêtres de ma chambre, nous avons décidé, Hugh et moi, de quitter New York pour un an ou deux, le temps d'apaiser un peu notre ressentiment. Je suis déterminé à faire de mon mieux pour apprendre le français. En conséquence, nous allons prendre un appartement à Paris, où je pourrai voir plein d'affiches et d'inscriptions de toutes sortes, sans compter une liste infinie de termes que je pourrais domestiquer et reporter sur mes fiches, une ville où les gens pouvaient fumer à leur aise sans être brimés, et où, au cas où ça tournerait mal, je pourrais au moins mentir en disant que de toute façon, je n'avais jamais eu l'intention d'aller y vivre. On m'y avait forcé, c'était tout.

JE PARLER FRANÇAIS

Et me voilà donc, à quarante et un ans, de retour sur les bancs de l'école. Je devais réapprendre à me considérer, selon l'expression employée dans mon manuel de français, comme un «grand débutant». Après avoir réglé mes frais de scolarité, je me suis retrouvé en possession d'une carte d'étudiant qui me permettait de bénéficier de réductions à l'entrée des salles de cinéma, des spectacles de marionnettes et des attractions de Festyland, un parc nouvellement construit à l'écart de la ville et dont les panneaux publicitaires vantaient un héros de dessin animé stégosaure qui, assis dans une barque, dévorait manifestement un sandwich au jambon.

Si j'ai déménagé pour Paris, c'était surtout dans l'espoir d'apprendre la langue. Mon école se situait à dix minutes de marche de mon appartement et, le jour de la rentrée, je suis arrivé très tôt, observant les anciens étudiants qui se saluaient dans le hall d'entrée de l'établissement. Ils se racontaient leurs vacances en détail, échangeait des nouvelles de leurs amis communs, les Kang ou les Vlatnya. Indépendamment de leurs nationalités, tout le monde semblait parler ce qui ressemblait, du moins à mes oreilles, un excellent français. Certes, il y avait parmi eux des accents plus charmants que les autres, mais les étudiants s'exprimaient avec une aisance et une assurance qui m'intimidaient quelque peu. Et pour ajouter à mon inconfort, ils étaient tous jeunes, beaux et bien habillés, ce qui me donnait l'impression d'être une sorte de péquenaud coincé dans les coulisses après un défilé de mode.

Ma première journée à l'école fut une cruelle épreuve pour mes nerfs. J'avais une obligation de résultat car comme la règle le voulait ici, on se trouvait du jour au lendemain plongé sans ménagement dans le bain linguistique et il ne restait plus qu'une solution : nager ou couler. Notre prof est arrivée au pas de charge, le teint bronzé trahissant de bonnes vacances, et a aussitôt commencé à récapituler d'une voix éraillée une intarissable liste de règlements administratifs. J'avais passé déjà quelques étés en Normandie, et même suivi un mois des cours de français avant de quitter New York. Je n'avançais donc pas tout à fait dans le brouillard, mais comment faire pour saisir ne serait-ce que la moitié des propos de cette femme ?

— Quiconque n'a ni *mémpizourbacté* ni *loustremortadu* jusque-là, doit aisément comprendre que sa place n'est pas ici. Me suis-je bien fait *aponstubiasé* ? Y a-t-il encore des questions ? Bien, mettons-nous donc au travail. Qui parmi vous a appris son alphabet ?

J'étais sidéré. Non seulement il y avait un bail que personne ne m'avait posé la question mais je réalisais soudain, dans l'hilarité générale, que je ne connaissais pas l'alphabet. J'avais pourtant cru reconnaître les mêmes lettres mais, en France, la prononciation était différente.

J'étais paralysé par le doute. D'abord, comme je viens de le dire : *a)* on ne m'avait pas posé ce genre de question depuis fort longtemps ; *b)* je venais de me rendre compte, en pleine crise d'hilarité, que je ne connaissais *en effet* pas l'alphabet. Bien sûr, même si pour l'essentiel il s'agissait des mêmes lettres, le problème restait entier : en France, on les prononçait autrement. Au final, j'avais une idée précise des formes des lettres de l'alphabet sans pour autant savoir exactement quel son leur attribuer.

— Aah ! ! ! s'est exclamée la prof en se dirigeant vers le tableau sur lequel elle dessina la lettre *a*. Y a-t-il quelqu'un dans la salle dont le prénom commence par un *aah* ?

Deux Anna d'origine polonaise se sont empressées de lever

la main. La prof les a encouragées vivement à se présenter sans rien négliger: nom de famille, nationalité et loisirs; elles devaient en outre nous livrer une liste sommaire des choses qu'elles adoraient ou qu'elles détestaient. La première Anna avait atterri là en provenance d'une banlieue industrielle de Varsovie. Elle portait des incisives aussi encombrantes que des pierres tombales. Elle travaillait comme couturière, adorait passer des moments tranquilles en compagnie de ses amis et détestait les moustiques.

— Ça par exemple, comme c'est intéressant! s'est écriée la prof. Et moi qui me disais que tout le monde adorait les moustiques! Vous au moins, vous avez le courage de vos opinions: vous les détestez. Quelle chance pour cette classe d'avoir parmi nous quelqu'un d'unique et d'original! Allez, dites-nous tout.

La couturière n'avait pas compris ce qu'on venait de lui dire. Mais elle était sûre au moins d'une chose: cela aurait dû prêter à rougir. Son bec-de-lièvre s'est refermé sur un hoquet pendant qu'elle reprenait son souffle avant de se mettre à contempler fixement ses cuisses comme si la réponse à la question devait se trouver quelque part à mi-chemin entre son nombril et la fermeture éclair de son pantalon.

La seconde Anna a eu tôt fait de tirer leçon des déboires de la première. Elle a proclamé haut et fort qu'elle adorait le soleil et exécrait le mensonge. On avait l'impression d'écouter réciter la fiche d'identité de «la playmate du mois», les mêmes réponses rédigées dans la sempiternelle écriture en volutes: «Ce que j'adore? — C'est le *chili* de m'man… mmmmh, incomparable! Ce que je déteste? Mais l'insécurité! Et puis… il y a aussi… les mecs qui bandent trop fort!»

Selon toute vraisemblance, nos deux Anna polonaises avaient une idée assez claire de ce qu'elles adoraient ou détestaient mais, comme nous autres, elles ne disposaient que d'un vocabulaire limité, ce qui, au bout du compte, laissait d'elles une impression peu sophistiquée. La prof a poursuivi dans la foulée, et c'est ainsi que nous avons appris que Carlos Gardel, le célèbre accordéoniste argentin, adorait le vin, la musique et — comme il se plaisait à l'avouer lui-même — « faire l'amour avec les femmes de tous les pays ». Ensuite, nous avons eu affaire à une belle et jeune Yougoslave qui, se targuant d'être d'un optimisme à toute épreuve, a prétendu qu'elle adorait tout ce que la vie était capable de lui offrir.

La prof s'est pourléché les babines, nous laissant entrevoir la gueule à laquelle nous allions devoir nous habituer par la suite. Le dos rond, elle s'est ensuite préparée à l'attaque en posant les mains sur la table de la jeune femme puis, les yeux dans les yeux, nez à nez, elle lui a demandé :

— Ah bon ? Alors, vous devez certainement adorer aussi votre sale petite guerre, non ?

Tandis que l'optimiste se débattait pour s'en sortir, j'en ai profité pour préparer d'ores et déjà ma réponse à ce qui était de toute évidence une question piège. Après tout, il n'était pas si fréquent de demander aux gens ce qu'ils adoraient ici-bas ! Et de surcroît, même si cela devait arriver, combien de fois ne se couvrait-on pas de ridicule par sa seule réponse ? Curieusement, je me suis souvenu de la même question posée à maman. Les joues écarlates après quelques verres de vin, elle avait frappé du poing sur le comptoir de la cuisine cette nuit-là en gueulant :

— Adorer ? Adorer quoi ? Mais j'adore mon steak bien saignant, quoi ! Comme j'adore mon chat, et puis j'adore aussi...

Mais à ce moment-là, nous nous sommes penchés vers l'avant, mes sœurs et moi, dans l'espoir qu'elle prononcerait nos noms.

« ... Maalox », a-t-elle murmuré, « j'adore le Maalox. »

La prof a perdu pas mal de temps à accuser la fille yougoslave d'être le cerveau d'un vaste programme de génocide tandis que je prenais frénétiquement des notes en marge de mon carnet. Je ne pouvais sans risque déclarer que j'adorais feuilleter des manuels de médecine consacrés aux affections dermatologiques graves, et mon niveau de vocabulaire en français ne me permettant pas de décrire ce passe-temps, le mimer n'aurait fait qu'attiser une controverse inutile. Quand ce fut mon tour, j'ai récité sans le moindre effort une liste de choses que je détestais : le boudin, les pâtés de tripes, les puddings à la cervelle. J'avais eu le plus grand mal à assimiler ces mots. Puis, après avoir réfléchi un moment, j'ai déclaré que j'adorais les machines à écrire IBM, le mot français *ecchymose* et, enfin, ma cireuse de parquets électrique. Seulement, bien que ma liste fût passablement courte, je m'étais quand même débrouillé pour écorcher le nom d'IBM et me tromper de genre entre ma cireuse et ma machine à écrire. À la réaction de la femme, j'ai deviné que ces erreurs étaient considérées comme des crimes impardonnables sur le territoire français.

— Dites-moi, vous avez toujours été aussi *dyslocrétilexique* ? s'étonna-t-elle. C'est incroyable ! Même un *ferboisudre dinauparché* n'ignore pas que machine à écrire est du féminin.

J'ai supporté sa bordée d'injures du mieux que je pouvais la comprendre. En réalité, je me disais — sans pour autant le proclamer — qu'il était ridicule d'attribuer un genre à un objet inanimé incapable de se déshabiller ou à se faire passer à l'occasion pour un con. Pourquoi donc dire madame Grave Plaie ou monsieur Bon Essuie-Tout à partir du moment où aucune de ces choses ne pouvait mériter la réputation que leur sexe leur attribuait ?

C'est à ce moment-là que la prof s'est mise à ridiculiser toute la classe, en commençant par Eva, l'Allemande, qui détestait la paresse, puis Yukari, la Japonaise, qui adorait les pinceaux et le savon de toilette. Italiens, Thaïlandais, Hollandais, Coréens ou Chinois, nous avons dû tous quitter la classe ce jour-là en nous disant bêtement que le pire était derrière nous. Elle nous avait certes secoués un peu, mais c'était sûrement une stratégie destinée à nous réveiller de notre torpeur. Nous ne le savions pas à l'époque, mais les mois suivants allaient nous montrer exactement ce que cela signifiait de passer le plus clair de son temps face à une bête sauvage, une créature absolument imprévisible. Son humeur ne variait pas selon des jours fastes ou néfastes, non.

Elle variait d'une seconde à l'autre. Nous dûmes très vite apprendre à esquiver les bâtonnets de craie et à nous protéger la tête et le ventre chaque fois qu'elle avançait dans notre direction pour nous poser une question. Certes, elle ne poussait pas le vice jusqu'à nous donner des coups de poing, mais il nous paraissait plus prudent de nous protéger contre ce qui n'allait pas tarder à arriver.

Bien qu'il nous fût absolument interdit de parler une langue autre que le français, la prof se servait de temps en temps de nous pour pratiquer n'importe laquelle des cinq langues qu'elle maîtrisait à la perfection.

— Je vous déteste, m'a-t-elle déclaré un après-midi.

Elle parlait un anglais pur, sans le moindre défaut.

— Sincèrement, je vous déteste à mort.

D'accord, on pourra après coup me traiter de susceptible, mais je n'ai pu m'empêcher de le prendre mal. Après avoir été repéré comme l'un des *chiafesgoiteurs* les plus paresseux de la classe, je me suis mis à passer quatre heures chaque soir à faire mes devoirs, et probablement même davantage lorsqu'on avait une dissertation à rédiger. Je suppose que j'aurais pu aisément m'en tirer en en faisant moins, mais le fait est que j'étais fermement résolu à me forger une identité : David le grand bosseur, David le rigolo. Quand elle nous filait des exercices du genre « compléter les phrases ci-dessous par… », je ne pouvais m'empêcher de déconner à fond pendant des heures en donnant constamment des réponses comme : « Voulez-vous faire une course à pied autour du lac avec moi ? Oui, je veux bien. Mais donnez-moi juste une minute, le temps d'enfiler ma jambe de bois. » La prof, en paroles et en gestes, finit par me faire comprendre que si c'était là l'idée que je me faisais de mon identité, elle ne voulait plus en entendre parler.

Ma crainte et mon embarras ont fini par déborder le cadre de la salle de classe et m'accompagnaient désormais partout sur les grands boulevards. M'arrêter pour prendre un café, demander des renseignements ou déposer de l'argent sur mon compte en banque, toutes ces choses me furent interdites puisqu'elles exigeaient de moi que je prenne la parole. Avant de commencer les cours, personne ne pouvait m'arrêter quand je bavardais, mais à présent, j'étais persuadé que tout ce qui sortait de ma bouche était erroné. Lorsque le téléphone sonnait, je ne décrochais plus. Quand on me posait une question, je faisais comme si j'étais sourd. Mais c'est quand j'ai commencé à regretter qu'on ne vende pas des tranches de viande dans des distributeurs automatiques que j'ai finalement compris que ma peur était en train d'avoir raison de moi.

Pour seul et unique soulagement, je me disais que je n'étais pas seul. Réunis par petits comités dans les couloirs et baragouinant notre français lamentable, mes camarades de classe et moi entretenions de plus en plus souvent une conversation typique d'un camp de réfugiés.

— Moi parfois pleurer seul la nuit.

— Cela commun à moi aussi mais toi être plus fort. Travailler dur et un jour toi parler joli. Les gens plus jamais détester toi. Peut-être demain, fini.

Contrairement aux classes de français que j'avais fréquentées à New York, il n'y avait pas d'atmosphère de compétition ici. Le jour où la prof manqua éborgner une timide Coréenne avec un crayon fraîchement taillé, nous ne ressentîmes aucun soulagement à la pensée que, à la différence de Hyeyoon Cho, nous connaissions tous le sens du mot *défaite*. Si l'on examinait les choses en toute impartialité, la prof n'avait pas délibérément blessé cette pauvre fille; néanmoins, elle n'avait pas non plus perdu de temps à s'excuser et s'était contentée de lui dire:

— Vous voyez, vous auriez dû vous *prombagouzer* plus *vofédritement*. Et voilà le résultat.

Avec le temps, il devint impossible de croire que nous nous améliorerions un jour. L'automne était arrivé et il pleuvait tous les jours, ce qui nous valait engueulade sur engueulade à cause de nos manteaux et nos parapluies qui dégoulinaient de partout. Mais le clash finit par avoir lieu au beau milieu du mois d'octobre, quand la prof m'a désigné du doigt en proclamant :

— Chaque jour que je passe avec vous est plus douloureux qu'une césarienne.

À ces mots, je fus littéralement émerveillé. Pour la première fois depuis mon arrivée en France, j'avais compris tout ce qu'on venait de me dire.

Hélas, comprendre ce que l'on entend ne veut pas nécessairement dire que l'on va parler la langue du jour au lendemain. Loin s'en faut. Ce n'est qu'un petit pas en avant, rien de plus, mais ce que cela rapporte est à la fois enivrant et illusoire. Aussi la prof a-t-elle continué ses invectives et je me suis carré confortablement dans mon siège, submergé par la beauté subtile de toute nouvelle insulte et gros mot dont elle m'abreuvait.

— J'en ai marre de vos conneries ; j'ai beau déployer tous les efforts possibles, je ne récolte que douleur ! Est-ce que vous comprenez au moins ce que je veux dire ?

C'est à ce moment-là que le voile du monde s'est déchiré devant mes yeux et je lui ai répondu avec jubilation :

— Je sais la chose que vous parlez exact maintenant. Mais je veux que vous parlez à moi *plus*, s'il vous plaît, vous parlez encore à moi *plus*[1].

1. En français dans le texte. *(N.d.T.)*

JÉSUS SE RASE

— Et qu'est-ce qu'on fête le 14 juillet ? Est-ce qu'on célèbre la prise de la Bastille ?

C'était mon deuxième mois de cours de français, et la prof était en train de nous entraîner à un exercice destiné à nous roder à l'emploi de *on*, notre nouveau pronom personnel.

— Est-ce qu'on chante des chansons le jour de la prise de la Bastille ? nous demandait-elle. Est-ce qu'on danse dans les rues ? Qui veut répondre ?

Dans nos manuels, nous avions la liste des principaux jours fériés, accompagnées de photographies éparses témoignant de la manière dont les Français les commémoraient. Mais le travail de ce jour consistait à relier la fête en question à l'image correspondante. C'était relativement simple, mais à mon sens, l'occasion semblait se prêter mieux à l'étude du pronom personnel *eux*. Certes, je ne savais pas ce qu'en pensait le reste de la classe, mais j'avais plutôt tendance, le jour de la prise de la Bastille, à rester chez moi pour nettoyer tranquillement mon four.

En temps normal, quand nous travaillions sur ce manuel, j'avais l'habitude de ne pas prêter attention à mes camarades de classe et d'anticiper pour me concentrer sur la question qui me serait posée à mon tour, mais cet après-midi-là, nous nous étions écartés de la procédure habituelle. Les gens se proposant volontiers pour répondre aux questions, je pouvais me relaxer confortablement dans mon siège en comptant sur les quelques étudiants habitués à répondre pour entretenir la conversation. La discussion du jour était dominée par une nounou italienne, deux Polonaises intarissables et une femme marocaine grassouillette, au regard mauvais, qui parlait français depuis l'enfance et s'était inscrite uniquement pour améliorer sa prononciation. À chaque question, elle se précipitait pour répondre comme si nous participions à un jeu télévisé et qu'en nous prenant de vitesse elle pourrait repartir dans ses foyers en ayant gagné des vacances sous les tropiques ou un combiné réfrigérateur-congélateur. Transbahutée dans notre classe, elle avait tellement levé la main que son épaule avait déclaré forfait avant la fin de sa première journée parmi nous. À présent, le dos tranquillement appuyé contre son siège, elle se contentait de barrir ses réponses, ses bras bronzés croisés par-dessus sa poitrine tel un génie fou de la grammaire.

Après en avoir terminé avec la prise de la Bastille, la prof était passée à Pâques, dont la fête était illustrée dans nos manuels par une photo noir et blanc représentant une cloche en chocolat posée sur un lit de feuilles de palmier.

— Et à Pâques, qu'est-ce qu'on fête ? Quelqu'un peut-il nous le dire ?

Encore une fête que je préférais fuir comme la peste ! Effectivement, il était de coutume dans ma famille de se tenir à l'écart de la célébration de la fête de Pâques telle que la pratique le voulait chez nos amis et nos voisins non orthodoxes. Tandis que les autres se délectaient de leurs figurines en chocolat, mon frère, mes sœurs et moi observions des jeûnes homériques, nos doigts faméliques croisés en signe de prière afin qu'il soit mis un terme définitif à la monotonie de la foi en l'Église de la Sainte-Trinité. Il faut savoir que nous autres Grecs, nous observions notre Pâque en moyenne deux à quatre semaines après ce que notre communauté désignait pudiquement sous le nom de la « version américaine ». La raison avait un quelconque lien avec les quartiers de la lune ou le calendrier orthodoxe — en gros, elle était tout aussi énigmatique —, bien que les soupçons de maman se portassent plutôt vers la pingrerie des Grecs qui, à l'entendre, osaient repousser cette fête à une date ultérieure rien que pour acheter leurs marshmallows en forme de poulets et leurs pelouses en plastique à des tarifs drastiquement réduits.

— Vous vous rendez compte de ce qu'ils font, ces misérables fils de putes ? demandait-elle. S'il ne fallait compter que sur eux, on finirait par fêter Noël en plein mois de février !

Ma mère ayant grandi dans la religion protestante, la Pâque à la maison ressemblait à un mélange de tradition grecque et de tradition américaine. Tout petits, nous ne recevions en cadeau que des paniers de confiseries jusqu'à ce que le fameux lapin de Pâques, avec le temps, se généralise. Les fumeurs eurent alors droit à une cartouche de cigarettes accompagnée d'un jeu de briquets jetables tandis que les autres recevaient chacun un cadeau en rapport avec leur vice préféré. Le soir, nous avions droit au traditionnel dîner de Pâques, suivi d'un jeu au cours duquel nous pouvions nous pourchasser en nous lançant mutuellement des œufs couleur sang de bœuf. La symbolique de l'affaire m'échappait quelque peu, mais l'essentiel était là : de tous les attablés, celui qui détenait le seul œuf non fissuré serait récompensé par une année entière de bonheur — du moins, c'est ce que disaient les oracles. Je ne gagnai qu'une seule fois à ce jeu. C'était l'année où ma mère mourut ; c'était aussi l'année où mon appartement fut cambriolé, où je fus transporté dare-dare aux urgences et où le médecin de garde me diagnostiqua sans ménagement un « syndrome du genou de la ménagère ».

La nounou italienne s'efforçait de répondre à la dernière question de la prof lorsque l'étudiante marocaine l'interrompit en criant :

— Excusez-moi, mais ça veut dire quoi, Pâque ?

Quoique originaire d'un pays musulman, elle devait certainement en avoir entendu parler au moins une fois de sa vie, mais tel n'était visiblement pas le cas.

— C'est vrai, a-t-elle insisté, je vous assure que je ne comprends pas ce que vous dites, là.

La prof s'en est remise à nous pour lui donner des explications. Les Polonaises ont attaqué les premières en prenant toutes leurs précautions.

— C'est une fête, dit l'une d'elles, pour petit garçon à bon Dieu qui appeler lui-même Jésus et il… oh, merde !

Elle a perdu pied et sa compatriote est allée à sa rescousse.

— Il appeler lui-même Jésus et puis un jour il a mouri sur deux… portions de… billes.

Le reste des élèves en a profité pour sauter sur l'occasion, avançant chacun un petit bout d'information qui aurait valu une rupture d'anévrisme au pape.

— Lui mouri un jour et puis parti au-dessus de ma tête pour rester avec notre papa.

— Lui se porter cheveux longs et après mourir, lui premier jour revenir ici afin de pour dire bonjour tous les pays.

— Lui très gentil, le Jésus.

— Lui faire bonnes choses et à le Pâque, nous tristes car quelqu'un faire lui mourir aujourd'hui.

En fait, le problème était en partie lié au vocabulaire dont nous disposions. Car des termes aussi ordinaires que la *croix* ou la *résurrection* n'étant pas encore à notre portée, nous étions mal fondés à essayer des propositions réflexives comme « donner soi-même la vie de l'unique fils qu'on a engendré ». Confrontés au défi de devoir expliquer le mystère qui constitue la pierre de touche même du christianisme, nous avons finalement dû nous y prendre comme chaque groupe humain qui se respecte l'aurait fait : nous nous sommes rabattus sur la bouffe.

— Pâque, c'est une fête pour manger de le agneau, a expliqué la nounou italienne. On peut manger aussi de le chocolat.

— Et qui apporte du chocolat ? a demandé la prof.

Je connaissais le mot. J'ai donc levé le doigt avant de lui répondre :

— Le lapin de Pâques. Il apporte de le chocolat.

— Un lapin ?

La prof a aussitôt compris que je me trompais de mot et, les index pointés des deux côtés de sa tête, elle s'est mise à les remuer comme des oreilles.

— Vous voulez dire des choses comme ça ? Un lapin, un vrai *lapin* ?

— Ben oui, lui ai-je rétorqué. Lui venir dans la nuit quand on dormi sur un lit. Avec une main, il porter un panier et les aliments.

La prof a poussé un soupir et secoué la tête. Visiblement, en ce qui la concernait, je venais de révéler au grand jour toutes les tares de ma mère patrie.

— Ah non, vous vous trompez complètement ! s'est-elle écriée. Chez nous en France, c'est la grande cloche qui apporte le chocolat et elle vient droit de Rome.

J'ai observé un temps mort.

— Mais comment la cloche elle fait pour trouver où vous habitez ?

— Tiens donc ! a-t-elle répliqué. Et le lapin ?

Certes, elle venait de marquer un point sur ce coup-là, mais il n'en demeurait pas moins que le lapin, lui, avait des yeux. Les lapins ont la capacité de se déplacer d'un endroit à un autre, alors que les cloches se contentent de se balancer d'avant en arrière, et encore ! Pour ce faire, elles avaient besoin d'une aide extérieure. Mais un élément plus important nous manquait : le lapin de Pâques avait du tempérament. C'était le genre de personne que l'on aurait aimé rencontrer et lui serrer la pince. Alors que la cloche n'était que l'objet en fonte que nous connaissions. C'était comme si quelqu'un venait nous raconter qu'à Noël une soucoupe volante magique descendait du pôle Nord, devancée par huit blocs de parpaing en guise d'escorte d'apparat. Mais qui diable était donc disposé à veiller toute la nuit pour admirer une cloche ? Et puis pourquoi en commander une jusqu'à Rome alors qu'ils en avaient sur place à Paris, et même plus qu'il n'en fallait ? Voilà ce qui me paraissait pour le moins suspect dans toute cette histoire. Non, il était impossible que les cloches de Paris laissent une travailleuse immigrée atterrir chez elles pour leur voler leur gagne-pain. De toute façon, la cloche romaine, dans le meilleur des cas, était condamnée à revoir ses ambitions à la baisse en nettoyant les crottes du chien de la cloche française — et encore ! Il lui faudra déjà bénéficier de papiers en règle. Non, ça ne tenait pas debout.

Mais on avait eu beau faire, l'étudiante marocaine ne comprenait toujours pas. Un homme était mort qui, selon toute apparence, vivait aux côtés de son père, et on lui parlait d'un gigot d'agneau servi avec des feuilles de palmier et du chocolat ; à la fois perplexe et écœurée, elle a finalement secoué ses épaules massives et reporté son attention sur la bande dessinée qu'elle planquait constamment sous son classeur.

J'ai commencé à me demander si, sans la barrière de la langue, mes camarades de classe et moi-même aurions pu mieux nous en tirer et lui expliquer l'essence même du christianisme, mais l'idée semblait de toute façon quelque peu tirée par les cheveux.

Pour communiquer toutes sortes de croyances religieuses, le mot le plus efficace a toujours été la *foi*, un concept qu'illustrait déjà notre présence dans cette salle de classe. Car pourquoi nous tuer à potasser des cours de grammaire pour mômes de six ans si chacun d'entre nous ne croyait pas, dans son for intérieur et au-delà de toute espérance, que nous finirions par nous améliorer un jour ? Si je pouvais espérer entretenir une conversation courante un jour, il n'y avait qu'un pas — vite franchi — pour que je croie aussi qu'un lapin viendrait me rendre visite à la maison au beau milieu de la nuit pour m'apporter une poignée de douceurs au chocolat et une cartouche de cigarettes mentholées. Au fait, pourquoi pas ? Si je pouvais croire en moi-même, pourquoi refuser d'accorder aux autres phénomènes les plus improbables de ce monde le bénéfice du doute ? J'ai commencé à me dire que la prof, malgré son comportement passé, devait être au fond une personne gentille et prévenante qui n'avait comme préoccupation que mes intérêts primordiaux. C'est ainsi que j'ai fini par admettre l'idée qu'un Dieu omniscient m'avait créé à sa propre image et qu'il veillait sur moi et me guidait d'un endroit à un autre, sans faillir. L'Annonciation de la Vierge, la Résurrection, les multiples miracles — mon cœur n'en pouvait plus à force d'embrasser toutes ces merveilles et potentialités de l'univers.

Mais soit dit entre nous, cette histoire de cloche était une drôle de salade.

LE RAT D'AUDIOTHÈQUE

« Qu'est-ce que vous avez envie de faire ce soir, les amis ? Sortir ? — Sortir ? Pour aller où ? En boîte de nuit ? — Non, pour aller à un restaurant, la Maison du Papillon. — la Maison du Papillon ! Est-ce un bon restaurant ? — Il n'est pas cher, si c'est ce que vous voulez savoir. — Ah, très bien. C'est d'accord. On est partis pour la Maison du Papillon ! »

Avant de quitter New York, je m'étais inscrit pour un mois à des leçons de français dispensées par une jeune et belle Parisienne qui nous avait fait mémoriser une série de dialogues à partir d'une cassette audio fournie avec notre manuel. Le cours étant destiné aux débutants, les personnages de notre cassette évitaient en général l'argot et la confrontation. De même, contournant toujours la difficulté du passé et du futur, nos héros s'accrochaient au présent avec le stoïcisme d'un bouddhiste ou — ce qui ne faisait guère de différence — d'un alcoolique désintoxiqué de fraîche date. Aussi, Carmen, Fabienne et Éric passaient-ils pas mal de temps sur les terrasses des restaurants à se raconter les amours de leur vie tout en sirotant des Coca sans glaçons. Des connaissances de passage ne cessaient, à intervalles réguliers, de se faire présenter et personne ne ratait la moindre occasion de remarquer que le ciel était bleu.

À mon avis, pris un à un, cette kyrielle de noms et de verbes n'était pas la mer à boire mais l'abus de la drogue, auquel venaient se greffer mes relations professionnelles suivies avec des solvants chimiques, a fini par me laisser pour seul et unique souvenir mon code postal, et je n'osais même plus songer à avoir une conversation sérieuse sur les plaisirs des bains de soleil. Dans l'espoir que cela m'aiderait à développer ma mémoire, j'ai craqué et je suis parti acheter un baladeur. Dans mon esprit, cet objet avait toujours été classé, en termes d'accessoires grossiers, en bonne place entre les boas constrictors et les T-shirts des restaurants Planet Hollywood, mais une fois que j'eus planté les écouteurs dans mes oreilles, je m'aperçus que c'était pas mal. Car j'apprenais au moins une bonne nouvelle : les gens normaux avaient autant tendance à se tenir à carreau devant un quidam affublé d'un baladeur qu'en face d'un boa constrictor ou un T-shirt Planet Hollywood. Et de fait, le monde extérieur, dans ces conditions, devenait aussi hermétique qu'on le désirait. C'était comme si on devenait sourdingue, les inconvénients en moins.

Désormais blindé contre les influences extérieures et obligé à tous les coups de deviner pourquoi les gens ne cessaient de hurler autour de moi, je me rendis soudain compte que les balades à pied à travers la ville de New York devenaient un véritable délice. Au feu rouge de la 14e Rue par exemple, un psychopathe en attente de soins urgentissimes brandissait une brosse à chiottes tandis que des termes inaudibles se bousculaient dans sa bouche et mon crâne explosait sous les voix des jeunes Français exigeant au restaurant une table avec vue sur la fontaine. Rien qu'à écouter la cassette, j'étais incapable de tenir jusqu'à la date de notre départ à Paris où, une fois arrivé, avant toute chose, je pourrais enfin extirper de ma mémoire mes phrases chéries : « Je vais vous donner mon numéro de téléphone », ou bien : « Moi aussi j'adore les sandwichs. »

Hélas, le moment venu, j'ai dû me rendre à l'évidence : je n'eus jamais l'occasion de m'en servir. Et même au cas où j'aurais voulu demander à quelqu'un de m'appeler, le seul numéro de téléphone que j'avais retenu était celui d'Éric, le jeune homme de ma cassette de français. Mon cerveau n'était pas assez costaud pour enregistrer plus d'un seul numéro à dix chiffres, et celui-là étant arrivé le premier, je ne voyais vraiment pas quelle nécessité quelqu'un aurait eue à me téléphoner. Certes, je pouvais m'accrocher à la réplique sur le sandwich, mais on ne pouvait guère la considérer comme particulièrement bouleversante. Au fond, mon problème était en partie dû au fait que je n'avais personne à qui parler, excepté les élèves de ma classe de français, qui faisaient de leur mieux tout en m'épuisant avec le zèle qu'ils déployaient. Tout aussi jeunes et optimistes que les personnages de ma cassette, ils me proposaient de temps à autre de les retrouver après le cours dans un café voisin. J'ai bien essayé quelques fois mais, submergé par leurs visages frais et enjoués, je n'ai pas pu m'empêcher d'éprouver le sentiment embarrassant d'avoir été sélectionné à tort pour tourner dans une pub internationale pour Pepsi. Et c'est vrai, je suis tout simplement trop vieux et usé pour partager leur excitation devant des plaisirs aussi innocents qu'une promenade en bateau sur la Seine ou un pique-nique improvisé au pied de la tour Eiffel. Cela m'aurait sans doute fait du bien de sortir, mais le moment venu, je n'arrivais plus à me décider à y aller. De même, je ne pouvais me résoudre à répondre aux nombreux étrangers qui s'adressaient systématiquement à moi chaque fois qu'ils voulaient une cigarette ou simplement retrouver leur chemin vers le métro le plus proche. Mais bien que ce cours de français ne m'astreignît pas à mémoriser des dialogues, je me surprenais toujours à me coltiner mon baladeur en guise de protection non avouée.

Comme je n'étais pas un grand amateur de musique, j'ai commencé ma vie parisienne en écoutant sur cassette des livres américains. Je n'avais jamais raffolé de ce type de support mais c'est avec joie que je m'y suis adapté car j'y voyais une occasion en or pour potasser mon anglais. En général, il s'agissait de livres que je ne me serais jamais appliqué à lire, confortablement installé dans un fauteuil. Pourtant, même s'ils étaient incroyablement ennuyeux, j'appréciais cette rencontre déroutante de l'écriture durant mon installation en France. Le spectacle de Paris était là devant moi, mais avec un doublage faux qui résonnait agréablement à mes oreilles. Les grands magasins semblaient largement moins intimidants quand on s'y pressait en écoutant *Dolly : My Life and Other Unfinished Business*[1], des Mémoires où l'auteur décrivait avec complaisance son enfance passée à épouiller les cheveux de sa grand-mère. Assis dans le jardin du Luxembourg, je laissais mes oreilles se délecter de l'histoire de *Lolita*, dans sa version abrégée avec James Mason puis son autre version, non abrégée, avec Jeremy Irons. Mais j'avais également remarqué une demi-douzaine d'autres hommes d'un certain âge, au teint terreux, qui aimaient se donner rendez-vous autour des manèges, et avec lesquels on formait une communauté certes minuscule, mais incontestablement lugubre.

Que ce fût *My House of Memories*[2] de Merle Haggard, ou les œuvres complètes de Dorothy Parker, ou encore *L'Île au trésor*, j'étais partant. En définitive, si on appelait rat de bibliothèque quelqu'un qui passait son temps à dévorer des bouquins, alors je méritais largement le surnom de rat d'audiothèque. Seulement, il y avait un hic : quand je suis arrivé à Paris, je m'étais jeté corps et âme, sans la moindre préparation, dans ma nouvelle passion. Or, les rares cassettes que je possédais m'avaient été offertes çà et là et je les avais balancées dans ma valise à la dernière minute. Un homme d'âge adulte ne pouvait pas se contenter de lire éternellement la Bibliothèque verte, et en fin de compte, il m'a fallu avouer que les nombreuses cassettes de français qui m'avaient été offertes pouvaient m'apporter un léger secours auprès de nos voisins en Normandie.

J'ai donc essayé d'écouter *Le Misanthrope* ou les *Fables* de La Fontaine, mais ils m'ont paru extrêmement touffus. Je suis beaucoup trop paresseux pour tenter un effort aussi important.

1. Autobiographie de Dolly Parton. *(N.d.T.)*
2. Autobiographie du chanteur de country Merle Haggard. *(N.d.T.)*

En outre, si je voulais entendre les gens parler un français aussi encombrant, je n'avais qu'à retirer mes écouteurs et me jeter à corps perdu dans ce qu'on appelle la « vie de tous les jours », un concept auquel j'étais allergique — autant déguster un verre de shampooing.

En désespoir de cause, j'étais sur le point de m'acheter une collection de cassettes « L'anglais facile » lorsque ma petite sœur Amy m'a envoyé un colis contenant plusieurs conserves de palourdes, un sac de gruau et une cassette audio pour visiter Paris à pied, sans oublier mon exemplaire personnel du *Pocket Medical French*[1], un dictionnaire pas plus grand que la paume de la main accompagné de sa cassette audio, destiné aux médecins et aux infirmières qui voulaient se familiariser avec les usages français dans le domaine. Quant au tour de Paris à pied, il vous entraînait dans une traversée de la ville entrecoupée de divers repères géographiques tout en récapitulant les renseignements qui pouvaient se révéler nécessaires. C'est ainsi que j'ai appris par exemple que vers la fin du XVe siècle le petit square de mon quartier était célèbre pour les gens qui y avaient été brûlés vifs sur un bûcher. Aujourd'hui, il était cerné d'une kyrielle de petites boutiques, suivant ainsi la tradition sans faillir, bien que dans un sens différent.

Je poursuivais ainsi ma visite à pied jusqu'à Notre-Dame où, lassé par un exposé magistralement ennuyeux sur l'histoire du pilier de soutènement, j'ai changé de cassette et je me suis mis à découvrir Paris à travers le regard sinistre de mon guide médical de poche. Toutes les expressions, lues d'abord en anglais puis reprises d'une voix lente et monocorde en français, étaient assez courtes pour que j'arrive rapidement à placer des mots à la fois brillants et imparables pour briser la glace : « Veuillez retirer votre dentier et vous débarrasser de tous vos bijoux. » Tout était de ce tonneau-là. « Vous allez à présent expulser le placenta,

1. « Le français médical en poche ». (*N.d.T.*)

d'accord ?» Bien qu'il me fallût encore quelque temps avant d'utiliser tous les ordres et les questions laborieusement assimilées, je me suis aperçu qu'en les apprenant par cœur je pouvais finalement envisager de me passer du baladeur et me jeter tête la première dans une vie mondaine active et gratifiante. Je me voyais déjà lors d'une brillante soirée, me servant une coupe de champagne et me retournant pour demander au maître de céans s'il n'avait pas observé des pertes blanches inhabituelles. « Il nous faut immédiatement mettre en place une perfusion », lancerais-je de but en blanc à la comtesse en montant à bord de son yacht. « Mais auparavant, puis-je vous demander un échantillon de tabouret ? »

Avec un peu d'exercice, je finirais bien par atteindre l'objectif que je me suis fixé ; entre-temps, si vous venez à Paris, vous pourrez tomber sur moi, les écouteurs enfoncés à fond dans le méat de mon oreille externe, arpentant les quais en chuchotant : « Y a-t-il autre chose qu'on ait pu insérer dans votre anus ? Y a-t-il autre chose qu'on ait pu insérer dans votre anus ? »

DONNEZ-M'EN DEUX !

L'expérience m'a appris à distinguer deux grandes catégories dans le français que parlent les Américains en vacances à Paris : d'un côté le français dur, et de l'autre, le français mou. Les usagers américains du premier groupe ont pour habitude de contourner l'écueil de la conjugaison en alignant l'un après l'autre les termes de la phrase pour aboutir à des merveilles du genre : « Moi aller dire lui bonsoir » ou bien : « Non, pas chez lui je suis allé il dit maintenant. » Les usagers du second groupe, qui se contentent d'un idiome moins compliqué, passent leur temps à brailler à tue-tête des phrases en anglais, un peu comme s'ils s'adressaient à un sourdingue ou à un chien désobéissant auquel on a formellement interdit de se rouler sur le canapé.

En général, les gens du second groupe ne trimballent pas un dictionnaire de poche et, en conséquence, ne subiront jamais l'humiliation, une fois arrivés au restaurant, d'en être réduits à pointer leur doigt sur le menu du jour. En conclusion, les usagers du français mou courent constamment le risque, en allant manger en ville, de limiter leur commande à : « Je voudrais un steak. »

Pour moi qui avais la ferme intention de me lancer dans le français dur, je restais bouche bée chaque fois que tombait dans mon oreille, lancées d'une table voisine, ce genre de commandes. Jetant un regard courroucé autour de moi, je me disais alors : « Au moins t'es pas tout seul, monsieur Steak ! En voilà encore un autre ! » De tous les incontournables écueils que comportait naturellement cette langue, le plus pénible à mes yeux surgissait du principe de base qui à chaque nom affectait le sexe correspondant, qui définissait ainsi l'article et l'adjectif adéquat. Tenez, le poulet par exemple. C'est une femelle qui, de surcroît, pond des œufs ; eh bien, il est du genre masculin ! Dans le même ordre d'idées, le *vagin* est du masculin, alors que la *virilité* est du féminin. Acculés par la grammaire à prendre position dans un sens ou dans l'autre, l'*hermaphrodite* est un mâle et l'*indécision*, une femelle.

Sidéré, j'ai passé de longs mois à rechercher s'il n'existait pas une sorte de code secret, mais je me suis finalement aperçu que ces règles n'avait rien à voir avec le bon sens. Qu'il s'agisse d'*hystérie*, de *psychose*, de *torture* ou de *dépression*, on m'a expliqué sans se démonter que tout ce qui était déplaisant était normalement tenu pour féminin. Cette découverte m'a redonné du cœur au ventre; malheureusement, ma théorie n'a guère résisté à l'examen de termes comme *meurtre*, *mal de dents*, ou bien *store*, qui sont du masculin. En fait, l'apprentissage même des mots ne présente pas de difficultés insurmontables, c'est leur sexe qui n'arrête pas de me jouer de sales tours et refuse de s'ouvrir à moi.

C'est à se demander finalement à quel jeu on joue quand il faut se rappeler constamment que le mot *sandwich* est du masculin. En effet, quelle qualité peut-il bien avoir en commun avec les espèces que la nature a pourvues d'un pénis ? De mon point de vue, le sandwich ne peut être que du masculin, la preuve, il suffit de l'oublier une semaine ou deux pour qu'il se laisse pousser la barbe. Seulement, il y a un hic : mon explication tient la route jusqu'au moment de commander au restaurant, où je dois alors me rendre à l'évidence flagrante : eh oui, le sandwich ne peut pas ne pas être du féminin. Son maquillage coule trop souvent.

À vrai dire, je suis totalement incapable de donner une suite logique à mes phrases en français. Un jour, convaincu que par effet de mimétisme je pourrais aisément y parvenir, je me suis mis à introduire le genre des noms dans mon parler quotidien en anglais. « Salut les gars ! » lançais-je gaiement aux trombones en ouvrant la boîte neuve. Parfois aussi, il m'arrivait de demander à Hugh : « Eh, t'as pas vu ma ceinturon, par hasard ? Je ne la trouve nulle part. » J'attribuais des personnalités aux objets qui traînaient sur ma commode et je les appâtais en leur faisant miroiter une rencontre amoureuse intéressante. Les jours où les affaires ne tournaient pas à l'avantage de mon porte-monnaie, ma montre maintenait une distance prudente entre ma brosse à cheveux et mon briquet. Ces mises en scène me rappelaient mon enfance, quand mes sœurs et moi montions des pièces lyriques à partir du contenu de nos assiettes. Nos frites barbouillées de ketchup se mettaient à avancer au pas de charge, se lançaient dans des aventures sans lendemain, ou se disputaient violemment pour des rondelles de carottes tandis que des cuisses de poulet transformées en barbouzes surveillaient le périmètre, prêtes à intervenir au cas où la situation dégénérerait. On leur attribuait un sexe à notre convenance, de sorte que du jour au lendemain ils pouvaient passer de l'un à l'autre ; je ne connaissais pas alors le dilemme auquel me confrontaient l'épi de maïs et le haricot vert campant avec détermination sur leurs positions masculines. On peut penser ce qu'on veut des mœurs du sud des États-Unis, au moins en Caroline du Nord, un hot-dog est libre de passer d'un bord à l'autre selon son bon plaisir.

En France, rien n'échappe à la fonction sexuelle. J'avais un devoir à terminer à la maison un soir, et je feuilletais le dictionnaire à la recherche de je ne sais quoi lorsque j'ai soudain remarqué que les Français avaient poussé le zèle jusqu'à imposer un genre aux diverses caractéristiques du relief et autres merveilles du monde que nous, Américains, avions de tout temps considérées comme sans sexe : ainsi, les chutes du Niagara étaient du féminin et, contre toute logique, le Grand Canyon, lui, était du masculin ! La Géorgie et la Floride étaient du féminin, tandis que le Montana et l'Utah étaient du masculin. Quant à la Nouvelle-Angleterre, ils en avaient fait une fille, alors que toute la région du Middle-West, en dépit de son immensité, ne représentait à leurs yeux qu'un gars un peu costaud. Je me suis demandé à quoi ressemblait celui qui était ainsi payé pour attribuer des sexes à l'aveuglette. Était-il enfermé dans un sanatorium ou cogitait-il dans un minable bureau loué dans un trou perdu, loin du vacarme de la ville?

Certes, il demeurait des cas où l'on pouvait éviter l'article. Mais en général, il fallait absolument l'articuler distinctement puisqu'un mot pouvait parfaitement prendre deux significations différentes selon qu'il était du masculin ou bien du féminin. Ça crevait les yeux, quoi! Par exemple, l'omelette se préparait dans *une* poêle et non dans *un* poêle! Pourtant, à mon grand désarroi, je n'arrêtais pas de commettre, encore et encore, les mêmes fautes. Mes interlocuteurs étaient à bout de nerfs avant même que je n'en arrive au verbe.

Mais le pire restait à venir car mes espérances ont touché le fond le jour où Adeline, ma copine, m'a appris que les gosses en France pouvaient commettre des tas d'erreurs de langage, mais jamais sur le genre des noms communs. Alors là, jamais!

— Tu sais, on est nés avec, a-t-elle tenté de m'expliquer. Il nous suffit d'entendre l'article une fois pour que ça vienne tout naturellement. C'est inné.

Fallait-il que le monde soit cruel pour que je ne puisse même pas me sentir supérieur à un gniard qui marche à peine à quatre pattes! Lassé d'être en permanence la risée des bambins de vingt-quatre mois, je me suis mis à utiliser systématiquement le pluriel. Bien qu'il me revînt plutôt cher, il me permit cependant de résoudre pas mal de problèmes. Quand on parle du melon par exemple, on se sert de l'article masculin s'il s'agit d'*un melon*. En revanche, lorsqu'il est question de plusieurs melons, on emploie le pluriel, qui présente l'avantage de ne pas refléter le genre — *les melons* — et, de surcroît, de convenir autant au masculin qu'au féminin. Par conséquent, si vous commandez deux, dix ou même cent melons, leur nombre seul suffit à vous tirer élégamment de l'embarras puisqu'il remplace judicieusement l'article. Un kilo masculin de tomates féminines risque de poser des problèmes sexuels qui sont aisément évacués par la simple commande de deux kilos de tomates, un point c'est tout. Fort de ce constat, je me suis mis à utiliser systématiquement le pluriel en faisant mon marché et, du coup, Hugh a été obligé de s'y mettre à son tour. Tapi dans un recoin de notre cuisine envahie, il gueulait :

— Tu peux me dire exactement ce qu'on va bien pouvoir faire de ces deux kilos de tomates ?

Je lui ai répondu qu'il n'avait pas à s'en faire et qu'elles nous seraient utiles d'une manière ou d'une autre. La seule difficulté consistait à dénicher un endroit où les stocker. Elles ne pouvaient pas tenir dans le réfrigérateur puisque je m'étais déjà servi de l'étagère du bas pour ranger les deux poulets que j'avais achetés chez le boucher la veille au soir, oubliant que nous étions encore en train de lutter vaillamment pour terminer les deux impressionnants rôtis de porc qui nous restaient. J'ai essayé de l'amadouer :

— Tu sais, on pourrait les ranger à côté des radios ou les passer au mixer pour les manger en sauce plus tard. T'énerve pas, va. Mais enfin, il vaut mieux avoir deux kilos de tomates que de ne pas en avoir du tout, tu crois pas ?

Hugh m'a alors annoncé que j'étais interdit de marché jusqu'à ce que je fasse mes preuves en français. Il était fou de colère mais il ne perdait rien pour attendre. Il n'avait pas encore vu les platines CD que je me préparais à lui offrir le jour de son anniversaire. Radical !

L'AFRIQUE DE MON ENFANCE

Vers la fin du primaire, Hugh était allé visiter un abattoir avec tous les élèves de son école d'Addis-Abeba. Il vivait à l'époque en Éthiopie et l'abattoir avait été retenu, selon ses propres mots, «parce que c'était pratique».

C'était un système scolaire où l'on prenait d'abord en considération la proximité de la destination sans s'embarrasser de questions aussi futiles que les effets pervers de certains spectacles sur des élèves de onze ans.

— Mais c'est quoi encore cette histoire? me suis-je récrié. N'y avait-il pas d'autopsie prévue ce jour-là à la morgue du coin? Ou tu veux me dire que la prison fédérale était trop loin de votre école?

Hugh s'est fait l'avocat du diable:

— Et à ton avis, ça ne devrait pas servir à ça un voyage d'études? À contempler des choses qu'on n'a jamais vues?

— Du point de vue purement technique, t'as raison, et d'ailleurs…

— Bon, d'accord, t'as gagné! En effet, ce jour-là c'était vraiment du jamais vu!

En fait, une de leurs sorties scolaires avait consisté en une expédition dans une contrée lointaine où toute la classe, éberluée, avait rencontré un vieux bonhomme ridé qui se goinfrait de viande de chèvre avariée dont il jetait ensuite les restes à dévorer à une meute de hyènes. Une autre fois, ils étaient partis visiter le palais de l'ancien dictateur, dont les rideaux pendaient encore, tout maculés de sang, aux fenêtres de sa chambre à coucher. Certes, ils avaient également eu droit à des excursions plus civilisées, dans des manufactures de textile ou des raffineries de sucre, mais ma préférence allait surtout à l'anecdote de l'abattoir. Ce n'était pas une entreprise de taille importante, juste une petite affaire rurale gérée par deux frères qui opéraient à l'intérieur d'un blockhaus au plafond extrêmement bas. Après un bref exposé sur l'intérêt de mesures sanitaires drastiques, on avait poussé un minuscule porcelet blanc au centre de la pièce tandis que ses fragiles sabots cliquetaient sur le sol en ciment. La classe s'était resserrée en cercle autour de l'animal pour mieux jouir du spectacle, et il semblait presque heureux d'être l'objet de tant d'attentions. Le porcelet s'est mis à les dévisager à tour de rôle et c'est au moment où son regard s'était arrêté sur Hugh que l'un des frères a sorti un pistolet de sa poche arrière, l'a pressé contre la tempe de la bestiole et, d'un coup de feu, l'a exécuté comme un condamné à mort. Le sang a giclé et, terrorisés, les enfants se sont mis à chialer tandis que l'homme au pistolet, visiblement satisfait, offrait à leur instituteur et au chauffeur du car de gros morceaux de viande de chèvre fraîchement abattue.

Chaque fois que Hugh me racontait son histoire, je ne pouvais m'empêcher de réprimer de violents sentiments de jalousie. Vous vous rendez compte, un abattoir en Éthiopie !!! Il faut dire qu'il y a de sacrés veinards dans ce bas monde ! Alors que dans notre école primaire, notre sortie la plus dépaysante ne nous entraînait pas plus loin que Old Salem ou Colonial Williamsburg, ces villages de briques, toujours préservés de nos jours, où le temps semblait s'être arrêté et le métier de crieur public conservait son utilité. Là-bas, on pouvait encore rencontrer un maréchal-ferrant, des bataillons de patriotes paumés, et des escouades de mégères en bonnet qui vendait au porte-à-porte du pain de maïs ou des biscuits au gingembre « préparés à l'ancienne ». De loin en loin, on pouvait tomber sur un malfaiteur qui avait passé quelques années en taule mais ça n'allait pas plus loin que ça.

Néanmoins, nos deux parcours affichaient quelques ressemblances quoique, comparée à celle de Hugh, mon enfance restât d'une nullité affligeante. Quand j'avais sept ans, ma famille avait dû déménager en Caroline du Nord. Au même âge, Hugh avait dû accompagner ses parents au Congo. Alors que nous nous contentions d'un colley et d'un chat comme animaux de compagnie, ils entretenaient un singe et deux chevaux, Charlie Brown et Satan. Tandis que je passais mon temps à lancer des pierres sur les feux de signalisation, Hugh lapidait des crocodiles. Aux yeux de ma mère, la journée la plus mouvementée se limitait à un petit saut au pressing ou des commérages avec le livreur de frites. Allez donc demander à la mère de Hugh de quoi était fait son après-midi ordinaire au Congo ! Vous serez stupéfaits d'apprendre qu'elle avait accompagné les dames de son club dans une léproserie située dans la banlieue de Kinshasa.

Rien d'étonnant aujourd'hui, avec une telle enfance, que Hugh supporte héroïquement les pires navets au cinéma sans s'apercevoir qu'ils avaient été conçus à partir de feuilletons télé consternants. Dans cette Afrique où il habitait, il était rare de voir des feuilletons avec des Martiens au visage impassible, des magnats du pétrole texan ou des jeunes mariées en tablier qui se débattaient pour se soustraire à l'influence de la sorcellerie. De temps à autre, un film leur parvenait dans une boîte en fer-blanc cabossée, dont la pellicule était rayée et les images ternies par une interminable course autour du monde. Leur salle de cinéma se réduisait à quelques douzaines de chaises pliantes rangées face à un drap de lit ou, au pis-aller, le mur nu d'un hangar désaffecté à côté de la piste de l'aéroport. À l'occasion, un type était là pour leur vendre les jus de fruits tiédasses qu'il trimballait dans un casier, mais c'était pour eux un luxe inespéré.

Dans ma jeunesse, j'avais mes habitudes dans une salle de cinéma proche du centre commercial du quartier. C'est là-bas que j'avais vu par exemple l'histoire de la Volkswagen qui parlait. Je suis convaincu que cette petite voiture avait une tendance fâcheuse à faire des conneries puisque ni le film, pas plus que l'après-midi où je l'avais vu, n'ont marqué ma mémoire, et loin s'en faut. Hugh était allé le voir bien des années après sa sortie. À l'époque, sa famille avait déjà quitté le Congo pour aller s'installer en Éthiopie. Comme moi, Hugh l'avait vu seul un après-midi de week-end. Mais contrairement à moi, il n'avait pu quitter la salle de cinéma que deux heures après la fin de la séance et ce pour tomber sur un cadavre pendu à un poteau télégraphique de l'autre côté du parking non bitumé. Parmi les clients du cinéma, pas un seul ne s'était préoccupé du sort du pendu. Ils s'étaient bornés à lever un instant les yeux vers lui avant de rentrer tranquillement chez eux en marmonnant que, de leur existence, ils n'avaient jamais rien vu de plus cinglé que cette Volkswagen qui parlait. Comme son père tardait à venir le chercher, Hugh était resté là une heure durant, à contempler le cadavre qui se balançait d'avant en arrière sous les rafales de vent. Les journaux ne firent même pas état de cette mort, et le jour où Hugh s'en fut raconter l'histoire à ses amis, ils se contentèrent de lui dire :

— Eh, t'as déjà vu le film avec la bagnole qui parle ?

Certes, je n'aurais sans doute pas supporté ces essaims de mouches et moins encore l'inconfort de ces salles de cinéma, mais je n'aurais pas dédaigné d'habiter une maison pleine de domestiques. Chez nous en Caroline du Nord, il était rare de voir des gens qui entretenaient ne serait-ce qu'une boniche un jour par semaine alors que les parents de Hugh avaient des *boys* à leur service, un terme qui ne cessait d'enflammer mon imagination. Dire que ces gens avaient des cuisiniers, des chauffeurs et des gardiens de nuit à demeure chez eux, installés dans une guérite et armés jusqu'aux dents, avec des machettes et tout !

Pendant des années j'avais harcelé mes parents pour qu'ils installent une clôture électrique, mais l'affaire des gardiens de nuit me semblait le summum de la sophistication. Tout de même, jouir d'une protection rapprochée supposait qu'on était un personnage important, non? Mais aller jusqu'à faire payer cette protection par le gouvernement lui-même était autrement plus significatif car cela supposait que la sécurité de votre personne ne concernait pas que vous.

Le père de Hugh avait fait carrière au département d'État et tous les matins, une berline noire le conduisait à l'ambassade. Hugh avait eu beau démentir en m'expliquant que tout ce faste n'était qu'apparence, j'étais persuadé que nos joies ne pouvaient égaler celles qu'ils ressentaient au quotidien; leurs loisirs avaient incontestablement plus d'intérêt que les courses au sac des pique-niques annuels d'IBM. Bien avant l'âge de trois ans, Hugh était détenteur d'un passeport diplomatique. Les règles qui s'appliquaient au commun des mortels ne le concernaient pas. Pas de billets, pas d'interpellations ni de fouilles de bagages: officiellement, il avait carte blanche pour faire chier n'importe qui. Certes, on s'y attendait un peu puisqu'il était américain.

En réalité, ils n'étaient pas riches. Cependant, ce dont les parents de Hugh pouvaient manquer financièrement, ils avaient le loisir de le compenser par ce «plus» d'exotisme qui fait des ravages dans les cocktails en provoquant çà et là des remarques du genre: «Absolument fascinant!» De ces compliments qu'on n'a pas l'occasion de recevoir souvent après avoir narré son adolescence passée à se taper des jus de fruits au centre commercial de North Hills. Jamais un python de quatre mètres et demi de long ne s'était hasardé jusqu'à notre terrain de basket au lycée. J'ai prié, supplié toutes les nuits, en vain. De même, je n'ai jamais été témoin d'un coup d'État militaire durant lequel les troupes fidèles au colonel ont débarqué en pleine nuit dans notre quartier pour assassiner notre voisin. Hugh se trouvait à la maison des jeunes d'Addis-Abeba lorsque soudain l'électricité avait été coupée et les soldats étaient venus évacuer l'immeuble. Pour se mettre à couvert, il avait dû grimper avec ses copains à l'arrière d'une Jeep et rester planqué sous des couvertures tout le long du trajet de retour à la maison. Une image qu'il n'est jamais parvenu à effacer de sa mémoire.

Quant à moi, mes souvenirs d'enfance les plus passionnants se réduisaient à de misérables photos que j'avais réussi à prendre avec Oncle Paul, un animateur de télé aveugle qui, à l'époque, était la coqueluche des enfants de Raleigh. Parmi ceux de Hugh, se trouve — excusez du peu — une photo en compagnie de Buzz Aldrin lors de la dernière étape du tour du monde de l'astronaute. L'homme qui avait marché sur la Lune avait posé familièrement une main sur l'épaule de Hugh avant de lui signer un autographe. L'homme qui, un soir, dirigeait la chorale des élèves de Wake County avec votre serviteur comme soliste se tourna vers moi en entendant ma voix et me demanda : « Alors comment tu t'appelles, princesse ? »

À quatorze ans, on m'avait envoyé passer une dizaine de jours chez ma grand-mère maternelle à l'ouest de l'État de New York. Billie, comme on l'appelait, était un petit bout de femme repliée sur elle-même qui ne se mêlait jamais des affaires des autres. Du reste, comme elle n'avait même pas essayé de deviner qui j'étais, j'avais l'impression qu'elle n'en avait pas la moindre idée. Il suffisait de voir la façon dont elle me dévisageait en fronçant les sourcils derrière ses lunettes tandis qu'elle mâchonnait sa lèvre inférieure : « Ah, c'est toi ? disait-elle. T'es encore là ? » Elle commençait à peine sa longue bataille contre la maladie d'Alzheimer et chaque fois que je faisais irruption dans la pièce, je me croyais obligé de me présenter de nouveau pour la mettre à l'aise : « Salut, c'est moi, David. Le fils de Sharon. J'étais en train d'admirer ta collection de crapauds en céramique dans la cuisine, c'est super ! » Hormis quelques excursions en camping d'été ici ou là, ce voyage représentait à mes yeux un accomplissement et je me flattais de croire qu'il avait ajouté à mon expérience.

Mais, au moment même où j'étais en train de donner des sueurs froides à ma grand-mère, Hugh et ses parents rangeaient leurs affaires pour déménager en Somalie. Comme aucun lycée de Mogadiscio n'enseignait en anglais, Hugh avait dû, après avoir passé un mois à lézarder au soleil en compagnie de son singe, se résoudre à rentrer en Éthiopie pour s'installer dans la famille d' un amateur de bière que son père avait rencontré dans un cocktail. M. Hoyt s'occupait des systèmes de sécurité dans les ambassades étrangères. Ils offrirent une chambre à Hugh. Ils lui proposèrent également de partager le repas avec eux, mais sans plus. Personne ne lui demanda jamais quelle était la date de son anniversaire, et il la garda pour lui-même. Le téléphone ne fonctionnait pas entre l'Éthiopie et la Somalie, et les lettres de Hugh à ses parents devaient d'abord être acheminées à Washington avant d'être réexpédiées à Mogadiscio, de sorte que les nouvelles avaient toujours un mois de retard. Cette situation me semblait comparable à celle de l'étudiant étranger en séjour linguistique. Certes, il arrivait très souvent que les jeunes s'en accommodent, mais je ne pouvais m'empêcher de trouver cela horrible. Les Hoyt avaient deux garçons, qui étaient à peu près du même âge que Hugh. Ils n'arrêtaient pas de lui faire des remarques du genre : « Eh, tu vois pas que t'es assis sur *notre* canapé ? » ou encore : « Touche pas à cette chope décorative, elle est pas à toi, t'as compris ? »

Il y avait un an qu'il habitait chez ces gens quand un jour, par mégarde, il entendit M. Hoyt confier à l'un de ses amis leur intention de déménager bientôt en Allemagne, à Munich, la capitale mondiale de la bière.

— J'étais très embêté, m'a expliqué Hugh, parce que cela voulait dire qu'il me faudrait chercher un nouveau toit.

Chez nous, la recherche d'un toit faisait partie des soucis pour lesquels l'adolescent moyen se reposait entièrement sur ses parents. Rien de plus simple et naturel quand on avait un père et une mère, en somme. À l'idée que ses parents risquaient fort bien de l'envoyer vivre avec ses grands-parents dans le Kentucky, Hugh a eu la trouille et demandé secours auprès de la conseillère d'orientation du lycée, laquelle connaissait une famille dont le fils venait récemment de partir à l'université. C'est ainsi qu'il avait passé une autre année avec de parfaits inconnus sans jamais dire un mot sur la date de son anniversaire. Bien que je n'eusse pour rien au monde voulu être à sa place, je ne pouvais néanmoins m'empêcher de lui envier la force morale qu'il a dû acquérir grâce à toutes ces expériences.

Après le lycée, Hugh était parti en France avec pour tout bagage une seule phrase : « Vous parlez français ? », une question qui ne pouvait vous mener nulle part à moins de parler également la langue en question.

Du temps où ils vivaient en Afrique, Hugh et ses parents partaient souvent en vacances, la plupart du temps en compagnie de leur singe. Il y avait le Hilton de Nairobi, puis de somptueuses suites aux plafonds surélevés, au Caire ou à Khartoum, de ces endroits aux souvenirs desquels ses parents chaviraient de bonheur à la table du dîner : « Tu te souviens de cet été que nous avions passé à Beyrouth ou bien — ah mais non, bien sûr, je confondais avec la croisière en bateau jusqu'à Chypre ! Tu sais, quand on avait pris l'Orient Express pour aller à Istanbul ! »

Ces gens menaient exactement la vie dont je rêvais pendant mes vacances à l'ouest de la Caroline du Nord. La famille de Hugh était en train de se la couler douce dans la cour des chefs et des sultans pendant que je bâfrais des beignets dans le marché aux poissons de Morehead City, une serviette de bain enroulée à la manière d'un turban autour de mes cheveux. Au même moment, quelqu'un que je ne connaissais pas encore était probablement debout dans des tranchées pleines de gadoue, rêvant avec délice d'une soirée douillette dans un bon petit restaurant simple, à trinquer avec du thé glacé et à s'empiffrer de plateaux de fruits de mer géants. Malheureusement, je ne pouvais pas compatir puisque ma situation n'avait rien de particulièrement enviable. Au lieu de me laisser gagner par l'amertume, j'ai donc appris à tirer satisfaction de la vie qu'avait menée Hugh. Avec le temps, ses histoires étaient devenues miennes, je l'affirme haut et fort, et sans le moindre *kumbaya*. Non, il n'y a pas eu de symbiose spirituelle entre nous ; je ne suis qu'un minable voleur de destin qui s'empare des souvenirs de Hugh. Ce n'est pas plus grave que de piquer la menue monnaie qui traîne sur sa commode. Chaque fois que mes propres expériences manquent un peu de sel, toute honte bue, je les assaisonne avec les siennes. Ainsi, c'est avec plaisir que je me rappelle de temps en temps le visage violacé du pendu ou la déflagration du pistolet à mes oreilles tandis qu'une mare de sang s'élargit sous le groin du porcelet blanc. Puis, en rentrant de l'abattoir, nous nous arrêtons pour boire des Coca dans le village de Mojo, où le propriétaire de la station-service a installé, sous la voûte rafraîchissante d'une vigne vierge desséchée, quelques tables et des chaises. Nous n'arriverons pas à l'école avant la tombée de la nuit, d'où un autre autocar m'emportera jusqu'à la base de Coffeeboard Road. Une fois arrivé là-bas, il me restera encore un bosquet d'eucalyptus à traverser avant de longer un pâturage où paissent des troupeaux et franchir la guérite où somnole le gardien de nuit pour enfin me jeter droit dans les bras de mon singe.

VERTICALEMENT

Si ses élèves lui demandent : « Mais à quoi tout cela peut-il bien nous servir ? », tout prof de lycée passionné par son métier devrait pouvoir leur répondre sans risque de se tromper qu'en tout état de cause les connaissances emmagasinées s'avéreront toujours utiles lorsqu'ils auront atteint l'âge de la maturité et s'adonneront aux mots croisés pour tuer leur abominable solitude. C'est un truisme. Personne ne peut se passer du latin, de la géographie, des dieux de la Grèce ou de la Rome antiques car, à moins de les connaître sur le bout des doigts, on en est assez rapidement réduit à se taper les mots croisés des magazines comme *People*, dans lesquels, en guise de définitions, on lit : « Titre de film : *Autant en .... le vent* » et : « Ne laisse pas ». Non seulement ce n'est pas fameux, mais il y manque la satisfaction du travail bien fait.

Quelqu'un m'avait laissé entendre un jour que les mots croisés aidaient à combattre la maladie d'Alzheimer. Que l'on ne se méprenne pas : cette information n'avait rien à voir avec ma décision de m'y adonner. Je m'y étais lancé depuis quelques années seulement, juste après ma rupture avec un petit ami, un garçon outrageusement beau — à la limite de l'atrocité —, qui l'est d'ailleurs resté. Pour emboîter le pas à Eugene Maleska dans sa terminologie de mots croisés, je l'aurais dépeint comme « fringant et resplendissant de beauté » tandis que Will Shortz, le rédacteur actuel de ceux du *New York Times*, se serait contenté d'un « qui emballe » avec pour seconde définition : « Fait tourner les têtes en un sens ».

Mon ex-petit ami était si séduisant que j'en avais, sans doute un peu hâtivement, déduit qu'il était nécessairement bête, pour la simple raison qu'il était injuste qu'on vienne au monde avec à la fois un physique irréprochable et la capacité de briller dans la conversation la plus anodine. Naturellement, je me suis aperçu qu'il était largement plus futé que je ne croyais et, du reste, lui-même avait fini par le prouver en rompant avec moi. Nos chemins se sont finalement séparés à New York où, avec le temps, nous nous sommes mis à entretenir ce qu'on appelle une amitié pure et simple. Un après-midi, j'ai donc fait un détour par son bureau en me disant qu'il avait dû, entre-temps, perdre quelques dents, mais hélas il était là, en pleine forme, confortablement installé dans son fauteuil en finissant à l'aide d'un Bic les mots croisés du *New York Times*. Un vendredi, vous vous rendez compte ? Il fallait trouver la capitale d'un pays qu'on appelait le Tuvalu, ou bien un obscur champion olympique d'haltérophilie dont l'exploit datait de temps immémoriaux, ou encore un mot de seize lettres qui signifiait *derviche* :

— Ça, tu veux dire ? a-t-il sursauté. Bof, ça m'occupe quand les conversations téléphoniques s'éternisent, c'est tout.

C'était tuant. Comme on le sait, les mots croisés du *New York Times* gagnent en difficulté à mesure qu'on avance dans la semaine, en commençant le lundi par des grilles plutôt simples pour finir le samedi avec un exercice sûrement destiné aux cerveaux capables, par la seule force de la pensée, de déformer une cuiller. Il me fallait plusieurs jours pour venir à bout des premiers mots croisés du lundi et, après avoir fini, je les traînais avec moi à gauche et à droite, dans l'espoir qu'un inconnu m'arrêterait dans la rue pour me demander à y jeter un coup d'œil.

— Pas possible ! s'écrierait-il. Vous avez réussi à terminer ces mots croisés tout seul ? Et vous n'avez même pas quarante ans ? Mince alors, j'avais jamais vu une chose pareille de ma vie !

En attendant, il m'a fallu deux ans pour arriver au niveau de la grille du jeudi. En plus, il m'était difficile d'admettre que sept heures de travail laborieux puissent être réduites en fumée par une question débile touchant au sport ou à l'opéra. Par ailleurs, depuis mon installation en France, ce hobby me coûtait beaucoup plus cher. il s'y ajoutait désormais le décalage horaire, qui ne me faisait pas que des amis :

— Doux Jésus ! s'était exclamé mon père. Il est 4 heures du matin. Mais qu'est-ce que ça peut bien te foutre de savoir qui a gagné l'US Open en 1964 ?

Les appels téléphoniques outre-Atlantique achevaient de me mettre sur la paille. J'ai dû investir dans un atlas et une étagère entière d'almanachs et de manuels de référence. Certes, je n'y trouvais pas toujours ce que je cherchais, mais il m'arrivait souvent de tomber sur des bribes d'information susceptibles d'être utilisées plus tard, pour une autre grille, tels : les empereurs indiens de la dynastie Kanva ; le pseudonyme de Ted Bundy ; les lauréats 1974 des Tony Awards, toutes choses qui, tôt ou tard, pouvaient s'avérer pour moi d'une importance capitale. Les mots croisés du *New York Times* sont publiés dans l'*International Herald Tribune*, un canard vendu dans presque tous les kiosques à journaux parisiens. Dernièrement, je me triturais les méninges pour terminer la grille du mercredi quand je me suis heurté à une sérieuse difficulté en case 21 — verticalement : « Un ami de Job ». J'ai dû me rabattre sur un truc intitulé *L'Ordre des choses*, un manuel de référence que m'avait refilé ma sœur Amy, et qui était bourré de tuyaux de première nécessité. En tournant fébrilement d'un doigt les pages à la recherche de la rubrique consacrée à la Bible, je suis tombé par hasard sur une liste de phobies, soigneusement classées selon leurs diverses manifestations. À mon plus grand ravissement, j'ai ainsi pu apprendre l'existence de la génuphobie (c'est-à-dire la peur des genoux), la pogonophobie (la peur de la barbe) et la kéraunothnétophobie (un mot de dix-neuf lettres qui désignait la peur de la chute des satellites artificiels en orbite autour de la Terre). En passant en revue cette liste, je me suis surpris à imaginer comment les choses évolueraient dans les thérapies de groupe qui aidaient l'humanité souffrante à venir à bout de ses peurs de la rouille, des dents, de l'hérédité ou même des strings. On allait finir par organiser en pleine journée des réunions à destination des achluophobes (qui ont horreur de la tombée de la nuit) et, en contrepartie, des séances de groupe pour les phengophobes, qui détestent la lumière du jour. Tous ceux qui avaient peur de la foule pourraient également se rencontrer uniquement deux par deux, et ceux qui avaient horreur de la psychiatrie seraient obligés d'aller chercher consolation auprès d'amis et de parents parfaitement incompétents en la matière.

La longue liste des différentes phobies de situation comportait en outre la peur d'être attaché, battu et enfermé dans un lieu clos puis éclaboussé d'excréments humains. Y inclure de telles allergies m'a complètement stupéfié car cela induisait que ce genre de peur pouvait être considéré d'une certaine façon comme *déraisonnable*. Je me suis alors demandé *qui diable aurait aimé qu'on lui passe les menottes avant de l'arroser de déjections humaines*. Mais avant même d'avoir ouvert mon carnet d'adresses, je pensais à trois personnes qui s'y seraient prêtées bien volontiers. J'ai alors eu la trouille mais, selon toute vraisemblance, c'était manifestement ma phobie la plus intime. Cela dit, ne figuraient pas sur cette liste les gens qui avaient peur de compter trop de masochistes parmi leurs amis, ni même une entrée pour ceux qui avaient peur d'affronter la dure vérité qui leur éclaterait à la figure le jour où ils se rendraient compte que leur amour-propre se nourrissait uniquement des mots croisés qu'ils parvenaient à terminer en une journée. Comme je n'en ai déniché nulle part la moindre trace, je me suis dit que je possédais la preuve formelle qu'un tel mot existait en réalité. Et j'irai encore plus loin : je suis sûr et certain qu'il surgira inévitablement dans une grille un jour ou l'autre avec pour seule définition : « Vous, pour parler en toute honnêteté. »

LA VILLE-LUMIÈRE DANS LE NOIR

Chaque fois que je dois raconter ce que j'ai fait récemment à Paris, il me suffit de tendre la main vers mon carton de talons de tickets. Malheureusement, je ne peux m'empêcher de râler sous son poids. Je vivais ici depuis plus d'un an déjà que, au lieu d'aller visiter le Louvre ou le Panthéon, j'allais voir *Fort Alamo* et *Le Pont de la rivière Kwaï*. Je n'avais pas visité le château de Versailles que je m'étais déjà débrouillé pour voir *Oklahoma ! Oklahoma !*, *Brazil* ou *Nashville*[1]. Hormis une virée épisodique au marché aux puces, mon expérience globale de Paris se limitait à ce que j'en avais retenu d'après *Gigi*.

Dès que quelqu'un débarquait des États-Unis pour nous rendre visite, je m'empressais de concocter un petit tour complet de la ville :

— Si nous allions à la séance de 15 heures d'*Operation jupons*, il nous restera juste assez de temps pour attraper — mais à l'autre bout de la ville — *Il faut sauver le soldat Ryan*, qui passe à 18 heures ; à moins, bien sûr, de préférer *L'Extravagant Mister Ruggles*, à 16 heures, ou encore *Roman Holidays*, mais pour celui-là, il faudra attendre 19 heures.

Ce sont les choix de mes invités qui ont fini par me mettre la puce à l'oreille : j'étais un bien piètre juge de mon propre tempérament. Les ayatollahs au moins sont flexibles, moi je ne le suis pas. Car toutes les fois que je leur donnais le choix entre quatre

1. Titre d'un film de Robert Altman. *(N.d.T.)*

films tout à fait honnêtes, ils optaient invariablement pour une visite au musée Picasso ou à la basilique Notre-Dame en s'excusant :

— On n'est quand même pas venus de si loin pour rester assis dans le noir durant tout notre séjour ici.

Mince, ils présentaient la chose sous un angle déprimant.

— C'est vrai, leur expliquais-je en retour, mais n'empêche. Vous êtes dans le noir ici en France, c'est comme ça. Et c'est encore… plus… noir que le noir que nous connaissons chez nous.

Finalement, je leur remettais un plan et mon deuxième jeu de clés. Ils n'avaient qu'à aller voir Notre-Dame, moi j'irais, de mon côté, voir *Le Bossu de Notre-Dame*.

On m'a souvent répété que la vie à Paris était très chère, surtout si l'on passait le plus clair de son temps à aller voir des films américains. Cela n'aurait pas été différent si j'avais vécu au Caire en bouffant des cheeseburgers matin, midi et soir.

— T'aurais pu tout aussi bien rester au pays, non? s'exclamaient les gens.

Mais ils avaient tort car je n'aurais jamais pu me permettre cette vie-là en Amérique. À de rares exceptions près, la vidéo a eu raison de la salle de spectacle aux États-Unis. Pour voir par exemple un film de Boris Karloff, on est obligé de le louer pour le visionner sur son poste de télévision. En revanche, à Paris, il vous coûterait aussi cher de louer une vidéo que d'aller simplement voir le film dans une salle. Les Français, eux, adorent sortir ; ils préfèrent voir leurs films sur grand écran. Toutes les semaines, on a l'embarras du choix entre trois cents films au minimum, dont le tiers en version originale anglaise. On peut ainsi profiter à la fois des productions américaines les plus récentes et des bons vieux classiques dont on ne se lasse jamais. À Pâques, lorsque j'ai appris qu'il ne restait plus de places pour *La Plus Belle Histoire jamais contée*, il m'a suffi de traverser le boulevard pour rattraper *Superfly*, la deuxième plus belle histoire jamais contée. À moins d'être destinés aux enfants, tous les films sont projetés en version originale anglaise sous-titrée en français. Cela donne parfois des scènes où un personnage dit: «Arrache ton gros cul de là avant que je ne commette un acte regrettable!», et le banc-titre traduit: «Va-t'en!»

Il m'arrive également de me demander pourquoi je me suis emmerdé à prendre des cours de français: «Je suis vraiment ravi de faire votre connaissance.» J'étais encore très loin du compte. «Je vous remercie du fond du cœur pour ce succulent repas.» Des phrases comme celles-là, j'en avais à la pelle. Hélas, depuis mon arrivée à Paris, je n'en avais utilisé qu'une: «Un ticket, s'il vous plaît.» C'est ce que l'on dit devant le guichet quand on veut acheter son billet, et je m'en sors bien, en général. J'avais l'habitude, à New York, d'aller au cinéma trois à quatre fois par semaine. Ici, ma fréquentation culmine à six ou sept fois par semaine, en grande partie parce que je suis trop paresseux pour faire quoi que ce soit d'autre. Heureusement, l'assiduité dans les salles obscures semble avoir soudainement revêtu une dimension intellectuelle certaine, à l'égal de la lecture ou de la méditation. Cela n'a du reste rien à voir avec la difficulté de plus en plus patente du sujet; il se trouve tout simplement que la plupart des gens sont aussi paresseux que moi, et nous nous sommes arrangés pour placer la barre plus bas.

C'est par un concours de circonstances que j'ai sombré dans la paresse. Figurez-vous que dans un rayon de trois cents mètres, j'ai à ma disposition quatre salles multiplex de premier choix et une douzaine de petites salles de trente à cinquante places qui programment en permanence, par roulement, des films obscurs ou connus, avec des acteurs obscurs ou connus, tournés par des metteurs en scène obscurs ou connus. Le bon vieux cinéma de papa, où je peux me délecter des *Les Tueurs de la lune de miel* à la séance de 14 heures même si je suis le seul et unique client. On avait l'impression, assis là-dedans, que quelqu'un avait aménagé son petit salon familial en y ajoutant un grand écran et quelques sièges confortables. Il y a une femme au guichet. Elle vous vend un ticket, le déchire en deux, puis elle vous tend le talon. Une fois à l'intérieur de la salle, vous êtes chaleureusement accueilli par une ouvreuse qui examine le talon du billet et le déchire à son tour comme par acquit de conscience. Mais quelqu'un a dû à un moment ou à un autre décréter que son intervention méritait un pourboire, et on lui donne toujours un peu de monnaie, à la petite dame, ce que je n'ai jamais su m'expliquer. C'est un mystère, un peu comme les statues géantes de l'île de Pâques ou le succès de la musique techno.

Je remercie le ciel que de telles salles existent encore de nos jours. J'irais même jusqu'à donner un pourboire au projectionniste. C'est comme les minuscules gargotes qui n'ont que trois tables : on se demande comment ces gens-là font pour tenir le coup à notre époque. Aux États-Unis, les salles de cinéma font surtout leur beurre avec les ventes dans le hall d'entrée, tandis qu'ici — du moins dans les endroits de taille modeste — on n'a droit à rien, à part un distributeur de crème glacée relégué dans un recoin entre les toilettes et la sortie de secours. Certes, les grandes salles sont un poil plus confortables, puisque, à l'intérieur, un type avec un plateau autour du cou vous propose des confiseries et des crèmes glacées. Aujourd'hui, les salles américaines ont sorti des plateaux gigantesques, et il ne s'en faudra pas de beaucoup pour que bientôt, les pancartes nous annoncent : VOUS AVEZ DÉGUSTÉ NOS CÔTELETTES AU BARBECUE ?, ou bien : POUR CHAQUE KILO DE STEAK D'ALOYAU, UN SUPPLÉMENT DE POMMES DE TERRES AU FOUR ! Mais à l'époque où ils y vendaient des *nachos*, je savais déjà que les ailes de poulet n'allaient pas tarder à nous envahir. Aujourd'hui par exemple, les hot dogs ne servent qu'à préparer le terrain aux hamburgers, et de là à la vente de couverts, il n'y aura qu'un pas vite franchi.

Je ne me suis jamais considéré comme un laudateur patenté des Français, mais je reste convaincu qu'il y a des choses à dire sur un peuple qui, quelles que soient les circonstances, ne bavarde jamais dans une salle de cinéma. J'ai passé des samedis soir dans des salles bondées d'adolescents, à regarder des films saignants. Malgré tout, personne n'a pipé mot. Et pourtant, je n'arrive même plus à me souvenir de la dernière fois où j'ai pu en toute tranquillité voir un film aux États-Unis. Je suis presque tenté de croire que là-bas, les spectateurs passent leur journée à ne rien dire afin d'épargner leur voix pour le moment où le film commence. Un jour où je suivais une projection tout ce qu'il y a de plus ordinaire à New York, il m'est arrivé de taper sur l'épaule du type assis devant moi pour interrompre sa revue de presse et lui demander s'il avait l'intention de bavarder ainsi jusqu'à la fin du film.

— Mais oui… bien sûr. Pourquoi ? Ça vous dérange ?

Il a dit ça sans la moindre honte ni le moindre regret. Tout se passait comme si je venais de lui demander s'il avait l'intention de laisser circuler son sang ou d'aspirer de l'air dans ses poumons.

— Mais oui, pourquoi pas ? Il y a un problème ?

J'ai dû m'éloigner de l'intarissable et je me suis retrouvé assis à côté d'un olibrius doué d'une seconde vue, qui prédisait à haute voix le sort réservé aux différents personnages dont nous voyions remuer les lèvres sur l'écran. Ensuite, j'ai dû me taper un couple âgé, qui était constamment persuadé d'avoir raté quelque chose. Dès qu'un inconnu frappait à une porte, ils s'écriaient précipitamment : « Mais qui c'est, celui-là ? » J'avais envie de les rassurer en leur expliquant que toutes leurs questions trouveraient une réponse en temps voulu, mais comme je déteste bavarder pendant le film, je me suis déplacé de nouveau en espérant qu'avec un peu de chance je pourrais dénicher un siège libre entre deux personnes qui étaient soit endormies soit mortes.

Un jour, dans une salle de Chicago, je me suis assis par mégarde à côté d'un homme qui regardait le film en écoutant en même temps Cubs, une émission de jeux, à la radio. Quand on a fait venir un responsable, les fanas du sport nous ont rétorqué que nous vivions dans un pays libre et qu'il avait parfaitement le droit d'écouter sa putain d'émission.

— Est-ce qu'il existe dans ce pays une loi qui interdit de faire les deux choses en même temps ? m'a-t-il demandé. Dites-moi, où est cette loi ? Montrez-la-moi donc, et j'éteins ma radio.

Aujourd'hui à Paris, pendant que je regarde mes films américains dans une salle de cinéma française, je me souviens de l'homme à la radio et j'éprouve un sentiment totalement opposé à la nostalgie. La caméra survole les villes qui m'ont vu grandir, figeant sur l'image leurs horizons chargés de vibrations avant de disparaître sous l'effet d'une bombe terroriste ou d'une invasion d'extraterrestres : New York, Chicago, San Francisco, j'ai l'impression de voir défiler des images de gens avec qui j'aurai pu coucher si je l'avais voulu. Quand les courses-poursuites à train d'enfer et les fusillades après moult semonces deviennent par trop répétitives, j'ai le loisir de reprendre la direction des petites salles d'art et d'essai pour aller à la rencontre de films bien plus sympathiques, dans lesquels les couples dorment dans des lits séparés et tous les personnages arborent constamment des chapeaux. Au moment où l'on déchire mon ticket, je repense brièvement à toutes les choses constructives que je pourrais faire en ce moment même. J'ai une pensée attendrie pour les parcs et les restaurants, toutes les amabilités que je n'aurai jamais l'occasion de tester sur mes amis, ceux-là mêmes que je suis du reste en train de perdre. Puis je pense à la grande ville qui fourmille de l'autre côté du rideau et, pendant que les lumières s'éteignent, je me dis : Oh, que j'aime Paris !

L'AFFAIRE DU SAC PLASTISQUE

L'un des inconvénients majeurs de la vie à Paris, c'est que la dénomination d'expatrié vous suit partout et vous colle à la peau, des bonnes âmes allant jusqu'à user parfois d'une forme raccourcie, encore plus irritante en anglais : « ex-pat ». Qu'entend-on par là ? C'est simple : que vous vous installiez à Londres ou à Saint-Germain-du-Loquedu, votre décision n'a jamais autant d'importance que le choix de Paris par exemple, qui cacherait, selon eux, la haine que vous devez nourrir à l'encontre des États-Unis d'Amérique. J'en perds mon latin. Pourtant, les Américains avec qui je me suis lié d'amitié ne détestent pas du tout les États-Unis, ils préfèrent simplement vivre en France pour une raison ou pour une autre. Certains sont même mariés à des Français et sont ici uniquement pour des raisons professionnelles, et pas un seul n'a déménagé pour des motivations hautement politiques.

Comme moi, mes amis américains doivent parfois se faire l'avocat de leur pays à l'occasion de dîners durant lesquels les invités ont un peu trop forcé sur la bouteille. Dès que les États-Unis prennent une décision que les Français n'apprécient guère, les gens m'en imputent la faute comme si j'en étais personnellement responsable. Je suis pris de court chaque fois que la maîtresse de maison m'accuse de taxer injustement son bœuf. Je me dis alors : Eh, attends une minute, c'est moi qui ai fait ça ? Toutes les fois que notre gouvernement refuse de signer un traité ou décide de mettre son poids dans la balance lors de négociations au sein de l'OTAN, je deviens à moi seul l'Amérique elle-même, en chair et en os, tous les cinquante États réunis, sans oublier Porto Rico. Oui, l'Amérique reste assise à la table du dîner, un filet de sauce dégoulinant sur son menton.

Pendant les auditions préparatoires à la destitution de Bill Clinton, ma prof de français n'a cessé d'attirer l'attention sur moi en m'apostrophant : « Dites donc, vous alors les Américains, ce que vous pouvez être puritains ! », tandis que mes camarades de classe, tous citoyens d'Europe et d'Asie, lui donnaient raison et je restais sans mot dire, à me demander si c'était si vrai que ça. D'accord, notre réputation n'était pas totalement surfaite, mais comment pouvait-on nous traiter de pudibonds alors que la plupart des gens de ma connaissance passaient leur temps à virer leur cuti ?

Jusque-là, je n'avais jamais prêté attention à l'image que les populations du vieux continent avaient des Américains. Mais aussitôt arrivé en France, j'ai compris qu'il me fallait endosser un certain rôle, adopter un certain comportement. « Mais comment pouvez-vous vous mettre à fumer comme les autres ? » me reprochaient mes camarades de classe. « Vous êtes américain, vous ! » Les Européens étaient sûrs et certains que je passerais mon temps à me laver les mains avec des rince-doigts préemballés et que je bannirais de ma table tout produit de crémerie non pasteurisé. D'ailleurs, si j'étais mince en ce moment, c'était parce que je venais de perdre vingt-cinq kilos, une surcharge pondérale qui était de rigueur chez l'Américain moyen. Et si j'étais envahissant, rien d'étonnant à cela non plus ; si je ne l'étais pas, c'était sûrement dû au Prozac.

Où les gens allaient-ils pêcher toutes ces idées ? Et comment pouvaient-on leur accorder ne serait-ce que la moindre foi ? Je me suis surpris à me poser les mêmes questions en rentrant aux États-Unis, après avoir passé neuf mois en France. J'avais une tournée de cinq semaines à assurer dans vingt villes. L'avion avait à peine décollé de Paris que le New-Yorkais assis dans le siège voisin s'est tourné vers moi pour me demander combien j'avais déboursé pour mon billet aller-retour. Les Américains sont célèbres pour leur propension à parler argent, et je veille personnellement à garder notre réputation intacte : « Devine combien j'ai payé ton cadeau d'anniversaire ! » avais-je l'habitude de lancer. « Eh, dis-moi, combien tu paies ton loyer ? » Ou encore : « Eh, pour te faire enlever ce poumon, combien ça t'a coûté, hein ? » Les Français sont pris d'affolement chaque fois que j'ouvre la bouche. Ils ont l'air de considérer ce genre de questions comme indiscrètes ou arrogantes, mais à mes yeux, elles sont parfaitement normales. Il faut bien qu'on parle de quelque chose, et il me semble que l'argent occupe aujourd'hui dans les débats salonards le créneau libéré par la controverse autour de la Convention constitutionnelle de 1787.

Durant mes cinq semaines de tournée aux États-Unis, j'ai passé pas mal de temps en avion et à poireauter dans les aéroports, où j'ai pu constater amèrement que la fameuse image des Américains bourreaux de travail était en train de voler en éclats. La plupart des passagers auraient pu correspondre au stéréotype, tandis que les employés de l'aéroport semblaient s'évertuer à s'en détacher. En prenant ma place dans les interminables files d'attente, je réalisais sans peine grâce à quoi nous avions hérité notre réputation de bons bougres expansifs et bavards. Les conversations semblaient tourner autour de l'incompétence de la personne debout derrière la caisse ou le comptoir d'enregistrement mais, même pressés par le temps, la plupart des passagers gardaient un air tolérant et bon enfant, visiblement plus enclins à rire qu'à provoquer un esclandre. Les gens se contentaient d'espérer qu'ils ne rateraient pas leur avion, qu'ils partiraient à l'heure et que leurs bagages les rejoindraient enfin à leur arrivée. Alors que jadis, nous étions considérés comme des optimistes chroniques, nous semblions désormais avoir substantiellement tempéré nos ambitions.

J'ai beaucoup réfléchi sur l'optimisme américain à bord d'un vol de Chicago à San Francisco. Je feuilletais un de ces magazines vidéo qui vous livraient d'un coup d'œil toute l'actualité de la semaine dans le domaine des micro-ordinateurs. Il y avait, bien sûr, la rubrique habituelle: « Jusqu'où peut-on leur faire confiance ? », qui présentait des analyses critiques sur les baguettes utilisées dans les restaurants asiatiques, les cartons d'emballage, puis sur la dernière étude tendant à prouver que les gens qui gardaient leurs chaussettes au lit avaient une espérance de vie supérieure de cinq heures à la nôtre. Venait ensuite un sujet d'un intérêt humain inestimable — l'histoire d'un programme de la municipalité de New York qui avait pour objectif de mettre les SDF au contact des plus grandes œuvres d'art connues. Le topo a démarré avec un guide de musée assez benoît, debout devant un tableau de Rembrandt, qui faisait un exposé à un groupe d'hommes à la barbe sale, habillés en haillons. Une dame a ensuite disserté longuement sur le rôle de la lumière et de l'ombre dans la composition du tableau. Elle s'est attardée sur les sentiments qu'éveillait le choix délibéré de l'artiste pour des palettes de couleurs sombres, et ses yeux ne cessaient de briller pendant son discours. Interviewé plus tard, l'un des hommes a reconnu que le tableau était joli : « C'est vrai, quoi, je l'ai trouvé pas mal ! » , s'est-il défendu. Puis la caméra a fait un gros plan sur le guide, qui expliquait qu'apprécier l'art était déjà en soi une forme de thérapie qui allait certainement, la chance aidant, nous permettre de remettre ces hommes sur pied. Pourtant, ce qu'on voyait là, c'était la représentation même de notre optimisme le plus morbide accompagné par la naïve croyance populaire selon laquelle quelques heures de thérapie suffiraient à guérir de tout, de l'obésité chronique jusqu'à la misère éternelle. De toute façon, nul n'est mécontent d'échapper au froid, ne serait-ce que pour une petite heure, et je suis sûr que cette bonne femme se foutait le doigt dans l'œil en croyant que ces hommes-là allaient préférer un Rembrandt à deux ou trois *reubens*[1].

1. Sandwichs américains préparés avec du bœuf salé, de l'emmenthal et du chou. *(N.d.T.)*

Malgré nos efforts titanesques de recyclage, l'Amérique est toujours considérée comme la championne du monde du gaspillage. C'est une tare dont nous avons hérité et que nous nous efforçons de surmonter grâce à notre sentiment de culpabilité et notre hypocrisie inégalables. Dès la première nuit de mon voyage, en me brossant les dents dans la salle de bains de ma chambre à 270 dollars la nuit, je me suis trouvé nez à nez avec une inscription qui ordonnait : SAUVEZ LA PLANÈTE !

Ah ouais d'accord, mais en faisant quoi ? me suis-je demandé.

L'affiche révélait la quantité d'eau utilisée chaque année pour laver le linge de l'hôtel et insinuait que, en faisant changer mes draps et mes serviettes de toilette chaque jour, j'étais en train de priver de cette eau précieuse un enfant déshydraté. J'ai remarqué qu'à part moi il n'y avait nulle part un plaidoyer du même tonneau, pour m'encourager par exemple à conserver l'eau chaude qu'ils me servaient dans leur théière à 15 dollars, comme s'il s'agissait d'une eau différente. J'ai d'ailleurs retrouvé par la suite cette même injonction, SAUVEZ LA PLANÈTE, dans toutes les chambres que j'ai occupées, et ç'a fini par me grimper sérieusement sur les nerfs. Je n'ai aucune objection à utiliser deux fois la même serviette mais si la chambre doit coûter aussi cher, je suppose que j'ai le droit d'exiger chaque jour des draps frais. Après tout, si j'avais eu envie de partager mon lit avec des milliards et des milliards de cellules de peaux mortes, je serais resté à la maison ou chez des amis pour passer la nuit. Bien que le fric ne sorte pas de ma poche, je ne voyais pas pourquoi je devais culpabiliser en exigeant un service que tout hôtel coûteux était en principe susceptible de fournir.

Personne ne nous parle jamais de pandas ou de forêts tropicales à protéger alors que des millions de gens se tapent de merveilleuses balades à bord de leurs Range Rover. Et j'irais même plus loin : cela fait partie de ces petites choses que nous sommes prêts à défendre bec et ongles. Ainsi, dans une cafétéria de San Francisco, j'ai aperçu un autre avertissement derrière le comptoir : SANS ARBRES, PAS DE SERVIETTES — NE LES JETEZ PAS ! D'ailleurs, si par hasard vous aviez raté le premier, un deuxième avertissement vous attendait à deux pas de là : QUAND VOUS JETEZ DES SERVIETTES, VOUS ABATTEZ DES ARBRES ! Et les gobelets en carton donc, pourquoi n'y avait-il pas de remarque au sujet du magnifique séquoia qu'on meurtrissait toutes les fois qu'on commandait son petit caoua à 4 dollars ? Ce sentiment de culpabilité trouvait sa source dans tous les objets qu'on ne payait pas. S'ils vous faisaient par exemple payer un supplément de 10 *cents* par serviette de table, leur épaisseur s'amenuiserait sans conteste, de sorte que vous vous trouveriez obligés de vous en servir davantage afin de combattre le geyser brûlant qui giclait par le petit trou judicieusement percé dans le couvercle de votre gobelet.

En voyageant à travers les États-Unis, on comprend sans peine sur quoi les Américains ont pu établir leur réputation de cons. Au zoo de San Diego par exemple, juste à côté du secteur des primates, il y a un espace d'exposition réunissant une demi-douzaine de statues en bronze de gorilles grandeur nature. Quelqu'un a eu la bonne idée d'y adjoindre un panneau d'avertissement : ATTENTION, DANGER DE BRÛLURE AU CONTACT DES STATUES DE GORILLES ! De quelque côté que l'on se tourne, on est assailli de ce genre d'évidence : ATTENTION, BRUIT DE CANONNADE ! Ou bien : FIN DU TAPIS ROULANT À UN MÈTRE ! Quand même, de tels avertissements témoignaient d'un manque d'intelligence affligeant. N'importe qui était susceptible de comprendre qu'on ne pouvait laisser des statues de bronze sous le soleil californien sans les voir chauffer au bout d'un moment. De même qu'il serait difficile de trouver des canons peu bruyants puisque leur réputation en dépendait entièrement et, enfin, qu'on le veuille ou non, un tapis roulant était bien obligé de finir à un endroit ou à un autre. Les mots me manquent pour expliquer réellement la vie dans un pays qui semble avoir transformé sa devise originelle en une niaiserie du genre : Vous ne direz pas que je ne vous avais pas prévenu. En effet, que dire d'une famille qui poursuit en justice la compagnie de chemin de fer après que leur fils bourré s'est fait happer en se baladant sur les rails ? En général, les trains ne se tiennent pas à l'affût des gens pour leur régler leur compte. À moins d'un déraillement, tout le monde sait en principe où les trouver. Ce garçon n'était ni sourd ni aveugle. Et personne ne l'avait attaché sur les rails, alors pourquoi un procès ?

Cela dit, même si je me sens impuissant devant un certain nombre de choses, j'éprouve néanmoins une énorme joie à en expliquer d'autres. Quand je suis rentré de mon voyage, je suis allé me faire couper les cheveux chez mon coiffeur attitré. On m'avait fait un shampooing et j'étais assis, les cheveux enveloppés dans une serviette de toilette, lorsque Pascal, le propriétaire du salon de coiffure, m'a tendu un magazine populaire à sensation. Il y avait un article sur Jodie Foster et son nouveau-né. Pascal, qui parle anglais, « a le béguin pour Jodie Foster » et collectionne les cassettes de ses films. Son grand rêve, c'est de lui faire des mèches pendant qu'elle lui racontera les coulisses du tournage de *Sommersby*.

— Tu sais, j'étais en train de regarder attentivement cette photo que tu vois là, a-t-il commencé. Mais il y a quelque chose que je n'arrive pas à comprendre.

Il a pointé du doigt une photo de l'actrice. Elle se baladait le long d'une plage californienne avec une amie anonyme qui portait le fameux bébé serré contre sa poitrine. Un gros chien courait dans le ressac en éclaboussant les deux femmes.

— À mon avis, il est clair que Jodie tient d'une main la laisse du chien, n'est-ce pas ? a continué Pascal. Mais il y a un problème : qu'est-ce qu'elle tient donc dans l'autre main, hein ? J'ai posé la question à des tas de gens, mais personne n'arrive à me donner une réponse convaincante.

J'ai rapproché le magazine de mes yeux pour l'étudier soigneusement :

— Eh bien, à vue d'œil, je crois qu'il s'agit très probablement d'un sac plastique. Elle doit s'en servir pour recueillir la crotte du chien, ai-je murmuré.

— Tu vas foutre le camp d'ici tout de suite, malade !

Il semblait presque fâché.

— Jodie Foster, s'est-il récrié, c'est la plus grande de toutes les stars. Elle a eu l'Academy Award deux fois, figure-toi. Et tu veux me faire croire qu'elle s'abaisserait à trimballer un sac plastique plein de merde ? Il n'y a que des malades pour faire une chose pareille.

Prenant à témoin ses employés, il a gueulé :

— Eh, venez voir par ici ! Je veux que vous écoutiez ce qu'il est en train de raconter, cette andouille !

C'est en m'efforçant d'expliquer en termes simples pourquoi une lauréate de l'Academy Award s'emmerderait à trimballer un sac plastique plein de déjections canines sur une plage que je me suis aperçu que j'avais la gorge nouée d'émotion. Un peu comme les gens qui se préparent à entonner leur hymne national. Je me suis senti envahi par cette bouffée d'orgueil que l'on ressent uniquement à l'étranger, en présence d'une audience acquise à notre cause, au moment où l'on compte sur nous pour fournir des explications sur ce qui est sans conteste la seule chose dont notre pays peut s'enorgueillir.

— En fait, ai-je conclu, c'est comme ça que ça se passe chez nous…

PICKA-PICKETONI

Paris au mois de juillet. Nous avions pris le métro, Hugh et moi, pour nous rendre de notre quartier à un magasin où nous espérions dénicher de la toile d'emballage en grande quantité. Le magasin se trouvait à l'autre bout de la ville, et notre trajet comprenait une correspondance. Tout au long des mois d'été, une foule d'Américains en vacances se pressait dans le métro, et leurs voix avaient tendance à couvrir les autres. Voilà un défaut que je n'avais pas remarqué avant de quitter notre pays : nous étions un peuple plutôt bruyant, les éléphants dans le magasin de porcelaine de l'espèce humaine. Les questions, les commentaires ou la simple découverte d'une ampoule ou d'une rougeur sur la peau, tout prétexte était bon pour élever la voix et faire une annonce publique.

Pendant la première partie du trajet, j'ai eu droit à un quartette d'étudiants texans assis sous un panneau qui recommandait pourtant aux voyageurs de se lever pour libérer les strapontins en cas d'affluence, ce qui se produisit assez vite. Cependant, tandis que les autres passagers se mettaient debout pour libérer de la place, les jeunes Texans sont restés assis et ont élevé leurs voix par-dessus le tumulte pour continuer leur discussion :

— Entre Paris et Houston, laquelle des deux villes est la plus belle ? se demandaient-ils.

L'après-midi promettait d'être extrêmement chaude et, naturellement, une voix a soulevé la question de l'air conditionné, dont Houston était équipé, au contraire de Paris. En outre, Houston servait des glaçons, vendait des *tacos*, disposait d'aires de stationnement gratuit à foison, et on y trouvait même un mystérieux Sonic Burger. Les choses ne se présentaient pas sous les meilleurs auspices pour Paris, qui ne cessait de perdre de précieux points à mesure que le train s'arrêtait pour engloutir des vagues de voyageurs. La foule s'entassait à l'intérieur, asphyxiant les Texans restés assis, dont la seule présence se réduisait désormais à quatre voix désincarnées. De l'autre bout de la rame, quelqu'un s'est mis à gueuler qu'il était crevé et couvert de crasse par-dessus le marché, et qu'il lui tardait d'attraper le prochain vol pour rentrer au bercail. En percevant la détresse de cette voix excédée, j'ai dû compatir sans la moindre réserve. Après tout, j'avais souffert le même martyre lors de ma dernière visite à Houston.

Nous sommes enfin descendus du métro, Hugh et moi, accompagnés des refrains nostalgiques de *Texas, ô Texas, mon pays bien-aimé*, pour aller prendre le RER. À bord du train, un couple de quadragénaires américains se tenaient debout et étreignaient de toutes leurs forces la barre centrale. Bien qu'il n'y eût aucun panneau pour le spécifier, ces barres n'étaient pas réservées à l'usage d'une seule catégorie de voyageurs. Tout le monde avait le droit de s'en servir. Ce n'étaient pas des mâts de pompiers, et il suffisait de s'y agripper d'une main tout en restant à distance respectable. Ce n'était pas sorcier, même si dans notre petit village natal les transports publics restaient inconnus.

Le RER est reparti. Comme il me fallait absolument me tenir d'une main au moins, j'ai glissé l'avant-bras entre l'homme et la femme, par en dessous, au niveau de la ceinture, pour m'agripper à la barre. L'homme s'est aussitôt retourné vers la femme :

— Oh là là, t'as senti cette odeur ? s'est-il exclamé. T'as encore rien vu, ma chérie ! Ça, c'est la France !

D'une main, il a relâché la barre et s'est mis à s'éventer le visage.

— Ça alors, y a pas à dire, celui-là c'est un vrai mangeur de grenouilles, ça se sent.

Il m'a fallu quelque temps pour me rendre compte que c'était de moi qu'il s'agissait. La femme a froncé le nez :

— Oh mon Dieu, a-t-elle gémi, ils puent tous comme ça ?

— C'est typiquement français, a répondu l'homme. Je suis prêt à parier que notre ami n'a pas pris un bain depuis deux semaines au moins. Oh, la vache ! On aurait dû lui mettre un désodorisant autour du cou, à ce mec !

La femme a éclaté de rire :

— Tu me tues, Martin, je t'assure.

C'est une erreur que les Américains en vacances en France commettent souvent. Ils sont persuadés qu'ils ne sont entourés que de Français et que personne ne comprend un mot d'anglais. Ces deux-là, par exemple, ne semblaient pas particulièrement méchants. Si cela se passait au pays, ils auraient eu au moins le tact de baisser la voix, mais ils avaient l'impression qu'ici tout leur était permis et qu'ils n'avaient pas à se gêner pour dire à haute voix tout ce qu'ils pensaient, exactement comme s'ils s'adressaient à la devanture d'un immeuble ou à un tableau qu'ils avaient trouvé particulièrement déplaisant. Ainsi, un voyageur avisé aurait pu facilement deviner, en jetant un coup d'œil à mes chaussures, que je n'étais pas français. Et quand bien même je l'aurais été, il n'en demeurait pas moins que l'anglais n'avait rien d'un de ces dialectes rares pratiqués uniquement par les anthropologues et un petit nombre de cannibales. Après tout, l'anglais était enseigné partout dans le monde, nul n'avait besoin d'une habilitation spéciale pour le faire. En outre, n'importe qui pouvait l'apprendre, même les gens qui sentaient mauvais au sortir d'un bain et malgré leurs vêtements propres.

Comme ils avaient eu le malheur d'employer l'expression « mangeur de grenouilles » — quelle consternation ! — et de se plaindre de mon odeur, j'étais enfin libre de prendre plaisir à les haïr. J'étais au bord de la jubilation puisque j'avais ressenti une forte envie de les haïr dès que j'étais monté dans le RER et que je les avais vus étreindre la barre centrale. Leurs injures m'autorisaient à donner libre cours à mon désir : me moquer intérieurement de l'accoutrement de Martin, son short en jean froissé, sa casquette de base-ball, son T-shirt à l'enseigne d'une pizzeria de San Diego. Des lunettes de soleil accrochées à une courroie de couleur fluo pendaient à son cou, et leurs tennis flambant neuves «monsieur et madame» laissaient à penser qu'ils s'étaient mis sur leur trente et un pour aller dîner on ne sait où. On a beau penser qu'il faut s'habiller décontracté, il n'y a rien de plus grossier que de faire du tourisme dans un pays étranger habillé comme si on y avait été embauché pour tondre des pelouses.

Le Martin en question a entrepris de montrer à la femme ce qu'il désignait pompeusement du nom de «mon Paris à moi». Il s'est penché sur son plan de métro en lui annonçant qu'il l'emmènerait voir le Louvre un jour ou l'autre, un mot qu'il prononçait d'ailleurs curieusement en deux syllabes distinctes, *Lou-vrah*. Bien que je ne sois pas tout à fait autorisé à me moquer de la prononciation d'autrui, j'ai compris qu'il était en train de se faire mousser en jouant au connaisseur:

— Tu verras, a-t-il ajouté dans un souffle, je me dis qu'on pourrait faire un tour là-bas dans la semaine, histoire de jeter un œil partout. C'est pas donné à tout le monde, tu sais, mais mon petit doigt me dit que ça te plaira, c'est sûr.

Les gens ont souvent peur des Parisiens, mais un Américain à Paris ne rencontrera jamais regard plus critique à son égard que celui d'un autre Américain. Je n'étais même pas chez moi en France, mais je commençais à caresser le projet de renvoyer ces gens-là chez eux, de préférence avec des chaînes aux pieds et aux mains. Or, mon animosité à leur endroit me forçait en même temps à reconnaître combien j'étais prétentieux, ce qui ne fit qu'accroître mes sentiments hostiles. Le train s'engageant dans une courbe, j'ai été obligé de remonter ma main sur la barre. C'est à ce moment-là que l'homme s'est tourné vers la femme pour la prévenir:

— Carol... Eh, Carol, fais gaffe! Ce type va te piquer ton portefeuille.

— Quoi?

— Ton portefeuille ! a répété Martin. Ce guignolo essaie de te faucher ton portefeuille. Remets ton sac à main par-devant pour qu'il ne le touche pas.

Elle s'est raidie et il a recommencé, en aboyant, cette fois :

— Par-devant, je te dis ! Remets ton sac à main par-devant ! Vas-y, grouille ! Ce type est un voleur à la tire !

La femme a saisi la sangle sur son épaule et déplacé son sac à main pour qu'il repose sur son ventre.

— Waoh, a-t-elle soupiré, je ne l'avais pas vue venir, *celle-là*.

— Normal, tu sais, t'étais jamais venue à Paris. Et que cela te serve de leçon, t'as compris ?

Martin m'a lancé un regard mauvais, les yeux étrécis comme des fentes étroites.

— Cette ville pullule de salopards du genre de notre ami que tu vois là. Il suffit de baisser un peu la garde, et ils te plument.

J'étais donc un salopard *et, par-dessus le marché*, un voleur. L'envie m'a pris de réagir en disant quelque chose, mais j'ai préféré me taire car j'étais curieux de savoir jusqu'où il pouvait aller. Dans quelques minutes, il allait certainement me traiter de dealer de crack ou m'accuser de pratiquer la traite des Blanches. Si je me décidais à dire quoi que ce soit, il s'excuserait rapidement, et cette perspective ne m'emballait guère. Son embarras m'aurait plu dans un premier temps, mais l'affaire une fois réglée, on aurait eu ce léger moment de flottement qui précède souvent la poignée de main. Et je ne voulais pour rien au monde serrer la main de ces gens-là, ni partager leurs points de vue en aucune manière. Je n'avais qu'une seule envie : les détester, continuer à les détester de toutes mes forces. Alors, les yeux dans le vide, j'ai gardé les lèvres serrées.

Le train s'est arrêté à la station suivante. Des voyageurs sont descendus, et Carol et Martin se sont déplacés pour s'installer sur deux strapontins à côté des portières. Je me suis dit qu'ils allaient certainement changer de sujet de conversation, mais Martin était désormais lancé, et rien ne pouvait plus l'arrêter.

— Exactement la même gueule de con qui m'a piqué mon portefeuille la dernière fois que je suis venu à Paris, a-t-il poursuivi en me désignant d'un geste du menton. C'est dans le métro que je me suis fait avoir : le type a opéré par-derrière, je n'ai absolument rien senti. Tout mon fric, le liquide, les cartes de crédit, le permis de conduire — paf ! Volatilisés, en un clin d'œil !

Je me suis représenté un tableau lumineux comptant les points : MARTIN 0 SALOPARDS 1. J'ai serré le poing en signe de soutien à l'équipe qui jouait à domicile.

— Mets-toi bien ça dans la tête : ces salauds, c'est des vrais pros, parfaitement rodés, a-t-il expliqué. Ils travaillent vraiment comme des artistes, si on peut appeler ça de l'art, bien sûr.

— Mais on ne peut pas appeler ça de l'art ! s'est écriée Carol. L'art c'est beau, alors que… s'amuser à soutirer les portefeuilles d'autrui… c'est pas joli ; du moins, c'est mon avis.

— Et tu as parfaitement raison, a renchéri Martin. En fait, ces rigolos opèrent toujours à deux.

Il a plissé les yeux en inspectant le fond du wagon.

— Tu ne vas pas me croire, mais il y a de fortes chances qu'il ait un complice quelque part dans ce métro.

— Ah bon ?

— J'en suis même sûr et certain. Ils calculent toujours leur coup de sorte que l'un des deux fasse main basse sur ton portefeuille juste au moment où le métro arrive à la station. Le rôle du deuxième gars, c'est d'assurer leurs arrières, quitte à te faire un croche-pied au cas où tu subodores quelque chose de louche. Puis, quand le train entre en gare et que les portières s'ouvrent, ils disparaissent discrètement dans la foule. Je vais te dire un truc, moi : si le saligaud que tu vois là avait réussi un coup, il serait déjà à mi-chemin de Tombouctou au moment où je te parles. Et je rigole pas, t'as pas droit à l'erreur avec eux ; ils sont vraiment trop rapides, ces mecs-là !

Paradoxalement, je me suis senti flatté par les hypothèses de Martin, car je n'avais jamais connu le délice de passer pour quelqu'un de rapide. Et l'on me prêtait de la méthode ! Non, même si voler des portefeuilles n'était pas en soi un sujet de fierté, l'idée de passer pour finaud et, de surcroît, professionnel jusqu'au bout des ongles me plaisait. J'avais passé la nuit précédente à lire un livre sur les araignées ermites et je n'avais pas fermé l'œil avant 4 heures du matin. Mais il devait déduire de mes yeux cernés que je m'étais entraîné toute la soirée à attraper des mouches à mains nues ou à je ne sais quelle technique connue des seuls voleurs à la tire.

— Quel enfoiré, a-t-il soupiré. Regarde-moi ça. Il est assis là, tout peinard, à guetter sa prochaine victime. Si ça ne dépendait que de moi, ce type en serait depuis longtemps réduit à piquer des portefeuilles avec ses dents. Je me tue à te le répéter, c'est œil pour œil, dent pour dent. On n'a qu'à lui trancher les doigts pour les donner à manger à des molosses, c'est tout !

Ah ouais ? C'est bien beau mais il faudra d'abord m'attraper, lui rétorquai-je en silence.

— C'est vraiment dégueulasse, je te dis, a-t-il insisté. En plus, je commence à me demander où sont passés les *policioni*. Ils ne sont jamais là quand on a besoin d'eux.

Policioni ? Mais, où se croyait-il exactement ? J'ai essayé d'imaginer Martin en pleine conversation avec un policier français. Je le voyais hurler et agiter les bras :

— Cet homme a essayé *di picka la pocketoni di mon amia !!!*

Je mourais tellement d'envie d'assister à ce spectacle que j'ai tout à coup décidé de prendre le portefeuille de Hugh de la poche arrière de son pantalon au moment où nous descendrions du RER. Martin me surprendrait en flagrant délit de vol à la tire et ne manquerait certainement pas d'intervenir. Il m'immobiliserait d'une rapide clé au cou ou se mettrait à crier au secours et, au beau milieu de l'attroupement, je lui lancerais alors d'une voix calme :

— Mais quel est votre problème ? C'est désormais interdit par la loi d'emprunter de l'argent à un ami ?

Et si la police arrivait, Hugh leur expliquerait la situation dans son français le plus pur pendant que j'y ajouterais çà et là mon grain de sel :

— Ce type est frappadingue, proclamerais-je en désignant Martin. Il doit être complètement bourré, à mon avis. Vous avez vu comment son visage est bouffi ?

Je commençais à m'entraîner à prononcer ces phrases sans faute lorsque Hugh s'est approché dans mon dos et m'a tapoté l'épaule pour me signaler que nous descendions à la prochaine station.

— Et voilà, c'est reparti ! a lancé Martin. T'as vu de quoi je parlais ? C'est lui le comparse. Je t'avais bien dit qu'il se planquait quelque part dans le wagon. Ils opèrent toujours à deux, je te dis. C'est un vieux truc que tout le monde connaît.

Hugh lisait son journal et n'avait pas remarqué la scène. Il était à présent trop tard pour que je m'amuse à lui piquer son portefeuille, mais à la dernière minute, j'ai eu une idée géniale. Comme le RER entrait en gare, je me suis souvenu de ce qui s'était passé un après-midi, dix ans auparavant. Je me trouvais dans le métro de Chicago avec Amy, ma sœur, et je devais descendre trois à quatre stations après elle. Lorsque les portières se sont ouvertes, elle a emboîté le pas à la foule qui descendait puis, se retournant vers moi, elle m'a crié :

— À très bientôt, David ! Bonne chance surtout ! Avec cette inculpation de viol qui t'attend… !

À bord du train, tous les regards se sont tournés vers moi. Certains semblaient curieux d'en savoir plus, d'autres terrorisés. Mais une chose semblait sûre : la grande majorité me vouait la haine la plus enragée que j'avais jamais affrontée de ma vie.

— C'est ma frangine, avais-je déclaré à la cantonade, elle adore faire des blagues.

J'ai essayé de rigoler et de garder le sourire, mais le mal était fait. Chacun de mes gestes ne cessait de confirmer ma culpabilité, et je suis descendu au prochain arrêt pour ne pas continuer mon trajet en compagnie de gens qui me considéraient désormais comme un violeur. J'aurais voulu jouer un tour de ce genre à Martin, mais je n'avais pas autant de vivacité d'esprit que ma sœur Amy. En fin de compte, il allait rentrer tranquillement chez lui raconter à ses amis qu'il fallait faire gaffe aux pickpockets de Paris. Il demeurerait à leurs yeux le même bon vieux Martin. Et moi, il me restait encore quelques secondes pour être quelqu'un d'autre, un individu rapide et dangereux.

Le nouvel homme que j'étais a remarqué comment les poings de Martin se serraient quand le train s'est arrêté complètement. Carol a serré son sac à main contre sa poitrine au moment où nous descendions de voiture, Hugh et moi.

Il avait cessé d'être mon amour de petit ami extrêmement délicat, comme j'avais cessé d'être le sien : nous n'étions plus que des bandits de grand chemin, des complices en cavale sur la route de Tombouctou.

UNE FEMME À DEUX DOIGTS DE LA MORT

J'étais tombé jadis sur un livre destiné à développer l'imagination des enfants et donner à ceux qui s'ennuyaient, des idées pour s'occuper. Ce n'était pas à proprement parler le traité philosophique du siècle, mais le tout était présenté et illustré avec un tel enthousiasme que le plus récalcitrant des mômes de dix ans risquait de se prendre au jeu et s'amuser comme un fou. « Pourquoi ne pas fabriquer des fantômes à partir de restes de papier-cadeau ? » suggérait le manuel. « Fabrique un autocar scolaire avec une brique de lait et décores-en ton bureau ! »

Ce bouquin m'est revenu à la mémoire le jour où nous sommes allés à la fête de Sainte-Anne, une kermesse locale qui se tenait dans un village voisin, non loin de notre maison en Normandie. Enfin un événement qui justifiait amplement qu'on réponde à la question « pourquoi ? » par un non moins tonitruant « pourquoi pas ? » !

« Pourquoi ne pas utiliser un pistolet à colle pour fixer ces coquillages sur les pots de fleurs, hein ? » se demandaient les grands-mères qui s'affairaient sur leurs métiers d'artisan. « Pourquoi ne pas fabriquer au crochet des boudins en laine et les caler en bas des portes d'entrée afin d'éviter les courants d'air ? »

Ensuite, on a eu droit à quelques petits tours de manège, puis à un jeu qui consistait à lancer des balles de tennis sur des sosies en carton-pâte d'Idi Amine Dada et de Richard Nixon. Puis il y a eu l'attraction vedette qui a suscité en nous la question : « Pourquoi ne pas construire une arène une bonne fois pour toutes, histoire de nous amuser avec des vaches en furie ? »

En fait de vaches, il s'agissait de jeunes bêtes aux cornes longues, qu'on appelait dans le pays des *vachettes*[1]. Comparables aux taureaux tant par leur morphologie que par leur humeur, c'étaient pour ainsi dire les jeunes délinquantes de l'espèce bovine, les cousines irrécupérables qui se battaient comme des mâles. Je crois même que ces vachettes n'auraient pas dédaigné un petit coup de gnôle si on le leur avait proposé. D'ailleurs, chaque fois qu'on parlait des vachettes à une laitière normande, elle battait de ses longs cils d'un air navré en disant : « Oh mon Dieu, *celles-là* ! »

La femme à l'entrée nous a tout expliqué, à Hugh et à moi : si nous nous portions volontaires, autrement dit, si nous avions envie de nous amuser avec l'une de ces jeunes vaches irascibles, nos billets d'entrée nous seraient offerts. La seule condition qu'il nous resterait à remplir, ce serait de signer deux ou trois documents sans importance, afin de dégager les organisateurs de la kermesse de quelque responsabilité que ce soit. En clair, se porter volontaire voulait dire que, en courant le risque d'une fracture de la colonne vertébrale, nous économisions chacun quatre dollars américains.

— Allez, venez, nous encourageait la femme, on va se marrer, vous verrez.

Quand je me suis surpris à imaginer un séduisant médecin français m'expliquant patiemment comment se déroulerait ma colostomie, j'ai fait le désespoir de la guichetière en sortant mon porte-monnaie. Nous avons payé nos tickets et sommes allés rejoindre la centaine de spectateurs installés sur les gradins démontables. C'étaient tous des voisins, des gens que nous rencontrions chez le boulanger ou à la quincaillerie. Le maire est passé en coup de vent, suivi du facteur et du chef de gare. L'un après l'autre, ils se sont arrêtés pour nous saluer. On a beau

1. En français dans le texte. (*N.d.T.)*

accuser la vie rurale de fruste, je persiste à prendre plaisir à son côté romanesque. Le boucher, le maçon, le berger, l'institutrice : on aurait dit que nous avions reçu tous ces personnages en cadeau dans une petite boîte, accompagnés de minuscules vitrines de magasins et de petites maisons en pierre. Dans ce monde où chacun était connu pour le métier qu'il exerçait, Hugh et moi n'avions pu hériter d'aucune attribution sinon celle d'être « les Américains », comme si le fait de posséder des passeports bleus nous imposait une telle charge de travail qu'il ne nous restait guère de temps à consacrer à autre chose. Comme les Anglais et les Parisiens, les habitants du hameau nous confondaient avec ces figurines qui rentraient dans leurs petites maisons de pierre tandis que le tailleur surgissait par la fenêtre de sa voiture ou que l'ébéniste se faisait arracher la tête par un molosse. Vendus séparément, nous étions accueillis avec un mélange de curiosité, de courtoisie et de fatalisme.

Les tribunes avaient été montées sur un terrain qui servait d'ordinaire au pâturage, et elles offraient une vue plongeante sur une vaste arène en contreplaqué sur laquelle une douzaine de garçons étaient en train de disputer un match de football. J'ai cru un instant que nous étions arrivés trop tard et que nous avions manqué le meilleur mais quelqu'un a soudain ouvert les portières d'une remorque à bétail et une vachette s'est élancée sur la rampe et a chargé droit dans l'arène. Puis, après avoir observé une petite pause pour prendre ses marques, elle a attaqué, stupéfiant l'assistance par sa vitesse et sa détermination farouche. Dépourvue de la timidité naturelle d'une vache laitière et beaucoup plus légère, elle a immédiatement chargé les joueurs de football comme si elle voulait venger l'espèce bovine de siècles d'oppressions. Les jeunes gens se sont alors dispersés pour se précipiter à l'abri, mais une seconde plus tard, ils sautaient de nouveau par-dessus les barrières pour revenir shooter de temps à autre dans le ballon. Le reste de l'après-midi allait sans doute se passer ainsi, sans la moindre frayeur. Les vachettes ne cessaient de charger, les volontaires ne cessaient de courir au péril de leur vie, et la foule ne cessait d'ovationner. À la différence de la tauromachie, on ne disposait d'aucun élément d'appréciation, du style ou de l'audace, pour départager les deux équipes en compétition. Et qui plus est, sur un terrain vraiment accidenté. La vachette risquait par exemple de s'ébrécher une corne ou se froisser un muscle du cou en projetant un volontaire par-dessus la barrière. De même, elle pouvait se rayer un sabot en ruant contre le crâne d'un joueur, mais hormis ces dangers, elle ne courait pas grand risque. De toute évidence, l'ambulance garée devant le guichet ne lui était pas destinée, et elle semblait en avoir conscience. En outre, on avait du mal à nourrir de la sympathie pour ces volontaires qui, manifestement, s'étaient concertés pour torturer un animal dangereux.

L'après-midi ne faisait que commencer, mais je me demandais déjà ce qui se passerait si quelqu'un était gravement blessé — peut-être même tué — ou bien s'en sortait mais paralysé à vie. Néanmoins, j'appréhendais tout autant ce qui se passerait si personne *n'était blessé*. Ne nous avait-on pas promis des moments agréables en compagnie de ces vachettes ? Or, si nous étions à la recherche de jeux innocents, ces jeunes gens auraient pu simplement disputer un match de foot contre une portée de chatons. En fait, je n'avais pas fondé d'espoirs sur les exploits de ces garçons. Je n'avais rien contre eux et ne leur souhaitais aucun mal. Mais je me battais vaillamment contre la vachette qui sommeillait en moi en méditant sur les origines obscures de mes sentiments inhumains.

De fait, ma conscience ne cessait de me juger depuis un mois. Nous étions alors allés, Hugh et moi, visiter une foire à la fois colossale et exaspérante qui se tenait tous les ans à Paris. Nous nous promenions dans l'allée centrale lorsque j'ai soudain remarqué que l'un des manèges s'était brusquement immobilisé à mi-parcours, la plupart des passagers se retrouvant en quelque sorte suspendus là-haut. Sur le moment, je n'y ai rien trouvé d'anormal dès lors que les concepteurs de manèges de nos jours semblaient devoir exceller dans l'horrible à chaque nouvelle attraction. Non seulement des nacelles se balançaient cruellement d'avant en arrière, il leur fallait en outre tourner autour d'un axe, monter à toute vitesse et redescendre tout aussi brutalement pour foncer à tombeau ouvert sous des trombes d'eaux sales. Ils avaient déployé tous les efforts possibles et imaginables pour que les passagers meurent de nausée, ce qui n'a visiblement réussi qu'à accroître l'enthousiasme des foules. En regardant le manège à l'arrêt, je me suis d'abord dit qu'il avait été conçu pour observer des pauses à intervalles réguliers afin de permettre à ceux qui étaient à bord de jouir pleinement de leur malaise. Je m'étais retourné pour admirer le spectacle d'un adolescent au visage violacé qui, après avoir été transformé en projectile, dégueulait à gros bouillons sur le stand d'un marchand de caramel mais quand j'ai levé de nouveau les yeux, le manège n'était toujours pas reparti et un attroupement commençait à se former.

Je n'ai jamais pu comprendre ce que ressentent les gens quand le manège est en mouvement mais une fois à l'arrêt, les passagers donnent l'impression de pendre là-haut dans des postures bizarres, coincés dans les harnais de leurs sièges métalliques. Un couple restait ainsi étendu à quatre mètres du sol, les dossiers de leurs sièges à l'horizontale, contemplant le ciel comme si quelqu'un était en train de leur faire subir un examen médical quelconque. Beaucoup plus haut, peut-être à douze mètres sinon plus, une jeune femme à la longue chevelure blonde était suspendue la tête en bas, et tenait uniquement grâce au harnais qui commençait à s'étirer dangereusement sous son poids. Le couple, lui au moins, pouvait se soutenir mutuellement ; mais c'est la pauvre jeune femme qui semblait la candidate la mieux placée pour finir tragiquement. La foule s'est rapprochée et, si les autres trois à quatre cents personnes rassemblées avaient la même idée que moi, on pensait déjà, en regardant la jeune femme, à la scène d'épouvante qu'on allait raconter à nos amis au dîner ou devant un bon verre. Dans un avenir relativement proche, toutes les fois que la conversation tournerait autour des foires ou des parcs d'attraction, j'attendrais que mes compagnons en aient fini avec leurs médiocres anecdotes avant de jeter négligemment, presque comme à regret, ma phrase fétiche :

— Une jeune femme est morte un jour sous mes yeux. Et vous savez quoi ? Elle était tombée d'un manège. Le même que le vôtre.

Je jubilais déjà en pensant au silence consterné qui s'ensuivrait, ainsi qu'à mes voisins de table légèrement penchés en avant sur leurs sièges, d'un même mouvement à peine perceptible. La femme morte m'étant parfaitement inconnue, l'assistance échapperait au malaise ou à l'embarras. Ils me presseraient de questions tandis que mes réponses soigneusement détaillées, les ébranlant jusqu'au tréfonds de leur cœur, les laisseraient curieusement comblés.

Lorsque j'ai fini par m'en ouvrir à Hugh, il nous a reproché, à moi-même comme à la foule rassemblée là, de nous délecter d'atmosphères qu'il a qualifiées sans la moindre ironie de « carnavalesques ». Il s'est éloigné de l'allée et je me suis rapproché de la base du manège, bousculant les autres gens qui, comme moi, les yeux levés au ciel, éprouvaient la même émotion que des enfants devant l'imminence d'un magnifique feu d'artifice. L'une des chaussures de la jeune femme blonde s'est arrachée, et nous l'avons regardée s'écraser au sol. « Puis, soudain, l'une de ses chaussures s'est arrachée », ai-je de nouveau anticipé en pensée. Jamais je ne m'étais senti aussi mesquin, mais je me suis consolé en me rappelant à l'ordre : après tout, ce n'était pas de ma faute si cette personne était coincée là-haut. Je ne lui avais pas demandé de monter sur ce manège ! Et, selon toute vraisemblance, le personnel n'avait aucun moyen de la tirer d'affaire et, là encore, ce n'était pas de ma faute. Je me suis dit que c'était par compassion que je restais sur place et que ma présence pouvait compter en guise d'encouragement. Je ne savais pas ce qu'en pensaient le reste des gens, mais j'étais persuadé de mon utilité.

Sur ces entrefaites, la police est arrivée, et je me suis senti offensé lorsqu'ils nous ont demandé de circuler parce qu'il n'y avait rien à voir. Mais bien sûr qu'il n'y a rien à voir ! me suis-je dit. Seulement, je n'en suis pas moins concerné pour autant. J'étais sur les lieux bien longtemps avant eux. Ça faisait longtemps que j'attendais patiemment que quelque chose se passe, et c'était injuste de leur part de me forcer à dégager rien que pour laisser le champ libre à d'hypothétiques ambulances ou à des camions de pompiers. La foule a tenu bon, jusqu'au moment où des renforts de police sont arrivés ; ils nous ont alors refoulés jusqu'à l'allée centrale, où le spectacle nous était masqué par un mur de véhicules d'urgence. Alors que je bavais de rage, les autres spectateurs m'ont semblé plutôt prendre leur mal en patience. La foule s'est dispersée, et les gens se sont dirigés tranquillement vers d'autres manèges aussi dangereux, où ils ont aussitôt bouclé leurs harnais pour être projetés sans ménagement vers le ciel où les attendait la douce perspective de leur mort prématurée. Ce soir-là, sur le chemin du retour, je ne cessai de répéter en pensée, l'introduction de mon anecdote : « J'ai vu cette fille frôler la mort. » Je l'ai retournée dans tous les sens, en anglais comme en français, mais mon enthousiasme s'envolait au seul son du mot *frôler*. Mais qu'est-ce que ça pouvait bien foutre qu'on ait seulement vu quelqu'un *frôler la mort* ? J'en voulais à la police d'avoir gâché mon bel après-midi, car je ne cessais de penser à ce qui se serait passé si j'*avais effectivement vu* la jeune femme s'écraser au sol.

D'un point de vue strictement moral, l'affaire de l'arène des vachettes paraissait largement moins sordide que celle du manège. Si je restais assis dans les gradins, ce n'était pas parce que quelqu'un avait été blessé. Par conséquent, j'étais simplement un spectateur parmi d'autres d'un événement parfaitement prévisible, un membre anonyme de la communauté. Si quelqu'un venait à se faire tuer, je ne serais pas ici en simple badaud mais bien pour prendre mon pied.

Je n'ai jamais totalement compris ce fameux match de foot. Quand j'y repense, les volontaires ne jouaient pas contre la vachette mais ils essayaient seulement de poursuivre le jeu malgré sa présence. Personne ne marquait de but, et je me suis senti complètement perdu lorsque l'arbitre a sifflé la fin de la rencontre et on nous a annoncé un autre spectacle au sens tout aussi impénétrable que le précédent. Au début du deuxième round, on a distribué aux concurrents des douzaines de chambres à air, qu'on leur a ordonné d'empiler les unes sur les autres pour former, une fois gonflées, des sortes de tours géantes qui s'écroulaient aussitôt, transpercées par les cornes de la deuxième vachette de l'après-midi. Quelque chose semblait la turlupiner dans ces tours de chambres à air, de sorte qu'elle les chargeait avec un plaisir notable. Entre-temps, les jeunes gens ne cessaient de se précipiter d'un bout à l'autre de l'arène pour finir d'empiler chacun sa tour. Ils s'efforçaient de conserver une avance sur la bête, mais quand le chronomètre sonnait, il ne leur restait plus rien qui puisse témoigner de leurs efforts.

Pendant la pause, j'ai été présenté à mon voisin de tribune, un couvreur retraité, qui m'a expliqué que les vachettes en question étaient originaires d'un petit village du midi de la France, non loin de la frontière espagnole. Dressées à attaquer, elles voyageaient de ville en ville pour présenter ce qu'on appelait « le programme d'élevage traditionnel de la vachette ». Justement, c'est le mot *traditionnel* qui m'a mis la puce à l'oreille : je me suis rappelé que les chambres à air se fabriquaient depuis des lustres, et que le monde ne serait pas ce qu'il est sans elles. Je ne savais pas qui était à l'origine de ce programme d'élevage traditionnel, mais j'étais prêt à parier que le type en question disposait de réseaux de drogue. Sinon, comment voulez-vous qu'une personne se ramène chez vous avec des idées pareilles ? L'un des jeux consistait à arracher de la tête de la vachette une corne artificielle. Un autre se réduisait manifestement à lui lancer des injures. Les seuls qui semblaient capables de comprendre les règles du jeu, c'étaient les vachettes elles-mêmes, qui avaient dû recevoir des instructions extrêmement sommaires : charger, charger, et charger. Ce n'est qu'au bout de la sixième attraction de la journée que deux des concurrents furent finalement blessés. Pour une raison complètement inconnue, on avait monté une piscine de taille imposante au beau milieu de l'arène en jetant une immense nappe en plastique par-dessus un quadrilatère délimité par des bottes de foin. On avait fait venir un impressionnant camion-citerne pour remplir la piscine, et les volontaires devaient pourchasser la vachette jusqu'à ce qu'elle tombe dans l'eau. Elle avait pu dissuader la plupart de ses adversaires, et aucun n'avait osé franchir les barrières jusqu'au moment où, à la dernière minute, l'accident est survenu : un jeune homme au chapeau mou avait décidé de tenter sa chance. La vachette a détourné un instant son regard, faisant mine d'admirer un troupeau de vaches paissant au loin puis, baissant tout à coup la tête, elle a chargé, encornant son adversaire par les fesses et frappant à coups redoublés tout en le traînant au sol avec ses longues cornes recourbées. Quand le jeune homme a mordu la poussière, j'ai agrippé involontairement les genoux de Hugh et du couvreur retraité. Je m'y suis accroché en lâchant un glapissement strident comme un lapin. Un deuxième volontaire s'est rué sur le terrain dans l'espoir de faire diversion, mais la vachette lui est passée dessus avant de revenir quelques instants plus tard lui administrer quelques ruades bien senties, qui ont tôt fait de lui briser deux côtes. On a cru un moment qu'elle allait l'étriper pour de bon, et elle y serait certainement parvenue si ses soigneurs ne l'avaient pas immédiatement rappelée pour l'enfermer dans sa remorque.

Que le couvreur retraité ait eu besoin d'user de toutes ses forces pour délivrer son genou de l'emprise de mes doigts posait néanmoins un problème : la vachette qui sommeillait en moi n'était pas aussi redoutable que je me l'étais imaginé jusque-là. Le spectacle une fois terminé, je suis resté un bon moment assis sur les gradins, tremblotant encore tandis que les concurrents attroupés devant les guichets d'entrée exhibaient aux yeux de tout le monde les blessures récoltées au combat. Le coup de corne aux fesses avait fait plus de peur que de mal. Mais la victime devait baisser sa culotte pour nous laisser constater la gravité de la blessure, et on s'est aperçus qu'il ne s'agissait que d'une méchante petite marque rouge, juste à droite de son trou de balle. Légèrement sonné, le type aux côtes brisées a décidé d'attendre jusqu'au lendemain pour se rendre à l'hôpital. Ses camarades et lui profitaient du soleil et ne voulaient pas gâcher un si bon moment. Assaillis par leurs voisins admiratifs, ils s'amusaient à reconstituer les instants les plus dramatiques de l'après-midi en préparant déjà les coups qu'ils perfectionneraient la prochaine fois. Ils n'arrêtaient pas de boire et de rigoler, et ils n'en avaient pas encore fini quand nous sommes revenus cette nuit-là, Hugh et moi, pour contempler le feu d'artifice.

Le spectacle en tant que tel n'était pas si impressionnant. J'avais déjà vu des créations plus élaborées lors d'inaugurations d'hypermarchés, mais le public était bon enfant et chacun semblait y mettre du sien pour se convaincre que le spectacle était absolument magnifique. Entre la misérable pétarade des chandelles romaines et les chuintements des tirs de fusées, on percevait les meuglements amers des vachettes au fond de leurs remorques garées à proximité. Elles allaient repartir le lendemain matin pour semer la pagaille dans la malheureuse kermesse d'un quelconque trou perdu, où d'autres quidams allaient terminer la soirée rassemblés à leur tour devant leur village à peine plus grand qu'une boîte d'allumettes, pointant le doigt vers le ciel en murmurant : « Ouh là là ! Ouh là là !!! »

L'incident survenu à la kermesse avait suscité en moi des interrogations sur l'efficacité de mon vachomètre. Il devait être nettement plus sensible que la moyenne et j'étais vachement content de m'apercevoir qu'au moment même où les jeunes gens avaient été touchés, j'étais en train de les encourager. Cela dit, même si leurs blessures se sont avérées bénignes, je ne pouvais contempler avec joie le spectacle de leurs malheurs. Je me demandais ce qui se serait passé si quelqu'un y avait trouvé la mort, mais j'ai écarté de mon esprit cette hypothèse un peu trop tragique. Le fait d'assister à un événement sportif, même le plus lamentable, n'avait aucune commune mesure avec le fait d'être témoin d'un accident et, *a fortiori*, d'exploiter ce dernier pour se mettre en valeur. En tout état de cause, c'est l'histoire de la jeune femme blonde qui s'était révélée la plus nocive pour mon équilibre. Nous l'avions observée, suspendue à une sangle en plein ciel, mais le pire, c'est qu'elle avait fini par nous retourner notre regard. En plissant les yeux, elle avait pu distinguer nos visages de charognards à l'affût et, par la même occasion, comprendre qu'elle n'avait aucune raison de redescendre parmi des ordures de notre espèce. Et si vous voulez mon avis, elle est toujours là-haut, flottant dans le ciel de Paris, prête à se battre bec et ongles contre quiconque oserait l'approcher.

UN PETIT FUTÉ

J'avais vingt-cinq ans lorsque j'ai décroché un job de nettoyage sur les chantiers dans la banlieue de Raleigh. Non seulement c'était un boulot déjà chiant, mais il devenait carrément impossible les jours où je devais bosser aux côtés d'un mec du nom de Reggie, un soi-disant génie qui n'arrêtait pas de chialer sur le sort que la vie lui avait réservé. Il ne pouvait passer une journée sans se frapper la poitrine en s'émerveillant de sa propre intelligence, et c'était toujours la même rengaine qui revenait :

— Tu te rends compte ? J'ai un QI de 130 et tout ce qu'ils ont jugé bon de me proposer, c'est de balayer de la sciure !

Il jetait un regard furieux sur les poils de son balai comme s'il devait son échec à une véritable conspiration.

— Un QI de 130, tu vois un peu ce que c'est ? 130 — et c'est pas de la rigolade ! —, j'ai passé les tests, mec !

C'était le signal qu'il m'envoyait pour que je me mette à jouer au gars vachement impressionné mais en général je laissais couler.

— Un ! Trois ! Zéro ! poursuivait-il. Et au cas où tu ne serais pas au courant, je t'informe qu'on appelle ça un génie ! Non, avec une tête comme la mienne, j'aurais dû *réaliser* pas mal de choses, tu me suis ?

— Parfaitement.

— Moi je vais te dire un truc : le travail manuel, c'est pas ma vie.

— À qui le dis-tu !

— Un QI de 60 est tout à fait capable d'y arriver. En fait, j'économise jusqu'à 70 points à tourner en rond à ne rien foutre.

— Ils doivent s'ennuyer à mort !

— Mais oui, t'as raison. Tu sais, les gens comme moi, c'est dans les défis qu'ils trouvent leur bonheur.

— Tu devrais peut-être essayer de mettre le ventilateur en marche et de balayer contre le vent, lui suggérai-je. Ça au moins, c'est pas de la tarte !

— Ne te fous pas de ma gueule, hein ? Je suis largement plus futé que toi.

— T'en es si sûr ? lui demandais-je. Je pourrais par exemple atteindre les 300, moi. Pourquoi pas ?

— 300 ? Mince alors ! Mais personne n'arrive à 300, mon vieux ! À vue d'œil, je vais te dire, moi. Je ne te donnerais pas plus de 72, par là.

— Qu'est-ce que tu veux dire exactement ?

— Ben, que j'espère que ça te plaît de passer le balai, c'est tout.

— Ouais, mais *qu'entends-tu par là* ?

— Reviens me poser cette question dans quinze ans, me répondait-il avec un air de commisération.

Quinze ans plus tard, je me suis trouvé de nouveau dans une société de nettoyage. Bien entendu, on n'avait pas besoin de qualifications pour faire ce boulot, mais pour le salaire que je percevais, je passais très rarement le balai. En général, je me servais de l'aspirateur. De toute façon, ça fait des années déjà et puis... non, ça fait deux ans, oui. Juste deux ans.

Bien que je ne puisse dire avec autant de précision la profession de Reggie aujourd'hui, j'ai repensé à lui lorsque j'ai finalement passé des tests de QI à mon tour. J'avais alors quarante-deux ans. En tant qu'adulte croulant sous de longues et persistances années d'autosatisfaction, je m'imaginais que le test ne me ferait pas de mal. Rendu à ce stade de ma vie, le sort avait déjà été jeté et j'avais eu beau être stupide, j'avais fait la preuve que j'étais néanmoins assez dégourdi pour m'en sortir.

J'avais complètement oublié que les tests d'intelligence en réalité prenaient en compte le passé et l'avenir du candidat, braquant les projecteurs sur sa vie entrecoupée de mauvais choix tout en le préparant à l'éventualité — s'il en était — d'un avenir compromis. Aujourd'hui, chaque fois qu'il m'arrive de penser aux tests de QI, je ne peux m'empêcher de me représenter une sorcière tenant une bouilloire à la main, son nez crochu comme un poivron se tournant vers moi pour me demander: «Êtes-vous *vraiment sûr* que vous voulez connaître la réponse à cette question?» Je réponds alors oui et, depuis, j'entends dans mes oreilles, chaque fois que je tends la main vers un balai, le caquètement aigu de la sorcière.

Tout au long de mon enfance, j'ai cultivé une tendance sournoise à croire que j'étais un génie. Ce postulat était sorti droit de mon imagination et n'avait jamais été corroboré par personne. Bon, d'accord, et alors? La situation d'incompris faisait également partie du même lot, pas vrai? De temps à autre, je m'en souviens, mon père me désignait sous le nom de «petit malin» mais, au bout d'un moment, j'avais fini par m'apercevoir qu'il voulait dire exactement l'inverse.

«Eh, le petit malin qui se barbouille le visage de mayonnaise au lieu d'aller chercher sa crème anti-insecte!»

«Eh, le petit malin qui croit qu'il peut se planquer dans sa chambre pour se taper des marshmallows grillés!»

J'en passe et des meilleures.

J'étais persuadé de pouvoir guérir le diabète en enduisant des chewing-gums avec de la crème à bronzer. J'en mettais aussi dans les canettes de soda. J'avais à ma disposition, sous le même toit, les ingrédients de base et, avantage non moins négligeable, un candidat tout désigné pour le test.

«Eh, le petit malin, me menaçait papa, si tu essaies de refiler encore un de tes chewing-gums à la manque à ta grand-mère, *c'est toi* qui te retrouveras à te récurer les dents à la brosse dure dans le lavabo de la salle de bains.»

Mais de quoi se mêlait-il *au juste* ?

Une fois seul dans ma chambre, je passais mon temps à étudier les photos de gens réputés intelligents en recherchant quel était le dénominateur commun. J'ai pu constater qu'il existait effectivement un air de famille entre tous les visages intelligents, mais je n'arrivais pas à mettre le doigt dessus. Il suffisait par exemple de balancer son peigne à la poubelle pour ressembler assez vite à Albert Einstein ou à Larry Fine. Tous deux tiraient la langue en étrennant leurs costumes fripés ; cependant un seul a démontré un génie authentique dans des films comme *Les trois faire-valoir rencontrent Hercule.*

Mes notes périclitaient tandis que les profs me rigolaient au nez, mais j'essayais de ne pas me laisser abattre. Au lycée, je me suis mis à caresser l'espoir que j'étais peut-être, après tout, un génie de la philosophie. Selon mes propres dires et ceux de la plupart de mes amis, je possédais un don presque terrifiant pour lire dans les pensées des gens. Je m'entraînais à retirer mes lunettes d'un air pensif. Je me voyais déjà sur le plateau d'une de ces émissions qui passaient le dimanche matin, où je prendrais place à côté d'autres érudits avant de me mettre à développer sur le genre humain les nombreuses théories radicalo-pessimistes que je chérissais.

— Les gens ne se sentent plus en sécurité, pontifiais-je. Ils portent des masques et jouent la comédie.

Mes idées auraient l'effet d'une invasion de démons surgis des gouffres de l'enfer tandis que mes savants collègues, saisis par la pertinence et la hardiesse de mes analyses, se précipiteraient pour les contenir avant qu'elles ne se répandent partout.

— Assez ! se mettraient-ils tous à hurler. Qu'on le fasse taire, pour l'amour du ciel !

Mais il y avait un problème autrement plus terrifiant que mes théories : à dix-sept ans passés, je fonctionnais probablement déjà au maximum de mes capacités intellectuelles. C'est à cette époque que j'aurais dû passer le test de QI avant de dilapider mon maigre capital de bon sens. Hélas, le mal était fait car avant d'atteindre la trentaine, mon cerveau avait été éventré par l'usage conjugué de drogues et d'alcool, sans oublier tous les solvants chimiques utilisés dans la raffinerie où je travaillais. Et pourtant, il y avait encore des moments où, contre toute logique, je me considérais encore comme un génie. Ces moments n'étaient liés à aucune réussite particulière, mais à la cocaïne et aux amphétamines, des substances qui vous faisaient admirer votre reflet dans le miroir en train de s'enfiler dans le pif le salaire de la semaine et de claironner :

« Ce que je peux être futé, nom de Dieu ! »

Ce sont les petits détails qui m'encouragent le plus. Par exemple, je regarde un film dans lequel une ravissante femme en soutien-gorge, un veuf séduisant et deux trouillards aux mentons fuyants sont pris en chasse par de gigantesques reptiles ou des visiteurs en provenance d'une autre galaxie. Je pense : « Les deux trouillards vont y laisser leur peau » et, une fois mon pronostic avéré, je me félicite de mon intelligence. Du reste, chaque fois que je m'exclame : « Oh, c'était parfaitement prévisible », on a tendance à louer mon talent et ma clairvoyance. Les mêmes mots dans la bouche d'un autre type lui donneraient l'air stupide. Prenez-le comme vous voulez, c'est comme ça.

C'est la curiosité qui m'avait poussé à passer un test de QI. Une curiosité simple, bête et grossière, le genre de choses qui poussent les petits garçons à tenter de comprendre à quoi ressembleraient les mouches si on leur arrachait les ailes. J'ai donc passé mon test à Paris, dans une école d'ingénieurs, tout près de chez moi. Je m'étais imaginé que mes résultats n'auraient aucune importance en tant que tels, et, à titre de comparaison, Hugh s'était joint à moi pour passer le test. J'appréhendais que ses résultats soient supérieurs aux miens, mais à la lumière de quelques événements récents, je n'avais aucun souci à me faire. En effet, une semaine auparavant, alors que nous nous trouvions en vacances en Slovénie, il avait commandé une pizza que le serveur — qui parlait anglais — lui avait fortement déconseillée. Elle lui avait été servie sous une montagne de légumes en conserve : des petits pois, du maïs, des rondelles de carotte, des pommes de terre et des navets découpés en dés. Devant son air horrifié à l'arrivée de l'abominable pizza, j'ai eu la certitude que dans un test d'intelligence, je l'écraserais. Dix jours plus tard, il avait suggéré que mon histoire du biscuit aux pépites de chocolat pouvait faire un merveilleux sujet de comédie musicale, « à condition, bien entendu, de tomber sur le bon chorégraphe.

— Mais oui, avais-je répliqué, t'as tout compris. »

Les tests que nous passions devaient déterminer si nous pouvions faire partie de la Mensa, une association internationale regroupant les personnes au QI égal ou supérieur à 132. Ses membres venaient de toutes les couches de la société, et se réunissaient toutes les deux ou trois semaines pour visionner un film ou déguster des saucisses de Francfort grillées. Ils me rappelaient un peu les wapitis ou les francs-maçons, à cette nuance près qu'ils étaient réputés plus intelligents. Une ravissante jeune Française dirigeait les tests, une psychologue qui s'appelait madame Haberman. Elle-même était membre de la Mensa. Elle nous a donc expliqué qu'on allait nous soumettre à quatre tests, qui seraient minutieusement chronométrés. Ensuite, pour prétendre enfin au titre de membre actif de la Mensa, nous devrions nous classer parmi les deux pour cent qui avaient réalisé les meilleurs scores dans chacun des tests.

— Vous avez bien compris ? Eh bien, c'est parfait ! avait-elle conclu. On peut commencer ?

J'avais connu ici ou là des gens qui s'étaient présentés à ces tests de QI. Malheureusement, toutes les fois que je leur demandais de me parler des questions qu'ils avaient eu à traiter, ils avaient soudain été sujets à des trous de mémoire :

— Oh, tu sais… c'était pas compliqué, tu connais les questionnaires à choix multiples, non ?

Après l'épreuve, une tension énorme m'avait serré la gorge tandis que je m'efforçais de rassembler mes souvenirs. Quel sentiment de soulagement chaque fois que la minuterie retentissait et que nous étions obligés de reposer nos crayons ! Les tests étaient rédigés sur de petits fascicules. Dans le premier, on nous avait proposé une série de trois dessins ; nous devions choisir parmi quatre autres figures laquelle pouvait compléter l'ensemble. Quant à la question posée, elle consistait à observer le dessin d'une feuille d'arbre, qui s'inclinait progressivement vers la droite. C'est la seule question qui soit restée dans ma mémoire, et à laquelle j'ai dû répondre correctement. Le deuxième test avait trait à notre rapport à l'espace et m'avait donné la migraine. Pour ce qui est du troisième test, on nous avait demandé de regarder attentivement cinq dessins et de choisir les deux qui ne correspondaient pas à l'ensemble. Au bout d'un moment, on nous avait accordé une pause et nous étions allés prendre l'air dans la rue. Hugh et madame Haberman s'étaient mis à discuter du voyage qu'elle projetait de faire en Turquie, mais je n'arrivais pas à m'évader de l'atmosphère du test. Cinq étudiants malentendants sont passés dans la rue, et j'ai essayé de déterminer dans le nombre les deux qui ne correspondaient pas à l'ensemble. En pensée, je me suis vu courir après les deux seuls garçons en tennis, me délectant en pensée de leur embarras au moment où, la main posée sur leurs épaules, j'allais leur intimer :

— Je vais devoir vous demander de me suivre.

Notre dernier test consistait à trier quatre paires de dominos et de prédire à quoi ressemblerait la cinquième paire. Il y avait des pages et des pages de questions, et j'étais loin d'en avoir terminé quand la sonnerie a retenti. J'aurais bien aimé me servir au moins, en guise d'alibi, de la chaleur de la salle ou du vacarme que provoquait madame Haberman en grattant les cordes de son banjo, mais ce serait pur mensonge. En plus, conformément au règlement intérieur de la Mensa-France, les recommandations préliminaires aux tests avaient été rédigées en français, et là encore, pas un mot ne m'avait échappé. Je ne pouvais donc que m'en prendre à moi-même.

Une semaine après les tests, nos résultats nous ont été communiqués par courrier. Hugh devait se présenter à une autre session ; d'après leurs commentaires encourageants, les résultats des tests pouvaient être fonction du stress lié à l'examen ou aux circonstances, et il n'était pas loin d'obtenir sa carte de membre de la Mensa. Quant à ma lettre, elle commençait par ces mots : *Cher monsieur Sedaris, nous sommes au regret de vous informer que...*

Il en ressortait que j'étais pour ainsi dire un débile mental. Certains chats avaient même un QI supérieur au mien. Si l'on s'était hasardé à convertir mon score en dollars, on aurait pu tout juste se payer trois rations de poulet frit. Et le fait même que cela m'ait surpris était une preuve supplémentaire, s'il en était besoin, de mon imbécillité.

Les tests ont pu établir avec certitude quelle était ma capacité à raisonner logiquement. De toute façon, c'était à prendre ou à laisser : ou on était capable de raisonner, ou on ne l'était pas. Ceux qui en étaient capables avaient un QI élevé. Ceux qui n'en étaient pas capables se contentaient de la mayonnaise lorsqu'ils avaient la flemme de chercher la crème anti-insectes. Hugh avait constaté que j'étais perturbé par les résultats du test. Il m'a expliqué que chacun réfléchissait à sa manière et que, dans mon cas, il se trouvait que je le faisais beaucoup moins que la moyenne des adultes.

— Écoute, continue à faire l'âne, m'a-t-il encouragé. Mais tu mets quand même la sourdine, hein ?

Son argument était incontestable. En effet, mon cerveau se rebelle en permanence contre la raison. Il ne s'en est jamais accommodé. Si on me dit par exemple d'évacuer mon appartement avant la semaine prochaine, au lieu de me renseigner auprès de mes proches ou de pousser la porte d'une agence immobilière, je me contenterai de rêver à un château en sucre, entouré de douves, dans lequel je me déplacerais de pièce en pièce confortablement étendu sur un grandiose tapis volant. S'il y a une chose qui puisse me racheter, c'est que j'ai pu au moins trouver dans mon existence quelqu'un qui — heureusement — est prêt à s'occuper de l'affreux train-train quotidien.

Hugh ne cessait de me consoler :

— Ne te laisse donc pas abattre par tout ça. Il y a plein de choses sur terre qui témoignent de ta valeur.

Sommé de me citer quelques exemples, il m'a répondu :

— Passer l'aspirateur et… donner des noms aux animaux en peluche.

Il m'a juré qu'il en oubliait et qu'il fallait qu'il y réfléchisse un peu. Mais les exemples ne manquaient pas.

SPECTACLE EN NOCTURNE

Une idée me trotte dans la tête depuis un moment : il me faut trouver à tout prix quelque chose à mettre à mon radio-réveil. Rien de très recherché, juste un petit truc dans lequel s'emmitoufler au plus profond de la nuit. Inutile de l'assortir aux rideaux ou même de le travestir, sinon il finirait par ressembler à ce qu'il n'est pas. Et j'en suis là aujourd'hui, non pas tant que mon radio-réveil tienne à protéger sa pudeur, mais je ne peux simplement plus supporter la vue de ces heures trottinant à une cadence inexorable. Avec lui, le temps ne s'envole pas, mais il s'affole complètement, et les chiffres tournent autour d'un axe qui ne cesse de couiner comme la machinerie d'un appareil de musculation.

J'ai passé les vingt premières années de ma vie à me bercer d'avant en arrière pour trouver le sommeil. C'était une manie comme une autre, sans conséquence et, du reste, j'ai fini par m'en passer au bout d'un moment. De même, j'ai passé les vingt années suivantes immobile dans mon lit sans problème. Il faut dire que ma méthode était imparable : je m'envoyais deux ou trois scotchs par-dessus sept bières et un doigt de marijuana, et le sommeil venait quasiment tout seul. Parfois, je n'arrivais même plus à franchir la distance qui me séparait de mon lit. Je restais accroupi à côté du chat, je le câlinais et, sans transition, je me réveillais huit heures plus tard étendu à même le sol, et j'avais laissé filer une excellente occasion de changer de vêtements. On a fini par me recommander gentiment de ne plus jamais dire :

«Je vais me coucher», mais plutôt: «Je vais perdre connaissance.» Bien que la deuxième formule fût plus appropriée, elle dissimulait mal le jugement de valeur sous-entendu.

Pris dans un jeu non seulement pervers mais incroyablement ennuyeux, j'ai essayé de me prouver que je pouvais m'en sortir sans drogue ni alcool. Malgré les difficultés des premiers mois, je me suis aperçu que j'étais *en définitive capable de vivre sans*. Évidemment, j'aurais pu trouver mieux si je tenais à donner un sens à ma vie; cependant, en termes purement mécaniques, ce n'était pas rien: mon cœur continuait de pomper du sang et je pouvais enfiler mes chaussettes tout seul ou encore préparer des glaçons.

Le hic, c'est que je n'arrivais plus à dormir.

Je ne me suis jamais couché tôt, et je n'ai pas l'intention de changer quoi que ce soit à mes habitudes. Autant le dire: tous les soirs, aux environs de 23 heures, j'ai un léger coup de barre que je traite d'habitude en abusant de n'importe quoi. Ma main s'est accoutumée à tenir en permanence un verre ou une canette, prête à la porter à ma bouche toutes les trente secondes. C'est un pli qu'elle ne semble pas disposée à perdre.

Ayant pris par le passé la ferme résolution de ne jamais prononcer le mot *déca*, je me suis mis à la recherche de nouvelles habitudes de consommation. J'ai vécu très rapidement une expérience décevante avec le jus de tomate qui, sans la bénédiction de la vodka, s'est avéré une véritable perte de temps. On avait eu beau en acheter en bouteilles, il gardait son arrière-goût de boîte de conserve. C'est ainsi que j'ai également compris que le soda provoquait des maux d'estomac, le jus de raisin des migraines, et qu'il n'y avait décidément rien de plus dégueulasse qu'un verre de lait, surtout le lait français vendu en briques qui, conservé hors du réfrigérateur durant cinq mois, tournait en fromage et finissait tranquillement sa carrière dans un autre rayon de l'épicerie.

Après de brèves amourettes — qui m'ont du reste laissé sur

ma soif — avec de l'eau minérale parfumée au citron, je me suis finalement rabattu sur le thé, un breuvage qu'il ne m'était jamais venu à l'idée de consommer comme du café, pour me tenir éveillé. Je n'ai jamais été de ces gens qui se plaignent sans cesse de leur besoin de sucre ou se glorifient de réagir immédiatement aux vitamines. Cela dit, même si je ne nourris pas pour mon corps une passion de tous les instants, j'ai constaté que la consommation de thé en grandes quantités était une affaire grave. Essayez donc d'en boire douze tasses aux environs de 23 heures et vous verrez : vous ne tarderez pas à comprendre la véritable différence entre « aller au lit » et « aller dormir ». D'ailleurs, au cas où, par bonheur, vous parviendriez à perdre connaissance, soyez-en sûr, vous serez encore obligé de vous lever toutes les trente minutes pour aller vous vider la vessie.

Voilà tout ce qui reste de l'homme que je suis devenu. Je suis étendu sur mon lit, il est 5 h 48 du matin. Une idée me trotte dans la tête : il me faut trouver quelque chose à mettre à mon radio-réveil, et j'ai tant abusé de la caféine que j'ai le cuir chevelu qui tiraille. Je ne veux pas prendre un livre et je ne veux pas faire des mots croisés. Ce serait avouer ma défaite et, en plus, si je laisse ne serait-ce qu'un seul instant vagabonder mon esprit, je ne tarderai pas à me lever pour mettre le cap sur les bouteilles d'alcool. En conséquence, au lieu de réviser mes verbes irréguliers ou réfléchir au programme de ma journée de demain, je perds mon temps à passer en revue un de mes fantasmes les plus fidèle et les plus irréductibles, comme un rêve éveillé, entrecoupé de scènes épiques, que je me projette de préférence dans la journée, pendant mes pérégrinations en ville ou en faisant la queue à l'épicerie, à la manière d'un metteur en scène qui sort un film et l'améliore à mesure qu'il le visionne, encore et encore, transformant sans fin les rôles des méchants et réactualisant les détails mineurs. À cette différence près que je dispose, moi, d'un éventail de fantasmes passionnants. Je vais vous raconter le premier :

Monsieur Sapience

Seul dans mon laboratoire souterrain, je viens d'inventer un sérum qui permet aux arbres de grandir dix fois plus vite que la normale. Autrement dit, il suffit de planter un jeune arbre pour se délecter, un an après, de son fruit ou de l'ombre de son feuillage. C'est une idée géniale puisque personne ne supporte d'attendre qu'un arbre pousse, raison pour laquelle on n'en plante jamais. C'est à désespérer. Le temps qu'ils grandissent, on est déjà mort ou en maison de retraite.

Mes arbres, au contraire, grandissent à un rythme soutenu qui peut s'étendre de deux à cinq ans avant d'adopter une progression plus orthodoxe. Ils rencontrent un succès fou. On peut créer un parc en un clin d'œil. Des villes et des cités HLM changent de visage du jour au lendemain, et des États de la région des cyclones[1] érigent des statues à mon effigie. Des parents frustrés vont jusqu'à expérimenter mon sérum sur leurs rejetons, mais il n'a aucun effet sur les êtres humains.

— Navré, leur dis-je. Malheureusement, il n'existe aucun traitement contre l'adolescence.

Les bûcherons et les écologistes sont en train de se disputer mes bonnes grâces quand les ennuis commencent : une coterie de scientifiques à la petite semaine se met à répandre la rumeur selon laquelle les feuilles de mes arbres provoqueraient le cancer chez les animaux de laboratoire. Mais au grand dam de ces jaloux, je découvre aussitôt un traitement contre le cancer :

— Alors, je vous écoute. Qu'est-ce que vous vouliez insinuer au juste ?

Le look de monsieur Sapience change constamment d'un jour à l'autre. Tantôt je prends l'aspect d'un grand blond, tantôt celui d'un gars basané et plutôt râblé. Seuls mes cheveux ne varient pas ; je les coiffe toujours en arrière. En remontant à la

1. Région située entre la Caroline du Nord et la Floride, sujette à ces catastrophes. *(N.d.T.)*

surface après un plongeon, ils me couvrent entièrement le visage jusqu'au menton. Je les rejette sans cesse vers l'arrière, mais une mèche se libère de temps à autre et pendouille sur ma joue telle une balafre. Quant à mon visage, il reflète constamment la profondeur de mes méditations. C'est le visage d'un homme qui s'efforce de se rappeler la combinaison de son coffre-fort. Et le jour même où je reçois mon prix Nobel, je suis si absorbé par mes pensées que le pékin assis à côté de moi est obligé de me filer un coup de coude dans les côtes en disant :

— Eh, mon pote, c'est pas toi qu'on appelle là ?

De temps en temps, il m'arrive de dîner en compagnie d'un groupe de patients guéris du cancer, mais la plupart du temps, je préfère rester discret et négliger les montagnes d'invitations mondaines qui s'empilent sur mon bureau. Sans vouloir en faire toute une histoire, je réussis également à guérir le sida et l'emphysème ; ainsi les gens peuvent de nouveau s'offrir le luxe de fumer un bon clope après une vigoureuse séance de sexe anal. Je n'ai fait que « remettre les pendules à l'heure », dira naturellement la rumeur mais seules les bonnes âmes dont les pendules n'ont été affectées ni dans un sens ni dans l'autre auront de telles réactions. Les psychologues assiégeront les plateaux de télévision pour proposer des soutiens thérapeutiques aux anciens malades du sida ou du cancer :

— Il faut que ces gens-là comprennent que la vie vaut de nouveau la peine d'être vécue, martèlent-ils sans se démonter.

Leur message malheureusement intéressé sera reçu par des éclats de rire tonitruants, de même que le déluge de livres qui paraîtront sous des titres évocateurs : *Surmonter le drame d'avoir surmonté son mal* ou encore *La Rémission inconcevable. Des conflits d'identité dans la société post-carcinogène.* Après des décennies perdues à se nourrir de telles aberrations, la société américaine décidera enfin qu'elle en a plus qu'assez desouffrir d'angoisses non justifiées. Du jour au lendemain, les antidépresseurs ne seront plus à la mode, et les blagues de mauvais goût connaîtront de nouveau un succès mérité.

Je guéris les paralytiques parce que j'en ai marre de voir les cinglés du skateboard dévaler à fond de train les rampes réservées aux fauteuils roulants, comme je guéris de la dystrophie musculaire uniquement pour mettre un terme au Téléthon de Jerry Lewis. Quant à la débilité mentale, elle doit être éradiquée pour que personne ne se serve plus de cet alibi pour tourner des films à partir de feuilletons télévisés éculés, et je guéris du diabète, de l'herpès et de la maladie de Parkinson pour faire un geste en faveur de mes stars préférées. J'invente un médicament qui permet de boire de l'eau de mer, et un autre qui s'attaque aux effets de douze tasses de thé ou, mieux encore, de sept bières suivies de deux scotchs.

Toutes mes découvertes sont à la une des journaux, mais la plus controversée jusque-là, c'est mon savon de jouvence. On prend un bain ou une douche, puis on se frotte avec le produit. Au bout de trois minutes, une fois bien rincé, on retrouve la fraîcheur de ses vingt ans. Son efficacité dure trois jours, et on peut le réutiliser indéfiniment sans effets secondaires. Le prix de ce savon est une vraie folie, mais tout individu au-delà de quarante ans doit se l'offrir. En effet, les pensionnaires des résidences de personnes âgées se mettent à ressembler soudain à des étudiants à l'accoutrement bizarre. De belles jeunes femmes atteintes d'incontinence conduisent trop prudemment leurs bagnoles et finissent même par provoquer des embouteillages dans les supermarchés avec leurs caddies. Je me réjouis à l'avance de la pagaille que mon produit va semer : le regard interloqué du fringant célibataire endurci tandis que sa nana range son dentier dans le verre sur la table de chevet ; le mignon adolescent de quatre-vingts ans qui oublie complètement sa promesse de tenir le rôle du Temps au réveillon du nouvel an ; les anciennes miss qui se présenteront de nouveau pour le titre de l'année sans que personne ne suspecte la supercherie… jusqu'au moment où, pour démontrer la variété de leurs talents, elles entonneront des vieilleries comme *Sonny Boy* et *Ain't we got the Fun*.

Mais hélas, mon savon ne marchera pas chez tout le monde. Les gens par exemple qui par le passé auront subi des opérations de chirurgie esthétique à répétition — lifting des yeux, rides gommées au collagène — se contenteront d'un double rajeuni, faisant penser à ces extraterrestres qui, selon la rumeur auraient été aperçus à Roswell, au Nouveau-Mexique. Pour des raisons devant lesquelles la science médicale reste impuissante, mon produit ne marche pas non plus chez les gens qui exercent un certain genre d'occupations — les rédactrices en chef des magazines de mode, par exemple. Des personnes qui ont passé leur vie à célébrer la jeunesse et la beauté en faisant croire à toute personne au-delà de trente ans qu'elle était bonne pour l'asile de vieillards ! Il était temps qu'elles paient ! Elles seront réduites à exhiber leurs taches de vieillesse comme le sommet de la sophistication pour la prochaine saison.

— Aujourd'hui, la vieillesse est le signe même de la jeunesse, claironneront-elles.

Mais personne ne les écoutera. De même, les patrons de la télévision resteront sur la touche, surtout ceux dont le boulot consiste à déplacer un programme du dimanche matin à 8 heures au mercredi à 9 h 30, puis de le ramener au dimanche pour le repousser ensuite au jeudi, tout cela rien que pour pouvoir vendre quelques bouteilles de jus de fruits supplémentaires ou des *tacos*. Et, le jour où je recevrai enfin des pétitions me suppliant, pour l'amour de Dieu, de trouver une solution au problème, je proposerai une nouvelle version de l'inévitable oiseau en plastique qu'on voit partout tremper son bec débile dans une petite tasse d'eau. Comme l'ancienne version, la mienne marchera fort, à la différence — faut-il le souligner ! — que mon personnage aura des lunettes !

Enfin, le fric gagné avec toutes ces inventions me servira à construire mon propre vaisseau spatial, à bord duquel j'irai à la découverte d'une autre planète semblable en tous points à la Terre et, avantage non moins négligeable, à vingt petites minutes d'ici. Mon nouveau monde abritera des promoteurs immobiliers et des multinationales qui, l'écume aux lèvres, seront pris de frénésie. Rien qu'à y penser, je ris déjà de l'ambiance qui régnera durant les réunions au sommet où ils s'évertueront à m'expliquer pourquoi l'univers aurait tant besoin d'un nouvelle chaîne de Pizza Hut ou d'un autre parc d'attractions.

Pendant ce temps, j'écouterai leurs exposés pour les mener tranquillement en bateau avant d'insinuer perfidement que le séjour sur la planète que j'ai choisi d'appeler *Biteaufondutrouduculus* n'est pas autorisé au tout-venant.

Le K.-O.

Il ne me reste plus qu'un combat à livrer pour gagner mon titre de champion du monde des poids lourds. Pourtant, les gens ne cessent de se demander en me voyant: «Mais qui c'est ce type?»

Si la police vous obligeait à lui fournir une description en vue d'établir mon portrait-robot, le plus sûr serait de commencer par mon nez. Sa particularité? Il n'est pas tout à fait en trompette, non. Il n'est ni rond ni retroussé mais, en scrutant mes deux narines côte à côte, on remarque d'emblée qu'elles sont protubérantes et curieusement alertes, comme une sorte de deuxième paire d'yeux qui seraient destinés à veiller sans relâche sur la partie inférieure de mon visage, mes lèvres pulpeuses et mes dents d'une blancheur éblouissante.

Au moment où le portraitiste s'arrêtera sur mes yeux, il vous suffira de faire un léger pas en arrière avant de lui préciser:

— Non, je suis désolé, vous n'y êtes pas; alors là, vraiment pas du tout!

Au bout de quatre ou cinq tentatives infructueuses, il perdra sûrement son calme et vous fera remarquer que des expressions comme «qui en disent long» ne relèvent pas vraiment de la description physique proprement dite. Mais la plus grande difficulté à laquelle vous serez forcément confronté, ce sont mes sourcils. En effet, il est quasiment impossible de les distinguer de mes yeux ; en outre, ils ont la curieuse faculté de transformer mon visage aussi radicalement que la ponctuation influe sur le sens de la phrase. Je me sers du point d'exclamation chaque fois que je suis pris au dépourvu par les photographes ; j'arbore le point d'interrogation et le deux-points quand je parle affaires, le tiret et le point-virgule pour y réfléchir par deux fois, et une série de trois points de suspension lorsque je suis abruptement interrompu et que je cherche le terme le plus approprié. De toute façon, mes sourcils vont de pair avec mes cheveux noirs d'encre, qui recherchent un style à mi-chemin entre le bouclé et l'ondulé, en attendent l'invention du mot juste.

— Comment dire... ils sont comme... avides de câlins, direz-vous. C'est comme des vagues à l'approche d'une tempête en mer, ils font des rouleaux.

Vaincu, le portraitiste jettera alors son crayon tandis que vous vous précipiterez pour le consoler :

— Bon, d'accord, on va essayer autre chose : il ressemble un peu au genre de type qui jouait le rôle de Cord Roberts dans *One Life to live*. Euh... non, c'est pas ça, je retire ce que je viens de dire. Il est *le portrait craché* du type qui jouait le rôle de Cord Roberts dans *One Life to live*. Est-ce que ma description vous suffit *cette fois* ?

J'ai été sidéré d'apprendre que j'étais un challenger sérieux pour le titre de champion du monde des poids lourds, non pas que je sois gringalet ou que je ne sois pas à niveau, mais le fait est que je suis relativement nouveau dans ce sport. J'étais un étudiant en médecine parmi tant d'autres à Yale, et je n'avais jamais pensé faire carrière dans la boxe, jusqu'au jour où je me suis fait jeter d'un séminaire d'intubation endotrachéale et j'ai dû m'inscrire à un cours de boxe pour compléter mes certificats. Mais mon entraîneur, ayant senti que je possédais un talent hors du commun, m'a aligné pour une série de rencontres au niveau régional, et de fil en aiguille, je me suis retrouvé là. J'avais fière allure avec mon jogging à capuche et, le jour où on m'a demandé de passer chez les pro, je n'ai pas hésité:

— Mais oui, pourquoi pas?

Je donne ma langue au chat: mon fantasme n'avait rien à voir avec les clichés éculés de la saga des *Rocky I à IV*. On ne me surprendra jamais à courir à travers la ville de New Haven en distribuant des crochets dans le vide. Pas plus, du reste, qu'on ne me verra parler aux tortues ou saluer mes amis en leur serrant la pogne d'une manière insolite. J'avais mieux à faire puisque personne du reste ne m'avait jamais pris pour un perdant. Il faut prêter attention à des tas de trucs comme ça afin de mériter ce titre et, pour tout vous dire, je n'ai absolument rien à foutre de l'issue du combat, dans un sens comme dans l'autre. En ce qui me concerne, ces matchs ne sont qu'une manière comme une autre de tuer le temps jusqu'au jour où je décrocherai mon doctorat de médecine et, ainsi, je pourrai commencer mon internat. Les milieux de la boxe sont embarrassés par mon indifférence flagrante, mais la presse m'adore. Les gens n'y pigent que dalle parce que je suis blanc mais au moins je leur permets d'extérioriser les angoisses de leur race en faisant croire le contraire. Ainsi, des gens qui dans leur état normal, ne pouvaient supporter la moindre allusion à la violence se sentent soudain tentés de faire pour une fois une petite exception. Même les adeptes de la secte mennonite se lancent dans des paris et paient pour chaque blessure récoltée de part et d'autre.

Seulement, cinq jours avant la finale, le public découvre que j'ai un petit ami. Il ne ressemble peut-être pas à Hugh, mais ce qui est sûr, c'est qu'il est aussi un cordon bleu. Je n'avais pourtant jamais menti à ce sujet, ni esquivé délibérément la question; en fait, personne ne me l'avait jamais clairement posée. Ceux qui m'adoraient parce que j'étais blanc se sentent soudain trahis. Ils avaient fait de moi leur porte-drapeau. J'étais censé administrer, en leur nom, une sévère correction à un Noir. Du coup, ils n'étaient plus du tout sûrs de savoir à qui allait leur préférence. Qu'est-ce qui était le plus important à leurs yeux ? Ma race ou mes goûts sexuels ?

Je ne tarde pas à connaître la réponse lorsqu'on se met à m'envoyer, à l'adresse de mon centre d'entraînement, des lettres anonymes. Mon petit sanctuaire, où je sautais à la corde en écoutant mes cassettes de cours sur les dysfonctions coronariennes ou les oxyuroses. Ces sujets n'entrent pas dans ma spécialisation mais comme je l'ai déclaré aux reporters du magazine *Ring* : « J'aime bien me tenir au courant. »

D'après mon contrat, je dois donner une interview exclusive à Barbara Walters avant le match décisif, ce qui me semble normal. Les premières minutes se passent donc exactement comme je m'y attendais :

— Comment faites-vous quand vous avalez une cacahuète de travers ? me demande-t-elle. Tenez, montrez-nous voir comment vous vous en sortez avec la technique de Heimlich ?

Les civilités une fois échangées, nous nous installons ensuite sur le canapé et, sans transition, elle claque des doigts en me demandant si j'ai longtemps hésité à me dévoiler ainsi au grand jour.

C'est seulement aujourd'hui que je m'en rends compte. Si Barbara Walters s'était étouffée ce jour-là avec une cacahuète, je n'aurais pas tenté un geste pour la secourir. Je nourris tant de haine pour la connotation sexuelle que l'expression « au grand jour » a fini par prendre. Désormais, elle est servie à toutes les sauces chaque fois qu'on parle des gays. Dès que j'entends prononcer les mots « au grand jour », je suis fou de rage. Comme si certaines personnes se dévoilaient « au grand jour » et d'autres « à la faveur de la nuit ». À ce train-là, pourquoi ne pas dire qu'on se dévoilait « à l'aurore » ou « au crépuscule » ?

J'éprouve une animosité tout aussi forte quand la presse gay vient m'interviewer.

— Non, c'est hors de question, leur dis-je. Je ne serai jamais votre porte-drapeau sur le ring

Je devais certainement me trouver en déplacement à l'étranger au moment où la décision a été prise. J'ai une sainte horreur des couleurs de l'arc-en-ciel, moi, et j'aurais largement préféré quelque chose de plus sommaire, genre un crâne par-dessus des ossements croisés. La veille de la rencontre, mes sourcils marquaient encore le point d'interrogation. Je ne voyais pas comment j'aurais pu représenter qui que ce soit, ni en quoi le fait de remporter le titre de champion du monde pouvait être utile à ma mère. Sans faire exprès, j'avais réussi à m'attirer la haine de tous, à l'exception des endocrinologues, quoique certains d'entre eux se fussent sentis un peu perdus à cause d'une remarque au sujet des taux de calcium sanguin typiques des pathologies hypoparathyroïdiformes.

Bien entendu, j'ai réussi à vaincre le champion du monde en titre. Malgré tout, le combat n'avait pas grand intérêt pour moi. Il n'en avait du reste jamais eu. Je saigne un peu, bien sûr, et l'autre type saigne abondamment, et puis c'est la fin.

Et même si je n'arrive pas à trouver le sommeil, je continuerai à tuer le temps en retouchant sans cesse le personnage de mon entraîneur et celui de Hugh, qui mérite désormais l'appellation d'organisme génétiquement modifié. Ensuite, je gambergerai sur mon discours d'adieu et m'amuserai à décorer en pensée la salle d'attente de mon cabinet médical.

J'ai un secret

Je suis une interne plutôt accorte, légèrement dodue, qui travaille à la Maison-Blanche et a eu une brève liaison avec le président des États-Unis. Sans que j'y sois mêlé en quoi que ce soit, il y a des fuites dans la presse et, en moins de quelques heures, on voit des gens acheter des autocollants vengeurs qu'ils placardent sur leurs bagnoles : HONTE À TOI ! ou bien : UNE AUTRE AMÉRICAINE VICTIME DU PLAY-BOY PRÉSIDENT !

Mes amis et mes parents sont sous le choc. Ils viennent d'apprendre que j'ai baisé avec l'homme le plus puissant du monde.

— Et tu ne nous en as jamais parlé ! s'écrient-ils, tout en sachant pertinemment que leur question est idiote.

Les gens m'ont toujours voué une admiration sans bornes à cause de ma capacité à garder les secrets. J'ai eu un bébé au lycée, et personne ne l'a jamais su jusqu'aujourd'hui. J'avais accouché dans les bois derrière notre maison et j'avais placé l'enfant dès que j'avais eu fini de me laver. À vrai dire, je l'avais juste déposé dans une boîte devant la porte de l'institution. C'était une boîte confortable, tapissée de couvertures, et j'ai traîné ensuite un moment dans le coin pour bien m'assurer qu'on le retrouverait et qu'on le porterait à l'intérieur. Je ne suis pas sans cœur, mais je n'avais pas envie de laisser de trace écrite pour vivre plus tard dans la peur que mon garçon vienne un beau jour frapper à ma porte dans l'espoir que je l'ajoute à ma liste de Noël.

Avant même que l'affaire ne soit divulguée à la une des journaux, j'avais presque oublié que j'avais eu une liaison avec le Président. Non pas que je sois du genre à couchailler à longueur de journée, mais la vérité était que, mis à part le fait que c'était le Président, notre relation n'avait rien d'extraordinaire. J'étais à la maison, occupée à décongeler mon freezer en regardant la télé, lorsque le Président s'est interrompu durant une intervention plutôt vasouillarde sur le système éducatif pour déclarer : « Je n'ai jamais fait l'amour avec cette femme. »

La vache ! *Bon, d'accord*, me suis-je dit, *c'était sans doute une grossière erreur de ma part. De toute évidence, il n'est pas l'homme que je croyais*. J'ai rempli mes bacs à glaçons et, ce faisant, je me suis aperçue que je venais de tourner une page de ma vie. Dans soixante ans, un médecin quelconque pourrait raconter à ses amis qu'il vient de poser une prothèse de la hanche à la fille qui avait couché avec le Président. C'est ainsi que les gens allaient me désigner dorénavant, et le moins que je pouvais faire c'était d'essayer de donner l'exemple moi-même. Mais pour y arriver, il fallait que je mette en valeur tous mes atouts pour donner au pays, non pas ce qu'il voulait, mais ce qu'il attendait de moi.

Avec toutes ces nuées de reporters devant ma porte d'entrée, je ne pouvais pas sortir librement, alors j'ai téléphoné à une quincaillerie qui livrait à domicile ; en effet, j'avais décidé de repeindre mon appartement. J'étais en train d'attaquer la partie la plus difficile de mes travaux lorsque les gens de la Commission indépendante se sont pointés pour me promettre, au cas où je me montrerais coopérative, que je ne finirais pas en prison.

— Tiens, première nouvelle ! me suis-je écriée. Depuis quand a-t-on déjà vu quelqu'un aller en prison simplement pour avoir baisé avec le président des États-Unis ?

J'ai expliqué à la Commission indépendante tout ce que j'avais déjà expliqué, mot pour mot, à une tripotée de gens. Puis j'ai fini de peindre mes radiateurs, je me suis farci un pot de crème caramel et j'ai perdu douze kilos.

Quand ils m'ont conseillé d'engager un excellent avocat, je leur ai demandé de m'en désigner un de l'aide judiciaire, n'importe lequel qui serait disponible — cela m'était parfaitement égal. Pourquoi passer le reste de ma vie à régler des frais de procédure ? Je n'avais rien à déclarer aux procureurs fédéraux ou aux reporters qui ne cessaient de me téléphoner et de m'envoyer des bouquets de fleurs exotiques dans l'espoir que je leur accorderais une interview ou leur ferais une déclaration. Ils étaient persuadés que je me mettrais à table tôt ou tard, mais je jubilais à la seule perspective de les voir se tromper.

Jamais de la vie, de tout le restant de mes jours, je ne prononcerai un mot sur ma liaison malheureuse avec le Président. Son nom ne sortira même plus de ma bouche. Et s'il m'arrive de tomber dessus en faisant des mots croisés, je laisserai carrément un blanc à l'endroit et continuerai mon jeu en le contournant. Il n'a qu'à raconter tout ce qu'il veut, mais sur nous deux, il faut bien qu'il y en ait un qui sache tenir sa langue.

Mon avocat de l'aide judiciaire a beau insister, personne ne pourra me persuader de porter du Liz Claiborne pour aller témoigner. Il veut que je donne une impression rassurante de conservatisme bon teint, mais de grâce ! Je préfère finir sur la chaise électrique plutôt que de m'exhiber attifée comme une vendeuse. Mieux encore : je trouve mon inspiration dans *Autant en emporte le vent*, notamment dans la scène au cours de laquelle on veut obliger Scarlett à assister à l'anniversaire de Miss Melanie. On vient juste de la surprendre derrière la scierie en compagnie d'Ashley, et la ville en fait des gorges chaudes. Si cela ne dépendait que d'elle, elle resterait volontiers à la maison mais Rhett Butler insiste pour qu'elle se rende à cette fête et, pardessus le marché, habillée d'une robe qui crie *sa culpabilité* en dépit de sa beauté. C'est à se demander pourquoi elle s'était abaissée à courir après Ashley Wilkes.

Compte tenu de la médiatisation, les couturiers du monde entier se disputent ma personne pour avoir la chance de m'habiller le jour où je comparaîtrai devant le Grand Jury. Je donne mon accord à l'une de ces jeunes boîtes anglaises bourrées d'ambition et j'arrête mon choix sur un tailleur légèrement extravagant, à la coupe somptueuse qui met en valeur l'élégance de ma nouvelle silhouette. Au moment où j'entre dans la salle des audiences, tout le monde s'accorde à dire que je suis la femme la plus belle et la plus audacieuse. Quand on me prie d'aller à la barre, je me borne à donner uniquement mon nom et mon prénom[1].

Les minutes du procès établiront que toutes les questions posées reçurent systématiquement, en guise de réponse, des commentaires tels que : « Vous n'êtes pas sérieux, j'en suis sûre », ou encore : « Franchement, je ne vois pas en quoi cela peut vous regarder. » Le juge me méprise, et les magazines de mode notent que ma veste de tailleur ne s'est même pas froissée lorsqu'on m'a passé les menottes dans le dos.

Je ne sais pas à combien s'élève la note quand on refuse par exemple de révéler les détails d'une affaire amoureuse, mais je m'imagine que cela ne peut pas aller chercher au-delà d'un an ou deux. Je purge donc ma peine tranquillement, tout en maintenant

1. Sans le second prénom, comme il est d'usage aux États-Unis. *(N.d.T.)*

une distance polie avec toutes celles qui veulent tirer profit de mon amitié. En effet, c'est plutôt vache que le Président ait permis que l'on me jette en prison, et les gens ont tendance à croire que j'en conçois une rancœur inextinguible. Mais comme d'habitude, je ne dis rien. Et plus je la ferme, plus je deviens à leurs yeux une anomalie, une icône. Mon nom se prononce désormais en code, non pas grâce à une vulgaire partie de jambes en l'air — et, qui plus est, entre deux portes —, mais par respect pour quelqu'un qui fait montre d'une extraordinaire dignité devant l'épreuve, une belle femme énigmatique et probablement dangereuse.

À ma sortie de prison, je publie un roman sous un pseudonyme. En fait c'est le texte intégral de *Lolita*, mais ça passe comme une lettre à la poste car, fantasmatique, Vladimir Nabokov n'a jamais existé. Comme c'est un chef-d'œuvre, le livre fait un tabac. Les reporters se mettent à la recherche de l'auteur mais lorsqu'ils découvrent que c'est moi, je me dis : « Nom de Dieu, ils n'ont vraiment rien de mieux à faire ? » Désormais, j'ai non seulement la réputation d'arborer en toutes circonstances une dignité pleine de mystère mais je suis également un génie. Toutefois, je n'aimerais pas que les gens lisent *Lolita* simplement parce que c'est moi qui l'ai écrit. Chercher dans mon livre des détails autobiographiques voilés le déprécie, et je décide de m'arrêter d'écrire ; je vivrai de l'argent que j'avais prudemment placé en actions. Je passe le restant de mes jours au calme, à baiser avec des joueurs de football américain.

En passant en revue ces fantasmes, je ne peux m'empêcher d'y desceller des thèmes communs. Le regard semble revêtir partout une grande importance, de même que la capacité à éveiller la conscience, à décevoir des foules de gens ou à les circonscrire. À noter aussi : ce sont toujours des Américains. Dans une ville comme Paris, où les femmes de plus de cinquante ans portent des cheveux blonds, mon fameux savon mis au point par monsieur Sapience risquerait de provoquer des queues jusqu'à Bethléem. Mais ça ne m'intéresse pas de manipuler les Français. Je n'adhère pas à leur système de valeurs. Ce ne sont pas des gens de chez moi, et ni leurs louanges ni leur réprobation n'ont la moindre importance à mes yeux. En fin de compte, Paris est probablement l'endroit que j'ai choisi pour rêver de l'Amérique. Tout simplement.

Mes fantasmes épiques donnent une impression de grande générosité mais il ne faut pas s'y méprendre. Si je donne à quelques-uns, ça me permet de retirer aux autres. C'est bien beau de guérir les leucémiques, mais c'est encore plus gratifiant de me représenter en images les longs défilés d'opportunistes qui se heurtent à mon refus de coopérer. En m'imaginant à la fois si modeste, mystérieux et bougrement intelligent, je suis bien forcé d'admettre que, dans la vie de tous les jours, je ne suis pas doué de toutes ces qualités. Personne ne peut rêver de choses qu'il a déjà à sa disposition. Je ne saurais dire ce qu'il y a de plus improbable entre l'occasion de coucher un jour avec le Président ou l'espoir que je finirais par apprendre à garder un secret.

Certes, j'ai d'autres fantasmes, qui ont plutôt trait à des pouvoirs magiques, à des fortunes inimaginables ou au talent pour la chanson et la danse. Même si j'arrive à hypnotiser la mafia et à ressusciter les morts par la seule force de ma volonté, on dirait que je suis impuissant devant les cernes autour de mes yeux, que je n'arrive pas à gommer. Au fond, mes histoires n'arrangent pas mes problèmes de sommeil. Elles me permettent simplement de me mettre dans la peau de quelqu'un d'autre, quelqu'un qui n'est pas en ce moment même étendu sur un matelas trempé de sueur avec des cernes aussi larges que des soucoupes autour des yeux, le regard braqué sur les minutes qui filent à toute vitesse, en attendant le lever du soleil sur un autre jour sans alcool.

DONNEZ-MOI DONC CE QU'IL PORTE

Nous sommes à Paris, attablés dans un bon restaurant, et papa nous raconte une histoire :

— C'est à ce moment-là, dit-il, que j'ai trouvé au fond de ma valise quelque chose de brun ou marron — je ne sais plus quoi —, et je me suis mis à le mâchonner en me disant que ce devait être un truc comme un morceau de biscuit, quoi.

— Mais vous aviez des biscuits dans votre valise ? lui demande Maja, ma copine.

Mon père réfléchit un instant à la question, qui lui semble probablement impertinente car il a tôt fait de la balayer du revers de la main :

— Non, pas que je sache en tout cas, mais là n'est pas la question.

— Vous voulez dire que vous avez trouvé ce truc dans votre valise et, spontanément, vous l'avez mis dans votre bouche sans même réfléchir ?

— Ma foi, je l'avoue, dit-il, c'est exact. Mais si je l'ai fait, c'est parce que…

Il poursuit le fil de son histoire mais à l'exception de mes frangines et de moi-même, l'auditoire est resté accroché à ce qui aurait semblé un écueil très gênant à tout adulte en possession de ses facultés mentales. Quel besoin diable pousserait un homme d'âge mûr à introduire un objet non identifié dans sa bouche, surtout s'il est de couleur brune et qu'il provient d'une valise dont on se sert rarement ? La question était frappée au coin du bon sens, et a trouvé une réponse partielle dès la fin du repas, quand le café est arrivé et papa en profité pour glisser une poignée de sucre dans la poche de son blazer. De toute façon, si mes amis avaient vu la banane noircie qui attendait sur mon lit, ils auraient probablement compris l'histoire de mon père et l'auraient appréciée à sa juste valeur. Néanmoins, telles que les choses étaient enclenchées, une explication s'imposait.

Aussi loin que puisse remonter ma mémoire, mon père a toujours mis de côté. Il met de l'argent de côté comme il met de côté mais, par-dessus tout, il met de la nourriture de côté : des tomates-cerises, des petits fours, des olives piquées dans les martinis de ses amis — n'importe quoi —, qu'il s'en va ensuite planquer dans des recoins bizarres jusqu'à ce qu'ils parviennent à l'état de putréfaction. C'est alors qu'il décide de les manger.

Auparavant, je croyais que c'était un comportement tout à fait banal chez les Grecs, jusqu'au jour où je me suis aperçu que notre bagnole était la seule qui attirait constamment des nuées d'abeilles dans le parking de l'église. Et de fait, papa planquait des pêches dans la malle arrière. Comme il planquait des pâtisseries dans la remise à outils ou dans la buanderie pour ensuite se demander d'où diable pouvaient bien venir les fourmis. Il suffisait d'ouvrir le placard de sa chambre à coucher pour tomber sur des packs de six briques de Sego — un milk-shake diététique très connu vers la fin des années soixante — de couleur blanchâtre, dont la date limite de consommation était plus que largement dépassée. Serrées les unes contre les autres à côté des jus de nectarine et des petits pains, les conserves reposaient, cabossées et couvertes de moisissures, à proximité du nécessaire à raser le plus horrible qui se puisse imaginer.

Il y avait des gens qui justifiaient le goût pour l'accumulation de mon père par les tribulations de son enfance sous la Dépression, mais ma mère n'en croyait pas un mot :

— Foutaises ! maugréait-elle. La vie a été bien plus dure pour moi. N'empêche qu'on ne m'a jamais vue cacher des choses, *moi.*

Son allusion aux figues était on ne peut plus claire. Certes, papa en cachait jusqu'à ce qu'elles deviennent aussi dures que du goudron, mais pourquoi en faire tout un plat ? Aucun être humain chez nous, quel que soit son âge, n'aurait eu l'idée de s'approcher de trop près d'une figue. Rien d'étonnant à cela : il ne planquait jamais de sachets de chips dans sa chambre forte à bouffe, ni de barres de chocolat ni de marshmallows. La question que nous ne cessions de nous poser tout au long de notre enfance, c'était : à qui cachait-il donc toutes ces choses-là ? Abstraction faite des invasions d'insectes que nous connaissions déjà et des victimes de la famine en Inde que nous voyions couramment à la télévision, nous ne comprenions pas qui se portait candidat pour voler sa bouffe. Aux yeux de papa, rien n'était jamais pourri au point d'être immangeable. On pouvait parfaitement jeter les gens, mais la nourriture, jamais.

— Mais c'est délicieux ! s'écriait-il en regardant la nuée de mouches qui venaient de déposer leurs œufs dans la chair d'un ananas en voie de putréfaction. Mais qu'est-ce qu'il y a de mal à ça ? En tout cas, je mange, moi.

Et il s'en délectait, surtout si cela ne lui coûtait rien. Et en général, cela ne lui coûtait rien.

Parce qu'elle avait un goût prononcé pour les aliments marinés dans le vin ou conservés au vinaigre, ma mère a hérité de la réputation de grande dépensière. On ne pouvait aucunement faire confiance à une telle inconsciente, et, par la suite, armé d'une grosse pile de coupons de réduction, papa s'est mis à faire les courses. Quand nous l'accompagnions au supermarché, mes sœurs et moi, il nous encourageait à considérer le rayon des produits alimentaires exactement comme un buffet self-service : pommes, cerises, raisins et clémentines sans taches, son opinion était arrêtée. Du moment qu'ils n'étaient pas sous emballage, on était libre de se servir. Les patrons du magasin ne partageaient évidemment pas cette opinion. Le chef de rayon des produits frais débarquait sur ces entrefaites et mon père, la bouche regorgeant de bouffe, exigeait alors qu'on l'emmène dans l'arrière-boutique, une sorte de morgue où étaient entreposées, entre le décès et l'enterrement, des tonnes de nourriture invendue.

Dissuadés par la puanteur et, en même temps, par ce que maman avait coutume d'appeler un « dernier sursaut de dignité », mes sœurs et moi ne sommes jamais allés dans l'arrière-boutique. Il nous a semblé plus prudent de garder nos distances, pour nous défiler au cas où, et de faire porter le chapeau à d'autres enfants. Ça a marché jusqu'au jour où papa est rentré de l'arrière-boutique les bras chargés de fruits et de légumes fatigués, qui n'avaient rien de commun avec ceux dont il s'était délecté auparavant. Le message voulait dire en clair que, à partir du moment où on ne payait pas le prix d'un produit, autant choisir le meilleur. En revanche, si on nous obligeait à payer, il valait mieux descendre la barre et ne pas être trop regardant.

— Arrête donc de prendre cet air dégoûté ! a-t-il grondé en balançant un sachet de côtes de porc anémiées, « ration familiale », dans notre Caddie. Après tout, la viande *doit* être de couleur grise. En fait, on trafique sa couleur pour les pubs mais on s'en tape, je vous assure, vous verrez.

De toute ma vie, je n'ai jamais vu mon père payer un seul produit non affiché LIQUIDATION IMMÉDIATE. Sans ce papillon orange, on eût dit qu'il ne voyait quasiment plus. Mais le véritable problème était qu'il n'arrivait jamais à faire le lien entre « la liquidation immédiate » et « la consommation immédiate ». Au retour du supermarché, il trouvait le moyen de mettre la viande dans le freezer, de cacher ses fruits préférés dans le placard de sa salle de bains puis d'empiler tout le reste dans le bac à légumes. Bien évidemment, la date limite de ce qui allait dans ce dernier était largement dépassée, mais il avait une confiance absolue en ce tiroir de réfrigérateur, persistant à dire qu'il était capable même de ressusciter les morts et de leur redonner leur fraîcheur initiale : aussi gaillards et frémissants !

Après avoir enduré quelques jours la température de son bac à légumes chéri, la carotte prenait l'aspect blafard et mollasson d'un pénis déprimé.

— Eh, dites donc, nous interpellait-il, il n'y a pas de candidat pour bouffer ça avant qu'il ne soit trop tard ?

Il mastiquait une grosse bouchée tandis que nous frémissions tous dans le silence pas très catholique qui venait de s'installer. Sans doute trop faible pour lui opposer résistance, la carotte se rendait sans difficulté devant la puissance de ses mâchoires. Même un hot-dog trop cuit se serait défendu plus vaillamment. Tout en essuyant la sauce qui dégoulinait de ses lèvres, il nous expliquait avec insistance que c'était la meilleure carotte qu'il avait jamais mangée.

— Vous autres, vraiment, si vous saviez ce que vous êtes en train de rater.

Tu parles, Charles ! Nous avions une bien meilleure idée. Malgré notre égoïsme, nous comprenions sans peine pourquoi il fallait être économe avec six gosses à sa charge. Aussi, nous caressions l'espoir que papa finirait un jour par lâcher du lest et apprendre à se faire plaisir une fois que nous aurions quitté la maison mais, hélas, il devint encore plus difficile, sinon pire. Rien n'aurait pu le convaincre que sa chance ne risquait pas de tourner d'un jour à l'autre, le réduisant à bouffer ses ongles ou à manger des soupes de feuilles mortes assaisonnées avec des piles de lampe de poche. Le marché pouvait parfaitement s'effondrer ou les récoltes chuter. Des armées d'envahisseurs pouvaient un jour aller de maison en maison pour tout rafler, jusqu'aux épices. Aujourd'hui qu'il est à la retraite, il continue à vivre la vie d'un oiseau prédateur.

Nous avions l'habitude de rentrer à la maison chaque année à Noël, mon frère, mes sœurs et moi, et nous mettions tous un point d'honneur à lui passer un coup de fil avant pour lui proposer tout ce dont on aurait besoin pour le repas traditionnel de fêtes.

— Mais non, j'ai déjà l'agneau, nous assurait papa. Les

feuilles de vigne, la pâte feuilletée, les pommes de terre. Il ne me manque rien sur la liste.

— Oui mais dis-moi : quand est-ce que tu as acheté tout ça ? *Quand* ?

Honnête homme au demeurant, sauf bien sûr s'il était question de nourriture, papa se mettait à mentir en nous assurant qu'il revenait de ce pas du nouveau supermarché du coin. Extrêmement onéreux.

— Alors tu as pensé aux haricots ? lui demandions-nous.

— Évidemment, je te dis.

— Prends-en un entre tes doigts et tu le casses pour qu'on l'entende claquer.

Le jour de Noël, nous prenions l'avion pour débarquer à la maison, où nous attendait un gigot d'agneau en train de décongeler sous une couche de glace de deux centimètres d'épaisseur. L'étiquette ne laissait aucun doute : il avait été acheté du temps de l'administration Carter, dans ces eaux-là. Sous le poids de l'âge, les pommes de terre avaient été réduites en bouillie et les feuilles de vigne recouvertes de moisissure ; de plus, il était clair que, le jour où nous l'avions eu au téléphone, papa s'était contenté de claquer des doigts pour nous faire entendre le bruit d'un haricot vert en bon état de consommation.

— Mais pourquoi vous faites la gueule, hein ? nous demandait-il. C'est Noël aujourd'hui. Allez, détendez-vous quand même un peu, bonté divine !

Lasse d'avaler de la margarine rance et du lait « absolument divin » qui rappelait la sauce au bleu, la famille a commencé à organiser à tour de rôle le dîner de Noël. C'était donc mon tour l'année dernière, et tous ceux qui en avaient les moyens étaient venus me retrouver à Paris. Je suis allé chercher papa à Roissy-Charles-de-Gaulle, et pendant que nous nous dirigions vers la tête de station des taxis, un sachet de cacahuètes est tombé de la poche extérieure de sa valise. Ce n'étaient pas des cacahuètes qu'on lui avait servies durant le vol, mais des choses qu'il avait dû acheter bien des années plus tôt, à l'époque où les avions avaient encore des hélices et où les pilotes portaient des blousons de cuir et de longues écharpes qui flottaient au vent.

J'ai ramassé le sachet et son contenu s'est écrabouillé en retournant à la poussière.

— Donne-moi ça, allez ! m'a dit mon père avant de fourrer le reste des cacahuètes dans sa poche de poitrine.

Il les gardait pour une autre fois. Arrivés à l'appartement, il a défait ses bagages. J'ai cru un moment que le chat avait fait caca sur mon lit jusqu'à ce que je m'aperçoive que l'objet qui traînait sur mon oreiller n'était pas un étron mais une banane noircie et racornie qu'il avait sortie de sa cachette derrière la baignoire pour la trimballer d'aussi loin jusqu'à Paris.

— Tiens, me dit-il, je t'en donne la moitié.

Il avait ramené également un avocat emballé dans un sac en plastique pour éviter qu'il ne tache les vêtements soigneusement rangés la veille. Il avait dû l'acheter bien avant son mariage. Comme pour la bouffe, papa était d'une fidélité exemplaire vis-à-vis de sa garde-robe. Agissant toujours selon la disposition d'esprit qui voulait que, tôt ou tard, même les toges reviendraient à la mode, il s'accrochait à ses habitudes vestimentaires et continuait de porter des choses longtemps après qu'elles avaient commencé à tomber en loques.

Dans sa valise, il y avait en outre une casquette en daim ravagée, qu'il avait dû acheter à Kansas City juste après la guerre. C'est elle qui devint le centre de la conversation ce soir-là, lorsque nous avons retrouvé mes sœurs et quelques amis dans un excellent restaurant parisien.

— C'est à ce moment-là, dit-il, que j'ai trouvé ce je-ne-sais-quoi de couleur marron ou brune dans ma valise, et j'ai dû mastiquer la chose au moins cinq bonnes minutes avant de me rendre compte que j'étais en train de bouffer la visière de ma casquette. Incroyable, non ? Je crois qu'un de ses bouts avait dû se casser durant le voyage mais, bon sang, comment vouliez-vous que je devine tout de suite ce que c'était ?

Ma copine Maja était morte de rire.

— Donc, vous avez littéralement *mangé votre chapeau* ?

— En effet, je crois que oui, a avoué papa. Mais pas en entier. Après la première bouchée, je me suis arrêté.

Apparemment, cette décision reposait sur des motifs sensés. Malheureusement pour lui, mes sœurs et moi n'étions pas dupes. Car s'il n'en était pas mort, cela signifiait dans sa logique que la casquette était parfaitement comestible ; il n'allait pas manquer de la savourer puisqu'il l'avait appréciée sous un angle différent. Elle n'était plus un élément vestimentaire comme les autres et, logiquement, devait rejoindre la place qui lui revenait de droit, et déménager du buffet au placard de la salle de bains pour aller y côtoyer les multiples produits en putréfaction qui attendaient les jours de grande disette.

Achevé d'imprimer en octobre 2000 sur les presses
de **Bussière Camedan Imprimeries** à Saint-Amand-Montrond
Dépôt légal : octobre 2000. — N° d'impression : 004442/1.